신학적 윤리

어거스틴, 아퀴나스, 루터, 칼뱅을 중심으로

신학적 윤리

어거스틴, 아퀴나스, 루터, 칼뱅을 중심으로

초판 1쇄 인쇄 | 2021년 9월 17일
초판 1쇄 발행 | 2021년 9월 29일

지은이 이창호
펴낸이 김운용
펴낸곳 장로회신학대학교 출판부

등록 제1979-2호
주소 04965 서울시 광진구 광장로5길 25-1 (광장동)
전화 02-450-0795
팩스 02-450-0797
이메일 ptpress@puts.ac.kr
홈페이지 http://www.puts.ac.kr

값 14,000원
ISBN 978-89-7369-474-7   93230

신학적 윤리

어거스틴, 아퀴나스, 루터, 칼뱅을 중심으로

이창호 지음

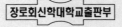
장로회신학대학교출판부

'먼저 하나님'의 나라와 의를
구하는 삶의 모범이 되어 주시는
장인이신 박종길 장로님과
장모이신 남부강 권사님께
이 책을 바칩니다.

머리말

윤리의 세 영역

윤리는 크게 세 가지 영역 곧 규범윤리, 인격윤리 그리고 사회윤리로 나눌 수 있다. 규범윤리는 행위와 연관된 윤리 영역으로, 행위를 규율하고 안내하는 윤리적 기준으로서의 규범 norm 을 탐구한다. 규범은 행위를 규율하는데, 기준으로서의 규범은 '하라'고도 하고 '하지 말라'고도 한다. 하라 하는 이유는 옳기 right 때문이고 하지 말라 하는 이유는 옳지 않기 wrong 때문이다. 또한 규범은 행위를 안내한다. 무엇을 향해 안내하는가? 선으로서의 목적을 향해 행위를 안내하는데, 목적을 향해 행동하는 이유는 그 목적이 행위자에게 좋고 good 가치가 있으며 행위자를 유익하게 하기 때문이다. 목적을 이루면, 그 행동으로 인해 행위자는 행복하다. 다양한 형태의 규범이 존재하는데 어떤 형태이든 규범은 '옳음'과 '좋음'의 기준으로서 행위를 규율하고 안내하는 것이다. 규범윤리는 기본적으로 규범에 대해서 이론적으로 또 실제적으로 탐구하는 영역으로, 규범의 원천과 형태, 규범의 정립과 적용, 행위와 행위자의 관계성, 규범의 정치사회적 의미 등을 세부 논제로 삼는다.

　　인격윤리는 윤리의 역사를 더 긴 안목에서 볼 때 덕윤리에 상응하는 윤리영역으로서, 행위의 주체^{행위자}와 주로 연관된다. 규범이 행위를 규율하고 안내하기 때문에 규범의 규율이나 안내에 따라 그렇게 행동하는 것이 아니라 행위자가 덕^{인격}의 사람이기에 그러한 사람됨으로부터 행동이 구현된다는 것이 덕윤리에 대한 기초적인 이해이다. 앞으로 살펴겠지만, 덕이 왜 필요한가? 아퀴나스에 따르면, 행위자는 여러 목적들을 향하여 행동할 가능성이 있는데 모든 목적이 행위자를 행복하게 하는 선한 목적이 아니며 어떤 목적은 행위자를 불행하게 하는 악한 목적일 수 있다. 행위자를 행복하게 하는 선한 목적을 향해 행동하게 하는 것이 덕이라는 것이다. 덕은 선한 목적을 향한 행동들이 '반복'되고 '습관'이 되어 형성되는 것이다. 그러기에 덕은 선한 습관이며 '제2의 본성'과 같다는 것이 아퀴나스의 생각이다. 이렇듯 행위의 주체로서의 행위자의 인격에 초점을 두고 윤리적 선택과 판단과 행동을 탐구하는 영역이 인격윤리^{덕윤리}이다.

　　사회윤리는 행위가 이루어지는 사회적 맥락을 다루는 영역이다. 기독교 사회윤리의 현대적 전개를 위해 가장 중요한 토대를 닦은 신학자인 트뢸취^{Ernst Troeltsch}는 사회를 구성하는 두 가지 핵심 요소를 제안한다. 현대신학의 중요한 트뢸취 해석가 중 하나인 오글트리^{Thomas Ogletree}는 이 두 가지를 적절하고 유효하게 설명하는데, 사회기능적 체제와 포괄적 규범윤리로 개념화할 수 있다.[1] 이 두 가지를 주목하는 것은 사회윤리 영역을 이해하는 데 유익하다. 사회기능적 체제는 말 그대로 사회를 기능하게 하는 체제들이다. 이 체제들로는 가족, 지역 공동체, 대학, 시민단체, 신앙공동체 등의 인격 상호간의 체제, 입법, 사법, 행정 영역을 포함하며 공공선에 관한 주된 논의가 이루어지는 정치 체제, 생산, 소비, 분배 등의 이슈들을 위해 노동, 기업, 금융 등의 주체들이 참여하는 경제 체제, 대중문화, 예술 등으로 대표되는 문화 체제 등이 포함된다. 또한 포괄적 규범윤리는 사회 기능적 체제의 규범적 정신적 가치론적 기반이다.[2] 사회에 속한 구성원들이 받아들이고 내면화해야 할 가치지향이나 규범적 인식이며, 좀 더 일반적인 개념으로 시대정신이라고 할 수 있을 것이다. 사회윤리는 사회기능적 체제와 포괄적 규범윤리에 주목하며 행위의 맥락에 대해 윤리적으로 논구하는 영역이라고 할 것이다. 다시 말해, 사회윤리는 행위자가 살고 또 행동하는 사회적 터전맥락에 대해서 탐구하는 영역인데, 사회를 구성하고 운영하는 체제나 구조 그리고 그 사회와 사회 구성원들을 규율하고 안내하는 사회적 규범에 대해 주된 관심을 갖는다. 특별히 사회윤리를

---

1   Thomas Ogletree, *The World Calling: The Church's Witness in Politics and Society* (Louisville: Westminster/ John Knox Press, 2004), 18-19.

2   오글트리는 트뢸취가 이를 "문명의 윤리"(the civilizational ethic)라고 칭했음을 밝힌다. 위의 책, 19.

기독교적으로 전개할 때 기독교와 기독교가 터하고 있는 사회적 터전 혹은 공적 영역 사이의 관계성에 주목하는데, 관계성의 양상, 상호작용을 통한 기독교의 윤리적 영향, 사회적 규범과 덕성, 사회의 윤리적 이상과 그 이상에 대한 기독교의 응답 등을 핵심 논제로 설정한다.

규범의 형태들과 규범의 심층적 차원으로서의 신학적 신념

스타센 Glen H. Stassen 과 거쉬 David P. Gushee 는 규범을 크게 네 가지 형태로 나누어 설명한다. 먼저 사안별 판단이다. 직관적 윤리 인식이라고 할 것이다. 보편적 규범을 추구하는 것이 아니라, 상황에 따른 윤리적 판단에 초점을 둔다. 그래서 일반적으로 적용되는 규범의 존재에 대해 호의적이지 않다. 일반적 원리에 따라 규범적으로 적용하고 실천하는 것이 아니라 상황에 맞게 옳고 좋은 기준을 찾는 것이다.[3] 다음으로 규칙 rule 이다. 유사한 상황에서, 사람들의 판단이나 선택 그리고 행동을 규율하는 규칙이 존재한다는 신념을 견지한다. 상황마다 다른 것이 아니라, 어떤 종류의 상황들에서 일반적으로 적용할 수 있는 규칙의 존재에 대한 확신이 있는 것이다. 규칙에 절대적 가치를 부여하는

---

3   Glen H. Stassen and David P. Gushee, *Kingdom Ethics: Following Jesus in Contemporary Context* (Downers Grove: IVP Academic, 2003), 107-109.

이들은 규범이 상황의 차이나 특수성에 상관없이 절대적이고 보편적이기에 예외는 있을 수 없다고 생각하며, 예외가 발생한다면 규칙으로서의 규범을 다시 정립해야 한다고 강조한다.[4] 또한 원리principle를 들수 있다. 규칙만큼 구체적이지는 않지만 규칙의 토대가 되는 규범적 방향성이나 가치지향을 뜻한다. 규칙과 연관하여 원리를 이해해 보자. 규칙들을 뒷받침하거나 혹은 비판한다. 규칙보다는 일반적이다. 구체적으로 혹은 직접적으로 도덕적 판단과 행동을 규율하지 않는다. 다시 말해, 어떤 특정한 상황에서 실제적으로 허용 혹은 금지를 명령하지 않는다. 원리는 규칙에 이유를 제공하며, 규칙은 원리를 구체적으로 실현한다. 사랑, 정의, 인간의 존엄성, 행복 등이 원리의 대표적인 보기들인데, 추상적이면서 일반적인 윤리 규범임을 알 수 있다.[5] 마지막으로 신학적 신념theological conviction이다. 모든 규범의 심층에 위치한다. 다른 규범적 형태들의 원천적 기초가 된다. 구체적인 상황에서 직접적으로 판단이나 행동을 규율하고 안내하는 어떤 기준을 제시하는 것이 아니라, 그 상황을 바라보는 근본적인 혹은 궁극적인 시각을 제공한다.[6] 특별히 기독교윤리의 고유성과 특수성의 관점에서 볼 때 기독교윤리 이론과 실천에 대한 논구를 위한 필수적인 탐구 영역이 되어야

---

4   위의 책, 109-11.
5   위의 책, 111-13.
6   위의 책, 113-15.

할 것이다. 이런 맥락에서 하나님의 성품과 역사 그리고 하나님의 뜻이 기독교인들에게 가장 기본적인 신학적 신념이라고 할 것이다. 이웃사랑이라는 규범적 원리의 토대가 되는 신학적 신념은 무엇인가? 하나님의 사랑이다. 예를 들어, 니그렌 Anders Nygren 에 따르면 하나님의 사랑은 동기초월적·자발적이고 unmotivated & spontaneous 대상에 대한 가치 판단을 뛰어넘으며 indifferent to value 가치를 창조하시는 value-creating 사랑이며 하나님의 사랑은 '먼저' 사랑하시는 사랑이다 taking initiative of love .[7] 하나님의 사랑을 모범으로 삼는다면, 인간의 사랑은 어떠해야 하는가? 대상에 내재하는 가치나 조건에 따라 사랑의 여부나 방식 그리고 강도를 결정하는 것이 아니라 그 대상을 있는 그대로 받아들이고 사랑한다. 동기를 초월하고 대상에 대한 자격심사나 가치 판단을 뛰어넘기에 모든 대상을 차별 없이 사랑하며 대상으로부터 오는 반응이나 대가에 좌우되지 않고 순수한 이타적 헌신으로 지속적으로 사랑한다.

  기독교윤리도 규범에 대한 탐구와 실천에 있어 사안별 판단, 규칙, 원리 등의 형태를 모두 고려하지만, 기독교윤리의 고유성은 신학적 신념을 필연적으로 포함시키고 윤리의 심층적 차원으로 중시한다는 데 있다. 기독교의 윤리적 담론은 신학적으로 전개되어야 한다는

---

7 Anders Nygren, *Agape and Eros*, 고구경 역, 『아가페와 에로스』 (서울: 크리스챤 다이제스트, 1998), 78-83.

것이다. 즉, 신학적 신념과 논제에 대해 윤리학적 개념과 용어와 참고틀을 채택·활용하여 논구할 필요가 있다는 말이다. 이 점은 윤리의 세 영역 곧 규범윤리, 인격^적윤리 그리고 사회윤리에 공히 해당된다는 점을 밝혀 두어야 하겠다.

신학적 윤리에 대한 기본 이해와 신학적 윤리의 주제들

신학적 윤리는 윤리적 논제에 대해 신학적으로 응답하는 것이다. 다시 말해, 신학에 대해 윤리적 관점에서 논구하여 그 윤리적 함의를 신학적 윤리적 언어로 표현하는 것이다. 이 책의 저술 목적과 연관하여 좀 더 구체적으로 표현해 본다면, 앞에서 살핀 세 가지 윤리영역의 관점에서 기독교 신학을 논구하고 그 윤리적 함의를 논술하는 것이다. 바꾸어 말하면, 이 윤리영역들이 추구·모색하는 윤리적 논제들에 대해 신학적으로 응답하고 그 응답을 탐구·논술하는 것이다.

기독교 신학 전체를 놓고 보아도 그렇고 신학적 윤리로 좁혀서 보아도, 필자가 본 저작에서 주로 탐구하고자 하는 네 신학자 곧 어거스틴, 아퀴나스, 루터 그리고 칼뱅은 기독교 신학과 윤리의 고전적 토대가 되는 이들이다. 아퀴나스는 두말할 것 없이 가톨릭 신학의 가장 중요한 고전적 기초가 되는 신학자이고, 루터와 칼뱅은 종교개혁 전통의 원조로서 개신교 신학의 핵심적 토대를 형성한 신학자들이다. 초대 교회를 향해 거슬러 올라가 기독교 신학과 윤리의 가장 영향력 있는 신학자를 꼽으라면, 크게 주저함이 없이 어거스틴을 생각하게 될 것이다.

세 가지 윤리영역을 관점으로 삼아 신학적 윤리 주제들을 탐색할 것이며, 이 관점에서 볼 때 각 신학자의 신학에서 두드러지게 드러나는 논제들을 주로 다룰 것이다. 이 네 신학자 모두에게 공통적으로 탐지되는 주제들이 있는가 하면, 각 신학자에게 고유하기에 특징적으로 탐색해야 할 주제들도 있음을 밝혀 두어야 하겠다. 어거스틴의 신학적 윤리(제1장)를 위해서 죄와 자유, 사랑의 윤리, 역사와 종말 이해, 정당전쟁론, '두 도성'론 등을, 아퀴나스의 신학적 윤리(제2장)를 위해서 자연법 윤리, 자유와 행위, '사랑의 질서'론, 덕윤리, 성과 속을 포괄하는 통전적 사회윤리 등을, 루터의 신학적 윤리(제3장)를 위해서 율법과 복음 이해, 개인 신자를 초점으로 하는 신앙론과 기독교윤리적 전환, '창조의 질서'론과 이성에 대한 이해, '두 정부'론과 만인제사장론, 성윤리 등을, 그리고 칼뱅의 신학적 윤리(제4장)를 위해서 하나님 인식과 인간 이성에 대한 이해, 율법과 복음 이해, 구원론과 신자의 윤리적 삶, 원죄와 자기사랑 그리고 신적 주권, 교회와 국가의 관계성, 성윤리 등을 탐구·서술하고자 한다. 마지막 5장에서는 이 네 신학자를 비교·평가하고 윤리적 제안을 함으로써 신학적 윤리의 담론을 심화하고자 하는데, 율법과 복음, 이성과 자연법, 자유와 책임, 칭의와 성화, 덕윤리, 사랑의 윤리, '두 정부'론, 성윤리 등을 비교와 평가의 논점으로 삼을 것이다.

　　이 책이 나오기까지 힘과 도움이 되어 준 소중한 분들이 있다. 장로회신학대학교 김운용 총장님을 비롯한 선배, 동료 교수님들, 학교를 위해 동역하는 직원 선생님들, 신학함의 길을 동행하는 우리 학생들 그리고 배움의 길을 이끌어주신 스승님들과 사랑하는 가족에게 이 자리를 빌려 깊은 감사의 마음을 전한다.

목차

제 1 장

✻

어거스틴의 신학적 윤리

AUGUSTINUS

제1장 어거스틴의 신학적 윤리

I 들어가는 말

        기독교 신학과 윤리의 역사에서 토대적 역할을 수행한 신학자로 어거스틴을 우선적으로 꼽는다면, 그러한 평가는 넓은 동의를 얻을 것이다. 시대의 변화와 도전에 응답하며 기독교 신앙과 학문이 현대에 이르기까지 많은 변화를 노정해 왔지만, 어거스틴의 사상은 기독교 신학과 윤리가 지속적으로 주목하고 논의해야 할 중요한 의제, 주장, 이론, 개념 등을 유의미하게 내포하고 있다.

        본 장에서는 크게 다섯 가지 논제를 중심으로 어거스틴의 신학적 윤리를 탐구하고자 한다. 첫째, 죄와 자유의 주제를 다룰 것인데, 악의 기원, 죄와 자유의 연관성, 자유와 자유의지에 대한 이해 등의 논점들에 주목할 것이다. 둘째, 사랑의 윤리다. 어거스틴의 신학적 윤리의 중추라고도 볼 수 있는 윤리주제로서, 지고선으로서의 하나님 사랑_{하나님의 사랑과 하나님을 사랑함}에 대한 어거스틴의 견해로부터 자기사랑의 문제, 어거스틴 사랑론의 덕윤리적 함의, 사랑의 정치사회적 의미 등의 주제를 논구할 것이다. 셋째, 역사와 종말 이해이다. 역사와 종말을 어떻게 이해하느냐에 따라 기독교인의 역사적 윤리적 실존의 모습은 크게 달라질 수 있다. 하나님 나라의 현재적 실현을 통한 역사적 사회적 변화를 위해 적극적으로 참여할 수도 있고, 반대로 내세적 종말신앙으로 무장하고 세계와 철저히 분리된 삶을 추구할 수도 있다. 어거스틴 역사관의 핵심 기조를 서술하고 기독교 종말론의 중요한 기초를 형성하는 종말론적 '긴장'에 대한 그의 이해를 살필 것이다. 넷째, 강제력 사용에 대한 신학적 정당화에 대해서 탐구할 것인데, 정당전쟁에 대한 성서적 신학적 논거 모색을 중심으로 그렇게 할 것이다. 기독교 정당전쟁론의 초석을 닦은 어거스틴의 이론은 현대에 이르기까지 영향을 끼치고 있음을 밝혀 두고자 한다. 다섯째, '두 정부'론에 대해 논할 것인데, 두 도성 곧 신의 도성과 세속 도성에 대한 어거스틴의 이해를 중심으로 살필 것이다. 특별히 이 이론을 통해 어거스틴이 전개하고자 하는 사회윤리의 중요한 기초를 탐색하고자 한다. 마지막으로, 어거스틴의 신학적 윤리를 종합적으로 진술함으로써 본 장을 맺고자 한다.[1]

Ⅱ 죄와 자유: 타락 이전과 이후의 인간 그리고 자유의 상실과 회복

어거스틴에게 하나님은 완전하게 선하신 분이다. 하나님이 선하시기에 하나님이 창조하신 모든 것도 역시 선하다. 하나님이 악의 기원일 수 없다. 하나님이 선하시고 하나님이 창조

---

1   다음의 문헌에서 필자는 어거스틴의 윤리사상을 죄와 자유, 자기사랑의 문제, '두 정부'론 등의 주제를 중심으로 개관하였는데, 이 주제들의 경우 본 저작의 목적에 맞춰 다시 전개하였음을 밝힌다. 유경동 외, 『기독교 윤리학 사전』 (용인: 킹덤북스, 2021 출간 예정).

하신 모든 것이 선하다고 어거스틴은 확신하였기에, 마니교의 이원론을 단호히 거부했던 것이다. 특별히 선하신 하나님과 대결하는 악의 실체 혹은 원리가 있다고 주장하는 마니교의 신론에 대한 거부가 두드러진다. 선하신 하나님이 창조하신 모든 것이 선하다고 한다면, 악이 실재하며 인간이 그것을 경험하며 살고 있다는 주장에 대해 어떻게 응답할 것인가? 어거스틴의 해답은 그의 유명한 주장 곧 악은 '선의 결핍'이라는 주장에 있다. 하나님이 선하게 창조하셨기에, 악이 실체적으로 존재할 수 없다. 다만 '선한' 본성이 점점 부족해지거나 약해지고 그러한 결핍된 선의 상태를 악의 현상으로 경험하게 된다는 것이다.

선하신 하나님이 창조하신 피조세계의 한 부분인 인간은 선한 존재이다. 선한 존재에게서 악을 발견하게 된다면 이는 심각한 문제가 아닐 수 없다. 만일 그렇다면 창조자이신 하나님도 전적인 책임은 아니더라도, 일정 정도의 부분적인 혹은 간접적인 책임을 져야 하는 것이 아닌가? 하나님의 '책임 없음'을 밝히기 위해, 어거스틴이 한 일은 하나님이 아닌 다른 누군가에게 전적인 책임이 있음을 보이는 것이다.

어거스틴에 따르면, 도덕적으로 책임을 물을 수 있는 행동은 자발적 행동이다. 도덕적 책임의 문제는 자발적으로 행동할 수 있는 존재 곧 인간과 연관되는데, 인간의 자발적 행동은 의지에 기원을 두고 있으며 여기서 의지는 자유의지이어야 한다. 강제와 같은 필연성 necessity 때문에 발생한 행동에 대해 도덕적으로 책임을 물을 수 없다. 왜냐하면 그러한 행동은 자발적 행동이 아니기 때문이다. 따라서 원초적 악은 자발적인 것이어야 한다.[2]

악은 첫 인간이 행한 도덕적으로 책임을 물을 만한 자발적 행동을 통하여 세상에 들어왔다. 하나님이 그들로 죄를 짓도록 하신 것이 아니라 스스로 선택하여 행한 행동을 통하여 죄를 짓게 된 것이다. 이렇게 함으로 인간은 교만하게도 하나님의 자리를 범한 것이다. "하나님은 완전하게 인간을 지으시고 또 복되게 살게 하셨지만, 인간은 자신의 의지로 지옥에 떨어짐을 선택하였다."[3]

어거스틴에 따르면, 악은 첫 인간의 원죄로 더불어 세상에 들어왔기 때문에, 인간은 이로써 선한 것을 선택하게 하는 자유 곧 선을 선택하게 하는 인간 존재의 특질로서의 '자유' libertas, 리베르타스를 상당 부분 상실하게 된다. 죄의 능력 아래서, 인간은 정욕에 굴복한다. 인간은 여전히 '자유의지' liberum arbitrium, 리버룸 알비트리움를 가지고 있으며, 왜곡된 본능 혹은 욕망이 자주 죄된 선택을 하도록 움직여 간다.

여기서 어거스틴이 말하는 두 가지 자유를 정리해 보자. 자유의지 liberum arbitrium 는 선과 악 가운데 자유롭게 선택할 수 있는 행위자의 능력이며 자유 libertas 는 선을 선택하게 하는 행위자의 내재적 특질이다. 이 두 개념은 후자가 전자에 대한 확장된 규정이라는 점에서 연관이 있는 듯하다. 우리는 선과 악 사이에서 선택할 능력이 있다. 그러나 원칙적으로, 자유 libertas 가 없이는 선을 선택할 수 없다.

타락 이전에 인간은 자유 libertas 와 자유의지 liberum arbitrium 를 보유하고 있었는데, 이 두 가지 자유는 인간의 타락으로 인해 근본적인 변

---

2   Augustine, *On Free Choice of the Will*, trans. Anna S. Benjamin and L. H. Hackstaff (Englewood Cliffs: Prentice Hall, 1964), II. 20.

3   위의 책, I. 11.

형의 계기를 맞게 된다. 타락 이후 가장 주목해야 할 변화는 자유^{libertas}가 상당 부분 상처를 입고 또 작동에 제한을 받게 되었다는 점이다. 인간은 여전히 자유의지^{liberum arbitrium}를 가지고 태어나며 실제로 선택의 자유를 누린다. 자유의 선택을 통해 악을 행하는데, 자유의지를 누리면서 죄 없이 사는 이는 아무도 없다. 선한 선택을 하도록 기여하는 인격의 특질이 자유^{libertas}이기에, 죄는 그것의 결여로부터 혹은 옳은 선택이 무엇인지 바로 판단하는 능력을 상실함으로부터 온다.

선을 택할 인격적 특질^{능력}을 상실했는데, 악을 선택했다고 죄라고 할 수 있는가? 먼저 생각할 것은 자유^{libertas}의 완전한 상실은 아니라는 점이다. 그러므로 악의 선택이 언제나 불가항력적이라고 할 수는 없다. 그러나 현저히 상실했기에, 선을 선택할 가능성이 많이 줄어들었다. 여전히 의지의 자유 선택 능력을 보유하고 있기 때문에, 인간은 여전히 의지의 자발적 선택에 대한 책임을 져야 한다. 어떻게 할 것인가? 선보다 악을 선택할 가능성이 현저히 높은 이 상황을 어떻게 치유할 것인가?

인간에게 하나님께로 돌아갈 기회는 열려 있으며, 하나님의 은혜를 받으면 선을 선택하게 하는 인격의 특질을 회복하게 될 것이라는 것이 어거스틴의 응답이다. 구원에 관한 하나님의 독보적 권위를 강조하면서, 어거스틴은 선을 선택하고 실현하는 데 있어 성령의 주도적 역사를 강조한다. "인간의 의지는 의를 추구하는 데 있어 하나님의 도움을 받아야 한다. 선한 삶은 하나님의 선물인데, 이는 하나님이 인간에게 자유 선택의 능력을 주셨기 때문이기도 하고 또 성령이 마음속에 사랑을 부어 주시기 때문이다."⁴ 하나님의 은혜는 인간의 의지를 치유하여, 선한 선택과 행동을 할 수 있도록 하신다는 것이다.

　　그러면 은혜로 선택하고 행하면, 완전히 선하고 덕스러운 삶을 살 수 있는가? 이 질문에 대해, 어거스틴은 완전하게 덕스러운 삶을 살 수 있는 가능성을 배제하지 않지만 역사상 그런 구체적 보기는 없었다고 답한다. 그러나 최선의 행동에서조차 인간은 죄를 짓는다고 말한 적은 없다. 단지 인생을 걸쳐 죄를 지을 수밖에 없는 존재가 바로 인간이라는 것이다. "하나님이 [예수 그리스도 안에서] 새로운 존재로 형성하시고 창조하실 때 우리는 자유의 삶을 살 수 있다."는 점을 밝히면서, 어거스틴은 선한 삶은 하나님의 은혜에 힘입어 선을 선택하고 행동하며 사는 것이라고 강조한다.[5] 하나님의 은혜 없이는 인간의 삶을 자유의 삶이라고 할 수 없으며, 하나님의 은혜로운 개입에 의해 우리는 덕 있는 사람으로 살 수 있다는 것이다.

　　어거스틴에게 자유로운 선택의 모판이 되는 의지는 중간선中間善이다.[6] 중간선이 있다면 지고선최고선을 성정하고 있다는 것이며, 지고선과의 관계에서 중간선으로서의 '의지'는 목적에 도달하기 위한 수단으로서의 가치를 갖는다. 어거스틴에 따르면, 지고선은 하나님그리고 하나님의 사랑이며 하나님과의 사귐을 통해서 오는 궁극적인 행복이다. 중간선으로서 의지는 지고선이신 하나님을 선택하고 하나님을 알고 느끼고 만남으로 얻게 되는 지고의 행복을 누리게 한다는 의미에서 중

4　Augustine, *On the Spirit and the Letter* (Pickerington: Beloved Publishing, 2014), V.

5　Augustine, *Enchiridion on Faith, Hope, and Love* (Washington, D.C.: Regnery Publishing, 1996), XXXI.

6　Augustine, *On Free Choice of the Will*, II.18.

대한 가치가 있는 것이다. 이런 맥락에서, 인간의 자유는 궁극적으로 무엇을 위한 자유이며 또 무엇을 향한 선택의 자유인가? 구원의 본질은 자유에 있다고 할 것인데, 구원론적 은혜는 자유^{libertas}의 온전한 회복이며 그 자유는 결국 사랑을 위한 선택으로 귀결된다. 그러므로 근본적으로 또 궁극적으로 인간에게 참된 자유는 사랑을 위한 자유 곧 은혜 안에서 하나님을 선택하는 자유라고 할 것이다.

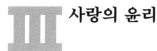

III 사랑의 윤리

1. 하나님을 사랑함과 이웃을 사랑함의 문제

1) 하나님을 사랑함으로서의 '하나님께 몰입함'

위에서 언급한 대로, 어거스틴에 따르면 하나님의 사랑은 지고선이다. 여기서 하나님의 사랑은 우리를 향한 하나님의 사랑뿐 아니라 하나님을 사랑함도 포함한다. 따라서 지고선은 하나님의 사랑과 하나님을 사랑함, 이 두 가지 모두를 내포한다. 특별히 이 두 가지를 구분하는 것은 우리를 향한 하나님의 사랑과 하나님을 포함한 타자를 향한 우리의 사랑의 관계성이라는 관점에서 기독교 사랑의 윤리를 논할 때 중요한 의미를 갖는다. 이 관계성에 관한 현대 기독교 신학계의 논의와 탐구에서 선도적 역할을 해 온 것으로 평가할 수 있는 아웃카^{Gene} ^{Outka}는 어거스틴의 '하나님을 사랑함'에 대한 이해를 '하나님께 몰입함' God-intoxication 이라는 개념을 중심으로 설명하는데, 이를 주목할 필요가 있다. 아웃카는 이 개념의 함의를 크게 네 가지로 설명한다. 첫째, 하나님과 관계를 형성하고 사는 것이 중요하다. 그 자체로 최상의 목적이다. 아웃카는 여기서 아담스^{Robert M. Adams}를 중요하게 인용하는데, 후자는 "하나님은 인간의 복지 혹은 행복에 대해서만이 아니라 인간과의 관계 자체에 관심이 많으신 분"[7]이라고 역설한다. 하나님과 인간 사이의 사귐은 다른 어떤 것으로도 환원될 수 없다.

둘째, 첫 번째와 연결된 것으로 하나님과의 만남 혹은 관계는 지고선이다. 이 지고선으로서의 '만남'을 위해 하나님은 온전한 이타적 헌신으로 인간에게 다가오신다. 하나님은 인간을 위해 또 인간과의 이 만남을 위해 모든 것을 기꺼이 내어주시는데, 독생자까지도 아끼지 않으신다. 인간의 응답은 무엇이고 또 무엇이어야 하는가? 어거스틴 전통에서 인간이 하나님께 드릴 수 있는 최상의 것은 사랑이다.[8]

셋째, 하나님은 우리 존재의 처음과 끝이시다. 하나님은 '결정적으로' decisively 우리의 실존과 관계가 있는 분이시다. 키에르케고르 Søren Kierkegaard 는 '유일하게' only 라는 용어를 선택하지만, 아웃카는 '결정

---

[7] Robert M. Adams, *Finite and Infinite Goods: A Framework for Ethics* (New York and Oxford: Oxford University Press, 1999), 145. Gene Outka, "Theocentric Love and the Augustinian Legacy: Honoring Differences and Likenesses between God and Ourselves," *Journal of the Society of Christian Ethics* 22 (2002), 99에서 재인용.

[8] Gene Outka, "Theocentric Love and the Augustinian Legacy: Honoring Differences and Likenesses between God and Ourselves," 100.

적으로' decisively 라는 용어를 사용한다.[9] 하나님의 다스림은 우리 인생 전체에 닿아 있으며 이 다스림을 우리 인생에 결정적인 것으로 인정하며 사는 것이 하나님을 믿는 인간의 도리라고 강조한다. 특별히 어거스틴은 전체 피조세계와 역사와 인간의 삶을 다스리고 돌보시는 선한 하나님의 주권에 대한 신념을 확고하게 견지한다. 마니교와의 투쟁이 이를 증거해 준다. 악의 원리 혹은 세력이 현재의 세계와 인간의 역사를 지배하고 있으며 선의 원리와 악의 원리가 서로 쟁투한다는 마니교의 이원론은 오직 하나님만이 모든 것의 처음과 끝이 되시며 절대적인 주권자가 되신다는 어거스틴의 신념에 배치되는 것이다. 마니교의 이원론과 투쟁하면서, 어거스틴은 하나님의 전능과 주권에 대한 신앙을 굳게 다진 것이다.[10]

넷째, 하나님과의 관계는 인간 쪽에서 먼저 시작한 것이 아니라 하나님이 시작하신 것이다. 다시 말해, 사랑의 주도권은 하나님께 있다. 하나님의 선행적 사랑이 있었기에 우리가 하나님을 사랑하게 된 것이다.[11]

요컨대, '하나님께 몰입함'은 기본적으로 열렬하게 하나님을 추구하는 것을 뜻한다. 하나님께 질문하고 해답을 구한다. 해답을 찾느냐 못 찾느냐는 삶과 죽음의 갈림길이 될 만큼 결정적이다. 기독교인들이 몰입하는 이 하나님은 전지전능하며 완전히 선하고 사랑으로만

9   위의 논문.
10   이창호, "정치적 사랑에 대한 기독교 윤리적 모색," 『신앙과 학문』 15-3 (2010), 217-18.
11   Gene Outka, "Theocentric Love and the Augustinian Legacy: Honoring Differences and Like-nesses between God and Ourselves," 100.

가득한 분으로서 인간을 포함하여 천지만물을 창조하셨다. 어거스틴 전통에서 '하나님께 몰입함'은 하나님을 향한 극진한 사랑의 다른 표현인 셈이다. 이는 하나님께 대한 전적인 혹은 포괄적인 헌신을 내포한다.

2) 하나님을 사랑함과 이웃을 사랑함의 관계성

어떻게 하나님을 사랑할 수 있는가? 기독교 역사에서 찾을 수 있는 근본적인 응답 가운데 하나는 하나님의 사랑을 모범으로 삼아 하나님이 사랑하시는 대상을 최선을 다해 사랑함으로써 하나님을 사랑할 수 있다는 것이다. 이러한 응답의 근저에는 하나님 사랑과 이웃 사랑 사이의 연속성에 대한 규범적 인식이 자리하고 있는데, 사랑이신 하나님은 하나님의 존재론적 행위론적 본성에 따라 이웃 사랑을 명령하신다는 그리고 '눈에 보이는' 이웃을 사랑하지 못하면서 '보이지 않는' 하나님을 사랑한다고 말하는 것은 신실하지 못한 것이라는 규범적 판단이 중요하게 내포되어 있다. 다만 어거스틴의 사랑의 윤리는 이러한 연속성을 존중하면서도 둘 사이의 중요한 차이 또한 주목한다는 점을 밝혀 두어야 하겠다.

앞으로 좀 더 살피겠지만, '바른 질서의 사랑' 곧 하나님을 사랑하는 것보다 앞설 수 있는 것은 없으며 다른 어떤 존재보다 하나님을 더 사랑해야 한다는 사랑의 질서에 대한 어거스틴의 신념을 여기에서 살필 필요가 있다. 어거스틴에 따르면, 질서 있게 사랑할 때 우리의 사랑의 삶은 온전하게 이루어질 수 있다. 어거스틴에게는 사랑하느냐 하지 않느냐가 문제가 아니라 바른 대상을 바르게 사랑하느냐 하지 않느냐가 관건이다. 바른 사랑의 대상은 오직 하나님이시며, 바르게 사랑함은 질서 있게 사랑하는 것을 의미한다.[12] 실로 우리는 하나님께 대해서만이 아니라 이웃과 우리 자신에 대해서도 지속적으로 애착의 관계를 추구한다. 하나님 사랑은 다른 모든 애착의 관계들을 지배하는데, 다른 애착들과의 갈등을 제거하거나 하나님이 그 애착들에 부여한 가치를 상실함이 없이 그렇게 하신다. 그 무엇보다도 또 그 누구보다도 하나님을 더 뜨겁게 사랑하고 하나님 사랑과 연관해서 다른 존재들을 그리고 자기 자신을 사랑하는 것이 사랑의 바른 질서이다. 이것이 어거스틴이 생각하는 바른 사랑인 것이다.

이것과 연결되는 것이지만, 신학적 윤리의 차원에서 근본적인 규범적 차이가 있다. 하나님은 유일한 숭배의 대상이다. 만약 오직 하나님만이 받으실 수 있고 또 받으셔야 하는 영광과 경배와 찬양을 인간에게 돌린다면, 그러한 선택과 행위는 우상숭배에 다름 아니다. 다시 말해, 우리가 예배해야 할 대상은 오직 하나님이시다. 반면에, 심각한 삶의 위기를 극복할 수 있도록 돕고 죄악된 삶의 길에서 돌이켜 새로운 삶을 살 수 있도록 도와야 할 대상은 인간인 이웃이지 하나님이 아니다. 그 누구도 그 무엇도 하나님과 동급일 수 없다. 하나님은 최상의 존재 곧 가장 가치 있는 존재이시기에 최고의 헌신을 받으심이 마땅한 것이다.[13]

---

12 Augustine, *The City of God*, trans. Marcus Dods (New York: Random House, 2000), XV. 22.
13 Gene Outka, "Theocentric Love and the Augustinian Legacy: Honoring Differences and Likenesses between God and Ourselves," 101.

2. 자기사랑의 문제

"나의 무게는 나의 사랑이다. 내가 움직여지는 곳이 어느 곳이든지, 나의 사랑이 나를 움직인다."[14] 수많은 사랑의 대상이 있고 또 다양한 사랑의 방법들이 존재한다. 사랑의 삶에서 중요한 것은 바른 대상을 바르게 사랑하는 것이라고 어거스틴은 강조한다. "질서 있게 사랑하게 해 주소서."[15] 앞에서 언급한 대로, 하나님만이 우리의 사랑이 지향해야 할 바른 사랑의 대상이시다. 참된 사랑은 무엇인가? 어거스틴의 답은 분명하고 확고하다. 참된 사랑의 유일한 길은 하나님을 생명 다해 사랑하는 것이다. 하나님을 참으로 사랑할 때, 구원과 참된 행복에 도달할 수 있다. 사랑의 바른 질서 속에서, 하나님을 다른 그 어떤 대상보다도 사랑한다. 다시 말해, 무엇보다도 먼저 하나님을 사랑하고 하나님 사랑과 연관해서 타자와 자아를 사랑하는 것이 사랑의 바른 질서인 것이다. 하나님을 다른 어떤 존재보다 더 사랑한다는 것은 인간 존재의 최선이기에, 다른 이들을 하나님께 인도하는 것보다 더 가치 있는 사랑의 방법은 없다고 하겠다. 어거스틴은 "사람들은 당신을 찬양하길 원합니다" 그리고 "우리의 심장은 당신 안에서 안식할 때에야 참 쉼을 얻을 수 있습니다"라고 선언한다.[16] 자아는 하나님 안에서 거처를 찾고 또 거기서 참된 안식을 누리길 간절히 바란다.

---

14   Augustine, *Confessions*, trans. Henry Chadwick (New York: Oxford University Press, 1991), XIII.9.

15   Augustine, *The City of God*, XV.22.

16   Augustine, *Confessions*, I.1.

오도노반Oliver O'Donovan의 자기사랑에 대한 연구는 여기에서 유용하다. 오도노반은 어거스틴에게 자기사랑은 세 가지의 '평가적 의미'가 있다고 풀이한다. "'자기사랑'에 대한 어거스틴의 용법을 추적해 보면, 우리는 몇 가지 의미 구분이 있음을 발견하게 된다. … 첫째, 비우호적 의미tone인데, 모든 죄와 하나님께 대한 반역의 뿌리가 됨을 가리킨다. 둘째, 중립적 의미인데, 인간의 자연적 본성 곧 동물적 또는 이성적 본성의 자연적 상태를 뜻한다. 셋째, 우호적 의미인데, 사람이 하나님 안에서 참된 복지행복를 발견한 것을 뜻한다."[17] 오도노반에 따르면, 어거스틴의 사상에서 참된 자기사랑은 다름 아닌 하나님 사랑인데, "왜냐하면 자아가 그것의 일부라고 여기는 바로서의 전체에 대한 사랑 곧 자아가 인위적으로 만들어낸 개별적 존재에 국한된 사랑이 아니라 존재 자체Being에 대한 사랑이기 때문이다."[18] 하나님 창조의 결과로서 인간의 자아는 자연스럽게본능적으로 하나님을 욕구하거나 사랑하도록 되어 있는데, 하나님은 자아의 기원이며 모든 존재의 근거이시다. 그런데 "자아가 우주의 다른 부분으로부터 독립적으로 존재하는 것이라고 불완전하게 이해될 때, 자아는 악이 된다."[19] 다시 말해, 자아가 하나님과 다른 피조세계를 등지고 자기 자신 안에서 완숙을 찾으려 할 때 타락하게 된다는 것이다.[20]

---

17 Oliver O'Donovan, *Problem of Self-love in St. Augustine* (New Haven: Yale University Press, 1980), 137.

18 위의 책, 147.

19 위의 책.

20 다음의 문헌에서도 자기사랑의 규범적 방향성을 제안하면서 어거스틴의 자기사랑 이해에 대한 오도노반의 연구를 다루었다. 이창호, 『사랑의 윤리: 사랑에 관한 신학적 윤리적 탐구』 (서울: 장로회신학대학교 출판부, 2020), 208.

참된 자기사랑과 잘못된 자기사랑 사이의 긴장은 '두 도성'론의 관점에서도 고찰할 필요가 있다. 스티븐슨[William R. Stevenson]은 많은 학자들이 두 도성 곧 신의 도성과 세속 도성의 관계 문제를 개인적 내적 관점에서 접근하는 것을 선호한다는 점을 밝히는데,[21] 이를 주목할 만하다. 서로 대결하는 두 가지의 사랑이 한 인격 안에 존재한다. 우리는 두 가지 종류의 사랑에 끌리게 되어 있는데, 하나님 사랑과 자기사랑이다. 하나님을 사랑하되, 기꺼이 사랑한다. 하나님을 사랑하기 위해 자기 자신을 경멸하기까지 한다. 반대로 자기를 사랑하되, 온 열정을 다해 자기 자신을 사랑한다. 자기를 사랑하다가, 하나님과 다른 이웃을 경멸하는 것도 서슴지 않는다. 한 내면 안에서 일어나는 이 두 가지 사랑 사이의 갈등과 충돌은 마지막 날 하나님만이 해소하실 수 있다는 것이 어거스틴의 생각이다. 이 두 가지 사랑의 내적 갈등이라는 현실 곧 이타주의와 이기주의의 상호 모순적 역동이 한 인격 안에 내재하는 현실에 대한 인식은 어거스틴으로 하여금 인간 사회가 기본적으로 서로 평화롭게 공존하는 쪽 보다는 자기 자신의 이익을 위해 타자의 이익을 희생시키는 것을 선호하는 쪽으로 흘러가기 쉽다는 사회 인식을 갖게 한다.[22]

21 William R. Stevenson, Jr., *Christian Love and Just War: Moral Paradox and Political Life in St. Augustine and His Modern Interpreters* (Macon: Mercer University Press, 1987), 26.
22 Peter Brown, *Augustine of Hippo: A Biography* (Berkeley and Los Angeles: University of California Press, 1967), 244-45.

3. 덕과 사랑의 윤리

어거스틴에 따르면, 덕의 질문은 행복의 질문과 직결된다. 덕 있는 사람이 행복하다. 행복한 사람은 하나님을 소유한 사람이다.[23] 하나님을 소유한 사람은 어떤 특정한 삶의 방식을 갖고 있으며 또 어떤 특정한 인격을 갖춘 사람인데, 오직 하나님만 바라보고 하나님께 집중하며 선하게 살고자 힘쓰는 사람이다.

행복은 인간이 최선에 이를 때 주어진다고 어거스틴은 주장한다. 행복하고자 한다면 최선이 무엇인지 알아야 하고 또 그 최선에 이르러야 한다는 것이다.[24] 인간에게 최선은 무엇인가? 어거스틴은 크게 두 가지로 나누어 설명한다. 먼저 육체의 최선이다. 인간은 육체와 영혼의 결합이기에 이 둘을 따로 떼어 놓고 최선이나 행복의 문제를 다룰 수 없다는 점을 전제하면서, 어거스틴은 육체가 최선에 이르기 위해서는 영혼에 의해 적절하게 지배받아야 한다는 점을 밝힌다.[25] 다음으로 영혼의 최선이다. 인간 영혼을 최선에 이르게 하는 길은 무엇인가? 다시 말해, 영혼을 완숙에 이르게 하는 것은 무엇인가? 어거스틴은 '덕'이라고 답한다. 그렇다면 '덕 있음'은 참된 행복의 길로서의 '하나님을 소유함'과 동일한가? 어거스틴은 이 둘 사이를 구분하고자 한다. 덕은 하나님을 소유함과 동일시할 수 없으며 그러기에 행복과도

---

23 Augustine, *On the Happy Life*, trans. Michael P. Foley (New Haven: Yale University Press, 2019), I. 11.

24 Augustine, *Of the Morals of the Catholic Church* (New York: Magisterium Press, 2015), III. 4-5.

25 위의 책, IV. 6.

동일시할 수 없다는 것이 어거스틴의 생각이다. 그 보다는 덕이란 참된 행복에 도달하는 비결로서의 '하나님을 소유함'을 위해 하나님을 열망하고 또 추구하는 삶의 방식이자 존재의 양식이라고 할 수 있는 것이다.

덕에 대한 어거스틴의 기본적인 이해를 고려하면서, 사랑의 윤리의 맥락에서 덕에 대한 어거스틴의 견해를 좀 더 깊이 살펴보자. "사랑의 뿌리에서 나오지 않은 열매는 좋지 않다."[26] 어거스틴의 윤리를 이해하는 데 근본적으로 중요한 의미가 있는 문장이다. 사랑으로부터 오지 않는 행동은 어떤 것이든 선하지 않다는 뜻이다. 반대로 말하면, 사랑으로 한 행동만이 윤리적으로 선하다는 것이다. 사랑이라 하면 윤리학적으로 크게 세 가지 관점에서 이해할 수 있다. 곧 동기와 규범과 덕이다. 먼저 동기와 규범의 관점에서 생각해 보자. 동기 없이 규범에 상응하여 행동화할 수 있다. 다시 말해, 대상에 대한 사랑의 마음이나 감정을 가지고 사랑하겠다는 동기부여 없이 사랑에 대한 객관적인 규범적 기준에 따라 규범의 내용을 대상에게 실행할 수도 있다는 것이다. 반대로, 대상에 대한 강력한 사랑의 열정과 동기를 갖추고 행동하는데, 옳고 그름 그리고 좋고 나쁨에 대한 규범적 성찰 없이 자연스럽게 일어나는 사랑의 역동에 따라 사랑을 행동화하는 경우도 있다. 어거스틴의 윤리에서 이 두 가지는 모두 경계해야 할 것이다. 한편으로, 규범에 대한 철저한 성찰과 인식을 토대로 한 사랑이라 하더라도 순전한 동기가 결핍되어 있다면 그 사랑은 옳지 않고 또 좋지 않다. 다

---

26   Augustine, *On the Spirit and the Letter*, XXVI.

른 한편으로, 동기나 감정적 역동은 강력하게 작동하고 있으나 규범적 내용과 방향성에 대한 불충분하고 부적절한 판단과 인식에 근거하여 사랑을 행한다면 그 사랑은 길을 잃거나 왜곡될 수 있다. 그러므로 참된 사랑은 동기와 규범을 동반하는 사랑이다. 한 가지 더 생각한다면, 덕의 관점이다. 순수한 동기와 명확한 규범적 방향성을 가지고 사랑하되, 사랑은 사랑의 덕을 갖춘 행위자에 의해 구현될 때 안정성과 지속성을 확보할 수 있다. 사랑이 기질이나 자연스러운 행동의 경향으로 혹은 제2의 본성으로 행위자의 인격구조 안에 견고하게 정착되어야 한다는 것이다.

그렇다면 어떻게 순수한 동기와 바른 규범을 조화롭게 동반하면서 덕을 갖춘 행위자로서 사랑의 삶을 구현할 수 있는가? 이 질문에 대한 어거스틴의 토대적 응답은 '사랑의 질서'론에 있다. 앞에서 살핀 대로, 어거스틴은 사랑에 질서가 있다고 강조한다. 바른 질서로 사랑할 때 온전한 사랑의 삶을 구현하고 또 향유할 수 있다는 것이다. 질서 있는 사랑이란 무엇인가? 하나님을 그 무엇보다도 또 그 누구보다도 먼저 그리고 더 사랑해야 하며 하나님 사랑과 연관해서 다른 대상들을 사랑해야 한다는 어거스틴의 입장을 확인했다. 다시 말해, 먼저 하나님을 사랑하고, 하나님 사랑과의 깊은 연관 속에서 자기 자신과 이웃을 사랑한다는 것이다. "하나님을 확고하고 진실하게 사랑하고 인간이 아니라 하나님을 따라 타자를 자신과 같이 사랑하는 사람은 의심할 바 전혀 없이 이 사랑 때문에 선한 의지의 사람이라 할 수 있다."[27]

---

27   Augustine, *The City of God*, XIV.7.

다른 그 무엇보다도, 다른 그 누구보다도 하나님을 사랑하는 것이 모든 인간에게 최선이며 또 최상의 행복이다. 하나님을 사랑함으로써 우리는 자아를 참되게 사랑한다. 이웃 사랑도 마찬가지다. 이웃을 향한 진정한 사랑이란 모든 인간에게 최선이자 최상의 행복의 원천이 되는 하나님 사랑의 길에 서게 하는 것이다.

하나님을 사랑하는 것이 최상의 행복의 원천이기에 하나님 외의 다른 모든 대상에 대한 사랑은 하나님 사랑에 복속되어야 한다고 한다면, 다른 대상에 대한 목적론적 욕구·충족적 지향은 전적으로 부정되어야 하는가? "의롭고 거룩한 삶은 사는 이는 치우치지 않는 대상 평가를 할 줄 알며 자신의 감정을 엄격하게 통제하면서" 대상에 맞게 사랑할 줄 안다.[28] 이 문장은 하나님 외의 다른 대상에 대한 사랑이 바른 사랑의 질서를 왜곡하며 참된 사랑의 길을 막는다면 그런 대상을 전적으로 사랑의 범위에서 제거해야 한다는 식의 금욕주의적 주장을 담고 있다고 해석해서는 안 될 것이다. 어거스틴을 금욕주의자로 보아서는 안 된다는 말이다. 이 문장에서 어거스틴은 지고선으로서의 하나님 외에 다른 선[善]들도 받아들이되, 최종적[혹은 궁극적] 만족과 안식의 근거로 삼아서는 안 된다고 풀이하는 것이 타당할 것이다. "현 세대 전체는 우리의 구원을 위해 하나님의 섭리 안에서 만들어진 바이다. 우리는 현 세대를 활용해야 하는데, 그것이 영원할 것처럼 생각하며 그에 상응하는 사랑과 만족으로 해서는 안 [된다]."[29] 어거스틴은 인간

28　Augustine, *On Christian Doctrine*, trans. D. W. Robertson, Jr. (New York: Macmillan Publishing Company, 1958), I. 27.
29　위의 책, I. 35.

의 삶을 위한 물질적 기반과 그것을 토대로 추구하는 만족의 가치를 전적으로 부정하지 않는다. 다만 추구하되, 사랑의 바른 질서 안에서 곧 하나님 사랑과의 바른 관계 안에서 그렇게 하라는 것이다.

영혼이 덕을 통해서 하나님을 사랑하는 것은 아니다. 오히려 덕의 실천이 하나님을 사랑함으로부터 흘러나오고 또 덕이 그 사랑을 지탱하는 데 기여한다. 하나님을 바로 사랑함으로써 덕 있는 사람으로 성장해 간다. 반대로, 잘못된 사랑이 악을 낳고 악덕의 사람이 되게 한다. 덕에 대한 이러한 근본적 이해의 틀 안에서 어거스틴은 고전적인 덕들을 다룬다. 무엇보다도 행동이나 태도가 칭송받을 만할지라도, 그 행동이나 태도가 하나님 사랑의 큰 틀 안에서 이루어지는 것이 아니라면 덕이라고 할 수 없다고 어거스틴은 강조한다. "육체와 악의 요인들을 제어할 수 있는 바로서 덕들을 자신의 몸 안에 보유하고 있다고 마음으로 생각할지라도, 인간의 마음이 그 덕들을 하나님과의 사랑의 관계로 끌어오지 못한다면 덕이 아니라 악덕이라 하는 것이 맞다."[30]

그리하여 어거스틴에게 덕은 최선을 다해 하나님을 사랑하는 것이다. 이 기본적인 정의의 관점에서 네 가지 주된 덕들主덕. 主德 곧 절제, 용기, 정의 그리고 실천적 지혜에 대해 설명한다. 먼저 어거스틴은 고전적 의미에서 네 가지 덕에 대해 진술한다. 실천적 지혜는 추구해야 할 선과 피해야 할 악을 분별하게 하는 것이다. 용기는 우리의 자연적 힘을 뛰어넘어 불편과 선의 상실을 감내하는 것이다. 절제는 낮은 수준의 선들에 대한 욕망을 제어하는 것이다. 정의는 마땅히 받아야

---

30   Augustine, *The City of God*, XIX. 25.

할 것과 돌려주어야 할 것을 제대로 주고받는 것이다.[31] 더 나아가 어거스틴은 사랑의 관점에서 덕을 재정의하는데, 이를 살펴보자. 사랑이 행위자의 인격을 결정적으로 형성하기에, 하나님을 사랑하는 것이 덕 형성에 가장 근본적이다.[32] 덕은 지속성을 가진 기질적 경향성으로서 사람들은 이를 통해 자신들의 사랑을 제어할 수 있다. 절제는 정욕적 사랑을 제어하는데, 이 정욕적 사랑은 무질서한 사랑으로 지고선인 하나님을 추구하고 향유하고자 하는 삶을 멀리하고 낮은 수준의 선을 추구하게 만든다. 용기는 결국 사라지고 말 유한한 대상들에 대한 사랑을 극복하게 한다. 하나님을 사랑하면서 얻게 되는 덕은 찰나적 이 세상적 선들을 갈망하지 않음으로 절제의 덕을 나타내고, 그것들을 잃는 것에 대한 두려움을 극복함으로 용기를 드러낸다.

요컨대, 덕을 하나님을 온전하게 사랑하는 것으로 이해하는 어거스틴에 따르면, 절제는 하나님을 순전하게 또 지속적으로 사랑하게 하는 덕이고 용기는 하나님을 위하여 모든 것을 참아내게 하는 덕이며 정의는 하나님만을 섬기고 그리하여 다른 모든 것을 바르게 지배하게 하는 덕이며 그리고 실천적 지혜는 하나님을 향한 것이 무엇이고 하나님을 거스르는 것이 무엇인지를 분별하게 해 주는 덕이다.[33]

---

31 Augustine, *On Free Choice of the Will*, I. 13.; II. 18.
32 어거스틴은 고전적인 덕들을 유효하게 활용하지만, 그 효용은 기독교 사랑을 표현하기 위함이라는 목적론적 이해의 틀에서만 온전히 해명될 수 있다. 덕의 성숙은 기독교 사랑을 표현하는 데 있어 필요조건이지, 사랑의 삶을 완성하기 위한 충분조건은 아님을 분명히 한다. "이 사랑[지고선이신 하나님을 온 마음과 생각과 영혼을 다해 사랑하는 것은 온전히 그리고 순전하게 보존되어야 하는데, 이것이 절제의 한 부분이다. 이 사랑은 그 어떤 어려움도 이겨내는데, 이것은 용기의 한 부분이며 이것은 다른 그 무엇의 종도 또 다른 그 누구의 종도 되지 않는데, 이것은 정의의 한 부분이다. 이 사랑은 교묘하게 속이려고 하는 모든 시도들을 예민한 안목으로 경계하는데, 이것은 실천적 지혜의 한 부분이다. 이것이 많은 길들을 모아 완성에 이르게 하는 완숙의 중심이 되며, 이를 통해 인간은 진리에 도달한다." Augustine, *Of the Morals of the Catholic Church*, XXV. 46.

4. 사랑의 정치사회적 함의[34]

어거스틴에 따르면, 사랑은 기독교인이 모든 삶의 영역에서 존중하고 구현해야 할 가장 중요한 윤리적 규범이다. 다시 말해, 기독교인은 교회공동체뿐 아니라 공적 정치사회적 공동체 안에서도 사랑으로 살아야 한다는 것이다. 어떻게 공적 영역 안에서 사랑을 실천할 것인가? 어거스틴은 기독교인의 공적 참여를 통한 변혁적인 사회적 변화에 대해서는 긍정하지만, 혁명적 참여와 변화 추구에 대해서는 신중한 입장을 취할 것이다. 그러나 이 세상이 참된 이타적 사랑을 앞세우는 참된 신자들로 가득하다면, 그것처럼 전체 공적 공동체에 유익한 것은 없을 것이라고 역설한다. 언제나 사적 이익의 추구보다 공적 공동체의 목적과 공동의 선을 앞세울 줄 아는 사랑의 사람들이 공적 영역 안에서 그 사랑으로 충실하게 살아간다면, 공공선을 확보하고 증진하는 데 크게 이바지할 것이라는 점을 밝히고 있는 것이다. 신학적으로 말하면, 하나님의 창조의 지평을 존중하는 어거스틴의 섭리적 사랑 이해의 틀 안에서 공적 영역에서의 기독교회와 신자들의 사랑 실천은 신자와 비신자를 포괄하여 모두를 품고자 하시는 하나님의 사랑의 공적 역사적 표현이자 반영이라고 할 것이다.

이런 맥락에서 어거스틴은 영적 정부와 세속 정부혹은 교회와 국가의 절대적인 분리를 주장하지는 않는다. 어거스틴은 교회는 영혼의 삶을

---

33 위의 책, XV. 25.
34 사랑의 정치사회적 함의에 대해서는 정당한 강제력 사용에 대한 신학적 정당화, '두 정부'론 등의 주제를 논하면서 좀 더 살필 수 있음을 밝힌다.

관장하는 영적 정부로서 정치권력을 추구하거나 대체하려고 해서는 안 된다는 점을 분명히 한다. 그러나 동시에 신자들이 이웃 사랑을 공적 삶의 동기로 삼아 충실하게 사회적 책임을 감당할 것을 권고한다. 따라서 교회는 한편으로 권력·지향적 정교일치나 신정神政 체제를 꾀해서는 안 될 것이며 다른 한편으로 현실·도피적 분리주의적 정적주의靜寂主義를 정당화해서도 안 될 것이다. 만일 교회가 이 두 가지 과업에서 실패한다면 공적 영역에서 '고유한 도덕적 영역'을 상실하게 될 것이다.[35]

IV. 역사와 종말 이해와 기독교인의 윤리적 삶

하나님의 목적들이 완수되었을 때 이루어질 종말론적 완성을 감안하면서, 어거스틴은 '시간들 사이의 시간'역사내적 시간을 불완전하고 또 죄로부터 자유로울 수 없는 시간으로 이해한다. 『하나님의 도성』 14권에서 두 도성의 기원을 밝히고 나서, 15권에서는 이 둘의 발전에 대해 기술한다. 그리스도의 재림으로 완성될 인

---

35 이창호, "교회의 공공성에 관한 신학적 윤리적 탐구: 고전적 '두 정부'론의 규범적 이해와 현대신학적 전개 및 발전 탐색을 중심으로," 『기독교사회윤리』 29 (2014), 185.

간의 역사를 여섯 시대로 구분하는데, 아담에서 노아까지, 노아에서 아브라함까지, 아브라함에서 다윗까지, 다윗에서 바벨론 포로기까지, 포로기에서 세례 요한과 그리스도의 탄생까지, 그리고 현재의 시간 곧 그리스도의 오심부터 알 수 없는 종말의 때까지이다.[36] 이러한 구분은 성경에 나타난 역사를 신학적으로 해석한 결과이다. 각 시대는 인간 역사에 대한 하나님의 구원론적 섭리의 관점에서 이해할 수 있다. 어거스틴은 구원사와 세속사의 관계를 어떻게 설명하고 있는가? 둘 사이에 연속성이 존재하는가? 어거스틴은 세속사와 이 세상을 하나님이 구원사의 구도 안에서 구원의 목적을 이루어가는 역사내적 공간temporal space으로 이해하는가? 어거스틴이 로마의 역사를 어떻게 해석하느냐는 이러한 질문들에 대한 답을 찾는 데 매우 중요하다.[37]

어거스틴은 로마의 역사를 성聖의 역사sacred history에 속한 것으로 보려 하는 시도를 거부한다. 성의 역사는 세속사 곧 로마의 역사를 초월한다는 것이 어거스틴의 생각인데, 성의 역사의 초월은 중요한 의미를 내포한다. 하나님의 구원의 역사는 세속 제국의 흥망에 달려 있지 않다. 한 세속 제국이 도덕적으로 또 문화적으로 최상급의 성취를 이루었다고 해도 그것이 하나님 나라와 등치될 수 없다. 제국의 실패가 하나님의 구원의 뜻과 역사를 파괴할 수도 없다. 그리하여 어거스틴은 로마 제국의 역사를 비신성화하고 있는 것이다. 마르커스R. A. Markus는 이 점을 명백하게 정리하고 있다. "로마는 구원사에서 제외된다. 제국

---

36   Augustine, *The City of God*, XXII. 30.

37   R. A. Markus, *Saeculum: History and Society in the Theology of St Augustine* (Cambridge: Cambridge University Press, 1988), 19-20.

은 더 이상 인간 구원을 위한 도구로 선택되지 않는다. 역사 안에서 구원사적 계획을 위한 필수불가결한 도구도 아니며 그렇다고 그것의 실현을 가로막는 사단적 장애물도 아니다."[38]

비트너 Ruediger Bittner 는 어거스틴은 인간의 역사를 '단조롭다' monotonous 고 보았다고 해석한다. "인간사는 변화하기도 쉽지만 그렇다고 변하는 것은 아무것도 없다."는 의미에서 단조롭다는 것이다.[39] 이러한 불가변성은 타락 이후의 인간이 여전히 부패한 상태이고 인간과 인간 공동체가 아무리 노력한다 해도 죄악을 뿌리 뽑을 수 없다는 사실에 기인한다. 비트너는 어거스틴이 이러한 역사 이해를 강에 비유하여 서술했다는 점을 밝히면서, 다음과 같이 설명한다. "흐르는 강물을 생각해 보라. 특별히 급류를 보라. 모든 순간에 변화가 있기에, 즐길 만하다. 그러나 돌아보면, 그 자리에 온 이후로, 아무 것도 변하지 않았다는 것을 알게 된다. 인간들의 역사도 그렇다. 많은 운동들이 있어 왔지만, 인간사의 근본적 특징 곧 불행이라는 특징은 변하지 않는다."[40] 이러한 역사 인식은 회의주의적이지만, 어거스틴의 인식은 회의주의로 끝나지 않는다. 역사에 대한 어거스틴의 회의주의는 인간 역사의 완성이 역사 안에 있다기보다는 역사 너머에 있다는 생각으로 이어진다. 무슨 뜻인가? 역사 안에 살고 역사를 전개해 가는 중요한 주체는 인간이며 그 인간은 죄악의 본성과 현실을 붙잡고 씨름할 수

---

38 위의 책, 54-55.
39 Ruediger Bittner, "Augustine's Philosophy of History," in *The Augustinian Tradition*, ed. Gareth B. Matthews (Berkeley: University of California Press, 1999), 353.
40 위의 논문.

밖에 없는 존재임은 분명하지만 그렇다고 역사적으로 '무효한' 존재라고 단정할 수는 없다는 점을 전제하면서, 어거스틴은 역사 완성의 궁극적 주체는 하나님이시라는 신념을 견지하고 있는 것이다. 인간의 죄악됨의 본질만을 생각한다면 역사에 대한 회의주의로 기울 여지가 크다고 볼 수 있겠지만 역사의 주권자이신 하나님에 대한 믿음 안에서 역사를 바라봄으로 역사의 희망을 찾을 수밖에 없다는 것이 어거스틴의 생각인 것이다.

예수의 초림과 재림 사이의 중간기는 어거스틴의 이해에서 양면적이다혹은 모호하다, ambivalent. 이 점을 마르커스는 다음과 같이 풀이한다. "이러한 모호함의 뿌리는 4세기 신학의 로마 제국에 대한 상반된 두 가지 해석을 어거스틴이 거부한 데서 발견할 수 있을 것이다. 하나는 제국을 신성화는 신학적 흐름이고 다른 하나는 도나티투스주의에서 발견하는 것으로, 제국을 세속적으로 이해하는 흐름인데 악마적으로 보지는 않지만 말이다. 그렇다고 이 모호함이 기존 질서를 무비판적으로 수용하거나 불의한 정치권력에 대한 저항을 거부하는 도피주의적 경향 그리고 인간이 창조한 정치 체제를 절대화하는 시도를 의미하는 것은 아니다."[41] 마르커스는 세속 역사에 대한 어거스틴의 '불가지론' 은 "세속 역사의 과정을 궁극적 의미에서 해석하는 것에 대한 타협 없는 거부를 뜻하는 것이지만," 하나님의 역사내적 섭리를 전적으로 거부하는 것은 아니라고 해석한다. 이러한 불가지론을 감안하더라도, 마지막 날에 대한 그의 해석은 역사의 목적을 이해하는 데 중요하다.[42]

---

41   R. A. Markus, *Saeculum: History and Society in the Theology of St Augustine*, 166-67.

역사와 세계에 대한 궁극적인 완성이 있을 것인데 이는 하나님이 예수 그리스도의 십자가와 부활을 통해 완수하실 것이다.

어거스틴은 인간과 인간 공동체가 스스로의 힘만으로 하나님 나라의 궁극적 완성에 이를 수 있다는 주장에 반대한다. "하나님의 도우심 없이는, 우리 힘만으로 의롭게 살 수 없다. 믿고 기도할 때만 가능하다."[43] 어거스틴은 신의 도성의 완벽한 선과 인간이 역사 안에서 이룰 수 있는 선 사이에 넘어설 수 없는 간격이 있다는 점을 견지한다. 이렇게 함으로써, 한편으로 하나님 나라의 종말론적 궁극적 완성을 인간의 역사적 성취로 환원하는 것을 거부하고 다른 한편으로 인간이 역사 속에서 그 어떤 선도 성취할 수 없다고 생각하거나 혹시 이룬 바가 있다 하더라도 그것의 가치를 전적으로 부정하는 패배주의나 분리주의도 반대한다. 다시 말해, 어거스틴은 천국의 완전한 선의 성취는 종말의 때로 미루어 두면서, 이 땅에서 인간이 이루는 선이 생존에 필요한 것이라는 점도 강조하는 것이다. 요컨대, 하나님 나라의 완성이 역사를 초월한다는 어거스틴의 신념은 정치사회 영역에서 인간이 이루는 모든 선을 상대화하고 비신성화한다는 점을 내포한다.

42   위의 책, 159.
43   Augustine, *The City of God*, XIX. 4.

V 정당한 강제력 사용과 신학적 윤리적 논거

앞에서 언급한 대로, 어거스틴에 따르면 사랑은 정치사회 영역에서도 기독교인의 삶을 안내하고 이끌어 가는 규범이어야 한다. 정치사회 영역에서 살아내야 할 기독교인의 사랑의 삶은 하나님이 창조하신 세계와 인류 공동체를 향한 애정 어린 섭리의 지평을 소중히 여긴다. 이런 맥락에서 어거스틴은 역사와 세계를 향한 신적 섭리의 통로로서의 세속 정부혹은 정치권력의 가치를 인정한다. 특히 세속 정부의 정치 행위에 있어서 강제력 사용의 여지를 열어둔다. 다만 기독교인들은 세속 정부의 강제력 사용의 정당성에 대한 신중한 고려 없이 무조건적으로 그러한 사용을 지지해서는 안 된다. 어거스틴은 불가피하게 전쟁에서의 대응폭력의 사용을 정당화해야 한다면 정당전쟁의 기준들에 부합할 때에야 그렇게 할 수 있으며 참으로 비통하고 무거운 마음으로 그렇게 해야 한다는 점을 강조한다. 어거스틴의 신학적 윤리적 정당화의 논거를 몇 가지로 정리해 보고자 한다.

첫째, 신학적 인간론의 논거이다. 자유libertas 곧 선을 선택하도록 하는 인격적 특질로서의 자유를 소유하고 있던 인간은 다른 인간들과 조화롭게 살아갈 수 있었다. 그러나 타락 이후 인간들의 공동체에는 끊임없는 갈등과 착취가 존재하게 되었다. 인간 본성의 변화 때문이다. 잘못된 자기사랑이나 부패한 자기욕망의 추구가 지배하면서 악하고 이기적인 계획들을 꾸미고 수행하기 위해 있는 힘을 다하게 되며, 죄의 능력 아래서 자기 이익을 공익보다 우선시하는 인간의 선택과 행동은 인간 공동체를 서로 갈등하고 충돌하는 쪽으로 몰아간다. 이러한 갈등과 분열은 매우 심각한 것이어서, 사람들은 무질서와 갈등을 치유하기 위해 부득이하게 폭력^{혹은 강제력}을 사용할 수밖에 없게 된다는 것이다.

어거스틴에 따르면, 인간은 본능적으로 사회적이다. 다른 이들과 공동체를 이루며 사는 것은 인간 실존의 본질적 조건이다. 그러나 인간 공동체 안에는 공존을 위한 노력도 있지만, 끊임없는 갈등과 착취가 상존한다. 어거스틴은 "인류처럼 본능적으로 사회적이면서 동시에 부패할 때 반사회적인 피조물도 없다."고 역설한다.[44] 인간의 사회 속에서 갈등이 끊이지 않는데, 그 근본적인 이유는 수많은 개인들과 공동체들이 비뚤어지고 비정상적인 자기실현의 욕구 곧 잘못된 자기 사랑에 쉽게 사로잡히기 때문이다. 인간의 '비뚤어지고 타락한' 심장은 비정상적으로 소유·지향적 행위들에 몰입하게 하는데,[45] 끊임없이 다른 사람들과 공동체들의 소유를 탐내고 빼앗으며 또 급기야 집단적으로는 다른 나라의 영토를 침범하기까지 한다. 타락 이전의 인간관계를 상호간의 평화적 공존이라고 규정한다면, 타락 이후의 인간관계는 끊이지 않는 적대와 충돌이 그 두드러진 특징이라고 하겠다. 인간은 민족적으로, 인종적으로 또 사회문화적으로 쟁투하면서, 그들 스스로

---

44 위의 책, XII. 27.
45 Augustine, "Letter 138, to Marcellinus," in *Augustine: Political Writings*, trans. Michael W. Tkacz and Douglas Kries (Indianapolis and Cambridge: Hackett Publishing Company, Inc., 1994), 209.

를 분당으로 갈라놓는다. 이러한 인간 공동체의 비극적인 특징들은 불가피하게 전쟁이라는 극단적인 갈등의 형태로 구체화되기도 한다. 다만 어거스틴은 인류의 이러한 비극을 치유하기 위해 용인되어야 할 전쟁도 있음을 인정해야 한다는 점을 신중하게 견지한다. 전쟁이 때론 필요하고 또 정당화될 수 있다고 어거스틴은 주장하는 것인데, 그러한 전쟁은 세속 영역에서 평화를 이루어 가는 데 도구적 가치가 있기 때문이다. 다시 말해, 파괴적 충돌로 치닫는 것을 막기 위해서 또 전쟁으로 발생한 반목과 무질서로부터 평화와 질서를 회복하기 위해서 그렇다는 것이다.

어거스틴에 따르면, 세속 도성에서 누릴 수 있는 평화는 "불행에 대한 위로"일 뿐이다.[46] 세속 도성과 신의 도성의 구분은 어거스틴의 평화 이해에서 특징적인 것이다. 천상의 평화는 완전하고 절대적이지만, 이 땅 위에서 이룰 수 없다. 신의 도성의 사람들은 하나님을 진심으로 사랑하며, 다른 이들의 유익을 위해 자신의 이익을 희생할 줄 아는 이들이다. 기독교인들이 추구하는 참된 사랑에서 세속 도성 사람들의 이기적 사랑은 찾아 볼 수가 없다. 공동의 선을 위해 개인적 유익을 언제든지 포기할 줄 아는 이들이다. 그들에게 이것은 당연한 일이다. 왜냐하면 그들은 사랑의 사람들로서 다른 이들과 더불어 행복과 선을 나누길 좋아하고 또 공동체 안에서 함께 평화를 누리며 살기를 원하기 때문이다. 어거스틴에 따르면, 이것은 "섬기는 사랑인데 이 사랑은 많은 사람들의 마음을 한 데 모으고 모두가 기쁨으로 나누는 사

---

46   Augustine, *The City of God*, XIV. 27.

랑 곧 완벽한 일치를 이루는 사랑"이다.[47] 그러나 지상의 평화는 불완전하고 부분적이고 상대적이다. 어거스틴이 정당화하는 전쟁은 천상의 평화를 위한 것이 아니라, 죄된 본성을 지닌 인류가 가질 수 있는 지상의 평화를 위한 것이다. 정당전쟁은 갈등의 정당한just 해결을 추구한다. 이러한 해결은 종말론적 완성의 때로 미루어진 '참된 정의'를 반영하는 것이 아니라 상대적인 혹은 최소한의 의미에서 조화로운 질서를 의미한다. 카힐 Lisa S. Cahill에 따르면, 어거스틴에게 악에 대한 보복적 정의는 "'중간 단계'의 의미를 갖는데, 복수와 저항을 뛰어넘는 '완전한 평화'를 목표로 하나님의 백성을 교육한다는 면에서 임시적 가치를 갖는다. 현재의 질서에서 평화와 사랑은 힘, 폭력적 힘까지도 배제하지 않는다."[48]

둘째, 성경해석학적 근거이다. 인류를 향하신 하나님의 뜻을 알기 위해서 성경주석은 매우 중요한 가치가 있다고 어거스틴은 생각한다. 성경주석은 이해 가능한 표징들signs과 비유적인 표징들을 푸는 데 유용한데, 특히 후자의 경우에서는 조심스러운 해석이 필요하다고 주장한다. 그러나 주석은 그 자체로 목적이 되는 것은 아니다. 오히려 목적에 이르게 하는 수단일 뿐이다. "성경에 나타난 거룩한 하나님의 말씀들혹 일부분이라도을 이해했다고 하고서 사랑의 이중계명을 더욱 세워 가지 못한다면 하나님의 말씀을 전혀 이해하지 못한 것이다. 그 본문에서 저자는 그런 의도로 말하지 않았지만 거기에서 사랑을 세우는 데

---

47   위의 책, XV.3.

48   Lisa Sowle Cahill, "Nonresistance, Defense, Violence, and the Kingdom in Christian Tradition," *Interpretation* 38 (1984), 383.

유용한 교훈을 얻었다면, 잘못 해석한 것도 ^{속은 것도} 아니고 거짓말을 하는 것도 아니다."[49] 모든 주석적 작업들은 궁극적인 목적에 이바지하는 것이 되어야 하는데, 그 목적은 사랑이다. 성경 읽기는 결국 읽는 이로 하여금 하나님과 이웃을 더욱 사랑하는 데 도움이 되어야 한다는 것이다.[50] "누구든지 성경에 나오는 계명들의 목적이 사랑임을 '순전한 마음, 선한 양심, 그리고 진실한 믿음 ^{딤전 1:5}'으로 인식한다면, 그는 비로소 성경을 안전하게 해석할 준비가 되어 있다고 하겠다."[51] 성경의 모든 본문은 사랑의 계명을 소통하고 증진하는 데 이바지해야 한다는 어거스틴의 생각을 밝히면서, 풀 ^{Jeff B. Pool}은 어거스틴의 성경해석의 원칙을 다음과 같이 정리한다. "정확히 이러한 확신은 신약 성경이 증거하는 나사렛 예수에 대한 신뢰에서 흘러나온 것인데, 예수는 사랑의 이중계명을 모든 성경 곧 모든 신적 계시의 본질 ^{essence}이라고 규정한다."[52]

이러한 해석학적 원칙과 함께, 어거스틴의 통전적 성경 읽기는 사랑이 때론 정말 비통한 심정으로 강제력 혹은 폭력의 사용을 용인할 수 있다는 그의 입장의 근거가 된다. 강제력의 사용을 정당화하면서 어거스틴은 성경 밖의 자료들도 참고하지만 주로 신구약 성경에 의존한다. 그는 신구약 성경의 조화를 강조한다. 우리가 본 대로, 신구

49   Augustine, *On Christian Doctrine*, I. 36.

50   Thomas Williams, "Biblical Interpretation," in *The Cambridge Companion to Augustine*, eds. Eleonore Stump and Norman Kretzmann (Cambridge, UK and New York: Cambridge University Press, 2001), 67.

51   Augustine, *On Christian Doctrine*, I. 40.

52   Jeff B. Pool, "No Entrance into Truth except through Love: Contributions from Augustine of Hippo to a Contemporary Christian Hermeneutic of Love," *Review and Expositor* 101 (2004), 648-49.

약 성경을 관통하면서 하나님의 의도의 본질을 내포하는 해석학적 열쇠는 '사랑'이다. 어거스틴은 공적인 강제력 사용을 용인할 때 매우 신중하고 제한적이다. 합법적인 권위를 가진 이들과 이 권위자들이 공동체의 보호를 위해 공적으로 강제력 사용을 위임한 이들에게만 허용한다. 합법적으로 용인된 공적 방어는 공공선과 이웃 사랑에 대한 헌신이라는 동기에서 온 것이어야 한다.[53]

전쟁을 치르는 원인과 목적이 정당하다면 곧 공동체의 안전과 평화를 위해 방어적으로 치르는 전쟁이라면, 전쟁에서의 군사력 사용은 정당화된다.[54] 이러한 정당전쟁을 설명하기 위해 어거스틴은 구약 성경을 직접적으로 인용한다. 이집트 바로에 대한 이스라엘의 전쟁을 언급하면서 모세의 전쟁 수행을 정당한 것이라고 본다. 왜냐하면 불의한 침략자들에 대한 정당한 강제력 사용이었기 때문이다. 여기서 어거스틴이 모세의 전쟁을 인용할 때 그 본문을 상징적으로 해석하지 않고 역사적으로 해석했다는 점을 주목해야 할 것이다. 뿐만 아니라, 신약 성경도 인용한다. 기독교와 정치의 양립 가능성에 대해 언급하면

---

53 불의한 치명적 폭력 앞에 선 무고한 이웃(들)을 보호하기 위한 군사적 강제력의 사용을 하나님의 섭리적 사랑의 한 표현으로 이해하면서, 램지(Paul Ramsey)는 어거스틴의 입장을 다음과 같이 정리한다. "어거스틴은 기독교인의 전쟁 참여를 정당화할 때, 내재적 정의만을 근거로 삼지 않는다. 개인적 혹은 공적 방어에서, 기독교인은 내재적으로 또 실체적으로(intrinsically and substantially) 정당한 것을 수행한다. 정의로부터가 아니라면 질문이 하나 생기는데, 사랑으로부터 된 것이냐 하는 것이다. 개인적 영역에서 사랑을 근거로 정당 방어를 배제하는 것과 같은 방식으로 말이다"(Paul Ramsey, *War and the Christian Conscience: How Shall Modern War Be Conducted Justly?* [Durham: Duke University Press, 1961], 37). 기독교윤리는 폭력을 정당화하거나 허용해서는 안 될 것이지만, 정당전쟁이라는 예외적인 상황 곧 불의한 군사적 폭력 앞에서 스스로를 보호할 수 없는 무고한 이웃이 생명의 위협을 받고 있는 절체절명의 상황에서 그 이웃을 보호하기 위한 불가피한 대응폭력의 사용을 허용할 수 있고 또 그렇게 해야 한다는 생각인 것이다. 이러한 도덕적 정당화의 규범적 토대는 이웃 사랑이다.

54 Augustine, "Letter 189, to Boniface," in *Augustine: Political Writings*, trans. Michael W. Tkacz and Douglas Kries (Indianapolis and Cambridge: Hackett Publishing Company, Inc., 1994), 219-20.

신학적 윤리 _ 어거스틴, 아퀴나스, 루터, 칼뱅을 중심으로

서, 누가복음 3장 14절[55] 해석에 근거하여 군대의 존재를 정당화한다. 만일 기독교인들이 모든 형태의 전쟁을 거부한다면, 이 구절은 "무기를 던지고 군대를 완전히 떠나야 한다."는 명령으로 해석되어야 할 것이라고 어거스틴은 주장한다. 이 본문을 통해 하나님은 군인들에게 정해진 보수에 만족하라고 명령하시는데, 이 명령은 군대 형성의 가능성을 완전히 배제하지 않는다는 점을 내포한다고 해석하고 있는 것이다.[56] 그러나 어거스틴이 목적과 동기에 상관없이 모든 전쟁과 모병 행위를 허용하는 것은 아니다. 전쟁은 평화를 위해 수행되어야 한다. "평화를 추구하다가 전쟁을 야기해서는 안 되고, 평화를 이루기 위해 치러야 한다. 평화를 이루는 사람이 되라. 전쟁이 불가피하다 하더라도, 평화를 목적으로 행하며 승리를 통해 패배한 쪽도 평화의 유익을 누릴 수 있도록 하라."[57]

어거스틴은 우상 숭배자들을 징계하면서 모세가 강제력을 사용한 사건출 32장을 풀이할 때, 폭력 사용의 적합한 동기와 목적을 살핀다. 어거스틴에 따르면, 모세의 강제력 사용의 동기와 목적은 사랑이다.[58] 또한 사도 바울이 교회 안에서 훈육을 목적으로 음행한 이에게 강제력을 사용한 사건고전 5장을 보기로 들면서, 이를 이웃 사랑의 맥락에서 풀이한다. 신구약 성경의 대표적인 하나님 말씀의 전달자들인 모세와

---

55 "군인들도 물어 이르되 우리는 무엇을 하리이까 하매 이르되 사람에게서 강탈하지 말며 거짓으로 고발하지 말고 받는 급료를 족한 줄로 알라 하니라"(개역개정판).

56 Augustine, "Letter 138, to Marcellinus," 209.

57 Augustine, "Letter 189, to Boniface," 220.

58 Augustine, *Against Faustus the Manichaean XXII.* 73-79, in *Augustine: Political Writings*, trans. Michael W. Tkacz and Douglas Kries (Indianapolis and Cambridge: Hackett Publishing Company, Inc., 1994), 227-28.

바울에 의존하면서 어거스틴은 정당전쟁을 포함한 강제력 사용을 '사랑'에 근거하여 풀이하고자 하는 것이다. 다시 말해, 성경을 근거로 하여 어거스틴은 사랑을 위한 강제력 사용을 정당화하고 있는 것이다.

셋째, 하나님의 섭리의 관점이다. 이 신학적 논거는 인간 역사와 사회적 세계에 대한 애정 어린 신적 섭리에 관한 것이다. 어거스틴에 따르면, 평화는 종말론적 관점에서 뿐 아니라 역사적으로도 최고의 선이다. "평화는 너무나 좋은 것이어서, 이 지상의 삶에서도 그렇게 크게 기쁘게 할 다른 어떤 것이 없다고 할 만큼 기쁘게 하는 것이고 그토록 열심히 추구할 만한 것이 더 없을 만큼 추구하는 것이며 또 다른 어떤 것보다도 우리를 만족스럽게 하는 것이다."[59] 이어서 말하기를, "신의 도성의 사람들도 지상의 평화를 필요로 한다. 이 땅의 순례에서 믿음과 경건의 삶에 해를 입히지 않는 한에서, 생존에 필수적인 것들에 대한 공동의 의견 일치를 바라고 또 유지해야 하며 지상의 평화를 하늘의 평화에 연결시켜야 한다."[60] 여기서 어거스틴은 성과 속의 공동의 기반common ground을 마련한다. 신의 도성의 사람들은 이 땅 위에서 평화를 추구하고 또 평화의 결실을 맺기 위해 동료 시민들과 연대·협력해야 하는데, 평화는 역사적 실존의 필수 요건일 뿐 아니라 지상적 순례의 여정에 유익하기 때문이다. 하나님은 인간의 역사와 공적 삶에 대한 애정 어린 섭리를 결코 중단하지 않으신다고 어거스틴은 강조하는데, 평화나 공동체의 안전과 같은 생존을 위한 외적 조건들을 위해

---

[59]   Augustine, *The City of God*, XIX.11.
[60]   위의 책, XIX.17.

기독교인들이 헌신한다면 그들의 헌신은 그러한 신적 섭리의 드러남이라고 볼 수 있는 것이다.

이러한 공동의 기반에 대한 주된 논거를 생각해 보고자 하는데, 세속의 법과 체제의 의미와 그것에 대한 존중에 관한 것이다. 하나님 나라를 향한 지상적 순례에 방해가 되지 않는다면 할 수 있는 대로 정치사회 공동체의 법질서와 체제를 충실히 따를 것을 어거스틴은 권고한다. 이러한 공적 실천은 역사적 선으로서의 평화를 확보·증진하는 데 이바지할 것이다.[61] 어거스틴은 국가로 대표되는 정치적 체제들을 타락의 결과로 보는데, 타락 이후 인간과 인간 공동체의 고안물이며 타락의 결과를 치유하는 공적 정치적 방편으로서의 의미를 갖는다고 할 것이다. 다만 국가권력은 하나님 나라를 대체하는 정치구조가 될 수 없고 또 그렇게 되어서도 안 될 것이다. 인간 권력을 신성화하거나 절대화하려는 우상숭배적 욕망과 시도가 있어 왔음은 역사의 증언이다. 정치권력의 이러한 부정적 측면과 가능성이 있다는 점을 부정할 수 없지만, 그럼에도 하나님은 정치적 체제나 질서를 통해 역사와 세계를 향한 신적 섭리를 구현해 가신다고 어거스틴은 강조한다. 세속 정부를 세우신 하나님은 이 정부를 사용하여 악행과 범법을 통제·예방하며 생존을 위한 물질적 기반을 마련해 주시고자 한다는 것이다.

공동의 기반에 대한 이 논거를 정당전쟁의 문제에 적용해 보자. 정당전쟁에서 허용되는 군사력의 사용은 불의한 폭력으로부터 스스로를 보호할 수 있는 능력을 갖추지 못한 무고한 동료 시민들을 보호

---

61   위의 책, XIX.17.

하고 결국 정의를 세우는 것을 목적으로 한다. 치명적 폭력을 동반하는 전쟁이라는 극단의 충돌은 불행하게도 해소되지 못하는 경우도 있다. 어거스틴에 따르면, "이러한 충돌은 적이라고는 존재하지 않는 가장 평화로운 왕국에 이르러서야 종식될 것이다."[62] 이러한 충돌의 내적 영적 뿌리는 왜곡되고 타락한 마음이며, 이 마음에 사로잡혀 인간과 인간의 공동체는 타자와 다른 공동체의 고유한 아름다움이나 가치를 소중히 여기고 보존·증진을 위해 힘쓰기보다 자기 자신이나 소속집단의 외적 물질적 위세를 극대화하기 위해 약자는 말할 것도 없고 동료 인간과 공동체를 억압하고 착취하는 데 온 힘을 다하기도 한다. 이러한 마음을 치유하고 평화를 회복하며 또 사회적 약자와 부당하게 억압당하는 이들이나 불의한 폭력의 위협 앞에 고통하는 이들을 보호하고 이들의 복지에 이바지하기 위해, '방어'를 목적으로 하는 정당한 군사력 사용을 용인하는 것이다.[63] 또한 질서의 회복과 유지라는 목적의 관점에서 적용할 수 있다. 정당전쟁은 타자에게 해를 주거나 복수욕을 해소하기 위해 혹은 지배욕을 충족하기 위해서가 아니라, 질서의 회복 곧 사람들이 이 땅에서 기본적인 평화 가운데 살아가는 데 필요한 질서의 회복을 위해 수행되어야 하는 것이다.[64] 어거스틴은 정당전쟁이 추구해야 할 질서는 공리주의적 혹은 결과주의적 계산에 근거한 것이 아니라 하나님의 섭리에 뿌리를 두어야 한다는 점을 견지하는데, "지상적 가치들은 하나님의 섭리를 통하여 … 다름 아닌 한 분 참 하나님

---

62 위의 책, XX. 9.
63 Augustine, "Letter 138, to Marcellinus," 209.
64 Augustine, *Against Faustus the Manichaean XXII. 73-79*, 221.

의 능력과 선택에 속하는 것이다."[65] 인간 사회에 대한 하나님의 관심은 그러한 전쟁을 통해서도 표현된다고 하겠는데, 다시 말하지만, 정당한 전쟁은 평화와 질서의 회복에 그 목적을 두고 있다. 정의로운 정치 지도자의 결정과 정당한 전쟁의 수행은 '평화와 공동의 복지'에 기여하는 바가 있다고 보는 것이다.[66]

넷째, 종말론적 논거이다. 하나님 나라에서 완성될 평화는 평화를 향한 인류의 여정에서 궁극적 이상으로서의 의미가 있다고 하겠으나, 역사 속에서 완전히 성취할 수 있는 것은 아니라는 점을 어거스틴은 견지한다. 교회 안에서 그렇고, 교회 밖에서도 그렇다. 이 점에서 순진한 낙관론을 경계한다. 앞에서 살핀 대로, 어거스틴은 이 땅에서 사람들이 이루는 역사적 성취와 하나님 나라의 완성 사이의 거리 혹은 불연속성을 강조한다. 지상의 평화가 기독교인들의 순례에 이바지하는 바가 있다는 점을 인정하면서도, 동시에 종말론적 완성의 때에 누리게 될 평화와 이 땅에서 역사적으로 성취할 평화 사이에 차이가 있음을 인정하는 것이다. 그러나 신의 도성이든 세속 도성이든, 비록 상대적이고 불완전한 것이라 하더라도 이 땅에 평화가 필요하다. 따라서 정당전쟁이 추구하는 평화는 종말론적 완성을 통해 이루어질 궁극적 평화가 아니라 인류의 역사적 실존을 위해 기본적으로 필요한 요건으로서의 평화인 것이다. 천상의 평화가 아니라 지상적 평화를 위한 불가피한 강제력 사용을 허용하는 것임을 다시금 밝혀 두어야 하겠다.

---

65 위의 책, 222.
66 위의 책.

다섯째, 정치적 강제력 사용에 대한 '두 도성'론의 관점에서의 논의이다.[67] 어거스틴의 '신의 도성'은 종교적 도피주의도 경계하고 또 세속 권력의 신성화도 부정한다. 오히려 대응·문화적 성격을 띤다고 하겠다. 마르커스는 어거스틴의 정치에 대한 상대화와 비신성화에서 자유주의의 씨앗을 발견하는데, 그러한 상대화와 비신성화는 사람들이 자유로이 자신들의 사랑의 대상을 선택하는 어떤 자율의 공간을 내포하기 때문이다.[68] 마르커스는 어거스틴이 정치의 자유주의화를 추구하면서 어떻게 동시에 종교적 강제를 정당화했는지를 탐구한다. 어거스틴이 도나투스주의자들을 제어하기 위해 군주의 힘을 빌려 강제력을 행사한 것은 분명히 정치의 비신성화 혹은 자유주의화와는 거리가 멀다고 마르커스는 판단한다. 이에 대해 보울린 John R. Bowlin 은 다른 생각을 제시한다. 마르커스의 자율에 대한 해석은 사회학적 분석에 근거하지 않고 두 정부혹은 두 도성와 이 둘의 관계성에 대한 종말론적 해석에 근거한다고 풀이하면서, 보울린은 마르커스가 하나님의 은총의 역사는 정치 영역에서 그 입지를 찾을 수 없다고 해석하고 있다는 점을 지적한다. 그러나 보울린은 어거스틴은 "은혜로 변화된 정치"의 가능성 곧 은혜가 정치를 변화시킬 수 있는 가능성을 상정하고 있다고 강조한다. "은혜의 주입이 없으면 정치 현실은 선인과 의인에게는 턱없이 부족한 목적들만을 위해 쓰일 것이다. 어거스틴에게 정치는 완전

---

67 다음의 문헌에서도 어거스틴의 '공적 교회'론을 살피면서 이 주제에 관한 마르커스와 보울린 사이의 비평적 논의를 다루었다. 이창호, "기독교의 공적 참여 모형과 신학적 '공동의 기반'의 모색," 『기독교사회윤리』 31 (2015), 73-74.

68 R. A. Markus, *Saeculum: History and Society in the Theology of St Augustine*, 65-71.

히 자율적이지는 않다. … 정치가 확보하고자 하는 근사치적 목적들은 하나님의 정의로운 평화를 추구하는 것이 아니라면 욕망에 휘둘리는 사람들과 온전히 자기애적 동기만 작용하는 사람들의 추구만을 반영하는 것이다."[69] 여기서 보울린은 어거스틴이 '은혜로 변화된 정치'의 맥락에서 불가피한 강제력의 사용을 정당화함으로써 정의로운 사랑의 실현 곧 정의의 형태로 이루어지는 사랑의 근사치적 실현의 여지를 마련하고 있다고 해석하는 것이다. 아울러 보울린에 따르면, 어거스틴은 교회 안에서도 정당한 강제력의 사용을 허용하는데 죄악된 세상에서 그러한 정의로운 행동이 필요하기 때문이다. 그러나 그러한 정의의 일은 그 바탕에 사랑의 동기가 있어야 한다.[70]

VI '두 도성'론과 평화·지향적 사회윤리

1. '두 도성'론 해설[71]

어거스틴의 사회윤리 사상에서 기독교의 공적 관계성 이해를

---

69 John R. Bowlin, "Augustine on Justifying Coercion," *The Annual of the Society of Christian Ethics* 17 (1997), 59-60.
70 위의 논문, 67.

탐색하고자 할 때, 무엇보다도 '두 도성' 혹은 '두 정부'에 관한 그의 신학적 이론을 논구할 필요가 있다. 두 도성은 기본적으로 정치사회적 개념이라기보다는 종말론적 개념이기 때문에 신학적이다. 다시 말해, 누가 신의 도성 혹은 세속 도성에 속할 것인지에 대한 응답혹은 결정은 오직 하나님께 달려 있고 또 '마지막 날' 최종적으로 드러날 것이기 때문에 그렇다.

어거스틴은 피조된 인간을 육으로 칭하든 아니면 영으로 칭하든, 선하신 창조주를 등지고 피조된 선을 따라 사는 것은 결코 좋지 않다고 강조한다. 이어서 어거스틴은 두 도성 해석을 위한 근본적인 관점을 제시하는데, 곧 의지와 행위에 관한 것이다. 의지의 바름은 행위의 바름과 연결되어 있다. 의지는 의지적으로 이르거나 얻고자 하는 대상을 향하며 행동으로 옮겨 그 대상에 이르거나 얻음을 통해 그 행동 안에서 행복만족을 얻는다. 선한 대상을 의지적으로 향하고 행동하여 얻게 되면 참된 행복을 누리게 될 것이다. 반대로 그 대상이 악하다면, 행동의 과정과 결과는 악하다.[72] 무엇이 의지와 행위 그리고 행위의 결과의 선과 악을 가르는 결정적 요인이 되는가? 어거스틴의 응답은 분명하다. "하나님을 따라 살고 인간을 따라 살지 않는 사람은 선을 사랑하는 사람이다. 따라서 악을 미워하는 사람이다."[73] 이런 맥락에서 "바른 의지는 좋은 사랑이고 왜곡된 의지는 나쁜 사랑"이라고 어

---

[71] 어거스틴의 '두 정부'론에 관해 다음의 문헌들에서도 다루었다. 이창호, "교회의 공공성에 관한 신학적 윤리적 탐구: 고전적 '두 정부'론의 규범적 이해와 현대신학적 전개 및 발전 탐색을 중심으로," 『기독교사회윤리』 29 (2014), 147-49; 이창호, "고전적 기독교사회윤리와 한국 기독교의 공적 관계성에 관한 신학적 윤리적 탐구," 『교회와 신학』 85 (2021), 82-83.

[72] Augustine, *The City of God*, XIX. 4-6.

[73] 위의 책, XIV. 6.

거스틴은 강조한다.[74] 여기서 어거스틴은 사랑의 의지적 역동과 '두 정부'론[75]을 연결한다. 의지와 사랑 이해가 어떻게 '두 정부'론에 연결되는지에 주목하면서, 두 도성을 각각의 도성에 속한 사람들을 움직이는 사랑의 역동의 관점에서 이해하고 설명하고 있는 것이다.

어거스틴에 따르면, 모든 인간은 두 도성 가운데 하나에 반드시 속하게 되어 있다.[76] 이것이 하나님의 뜻이며, 이 땅을 살아가는 인간들에게는 피할 수 없는 운명인 것이다. 그러면 소속은 어떻게 결정이 되는가? 물론 궁극적 결정은 하나님의 권한에 속하지만, 어거스틴은 인간 내면의 사랑의 역동에 따라 소속이 달라진다고 말한다.[77] 곧 각 도성의 소속은 "구성원들이 궁극적으로 누구에게 충성하는지 혹은 하나님 앞에서 볼 때 어디에 서 있는지를 통해 결정된다."[78] 앞에서 살핀 대로, 세속 도성에 속한 사람들은 지독한 자기사랑의 역동에 좌우되는 이들로서 이기적 목적을 이루기 위해서라면 동료 인간은 물론이고 하나님까지도 도구화한다. 반대로, 신의 도성의 사람들은 전적으로 이타적 동기에 따라 살아가는 이들로서 하나님과 이웃을 사랑하기 위해 기꺼이 자기 자신을 희생하고자 한다. 이렇듯 두 도성을 지배하는 사랑의 역동의 대조는 두 도성의 대립적 관계를 규정하는 본질적 요소

---

74 위의 책, XIV.7.

75 '두 정부'론은 신앙 공동체의 공적 정체성과 역할, 교회 밖 공적 영역의 신학적 함의, 교회의 공적 관계성 등에 대해 논하는 사회윤리적 이론이자 가르침이다. 이 사회 교리는 두 정부 곧 영적 정부와 세속 정부에 대한 관념을 뚜렷하게 내포하는데, 일반적으로 전자는 영적 내적 삶을 관장하고 후자는 시민적 도덕적 삶과 연관하여 정치사회적 주권을 수행한다. 기독교 역사에서 이 둘의 관계성에 대해 다양한 견해가 있어 왔지만 두 정부는 공히 하나님께 기원을 두고 있으며 하나님께 두 정부에 대한 궁극적 주권이 있다는 점은 기본적으로 동의하는 바임을 밝혀 두어야 하겠다.

76 Augustine, *The City of God*, XIV.1.

77 위의 책, XIV.1.

78 R. A. Markus, *Saeculum: History and Society in the Theology of St Augustine*, 59.

라고 할 것이다. 어거스틴의 이러한 구분은 "성인과 불의한 이들, 하나님께 충성을 다하는 이들과 패역한 이들, 선택받은 이들과 버림받은 이들 등으로 나타난다."[79] 하나님 사랑은 천상의 지복에 이르는 지름길인 반면 잘못된 자기사랑은 불의하고 패역하고 버림받게 됨을 내포한다. 어거스틴의 엄격한 이분법적 구분에 따라 분류해보면, 세속 도성에는 심판을 받은 사람들, 타락한 천사들 그리고 자기 자신을 극진히 사랑하여 하나님과 타자를 멸시하기까지 하는 이들이 속하며 신의 도성에는 하늘의 성도들, 천사들 그리고 하나님을 지극히 사랑하는 이들이 속한다.

하나님 사랑과 자기사랑이나 선과 악과 같은 대조적 관계 설정이 두 도성 사이의 관계를 기본적으로 규정한다. "아브라함의 두 아들에게서 유형화된다. … 이삭은 약속의 아들로 자유인인 사라에게서 낳고 이스마엘은 육체를 따라 노예인 하갈에게서 낳았다."[80] 다만 두 도성 사이의 대조적 구분은 정치사회적 제도적 관점에서의 어떤 구분과도 일치하지 않는다. 세속 도성은 국가와 일치하지 않으며, 신의 도성 또한 제도로서의 교회가 아니다. 두 도성은 역사적 정치사회적 공동체와 동일시할 수 없지만, '수많은 개인들' 가운데 그들 나름대로의 사회적 유대를 형성하고 있다. 세속 도성의 사회적 유대는 "구성원들을 위하여 설정된 바, 부패하고 자기중심적이고 또 임시적인 목적들 가운데 어디엔가 위치한다."[81] 반대로, 신의 도성 사람들의 사회적 유대는 공

---

79   위의 책, 59-60.
80   Augustine, *The City of God*, XV. 2.
81   R. A. Markus, *Saeculum: History and Society in the Theology of St Augustine*, 62.

공선을 개인이나 집단의 사적 이익보다 일관성 있게 또 진정성 있게 우선시하고 추구하는 구성원들의 참된 이타적 사랑에 근거하고 있다. 두 도성 사이의 대조적 구분을 역사적 제도로서의 '교회와 국가'의 구분과 동일시하지 않는다고 할 때, 국가를 세속 도성과 동일시하여 국가의 구성원들을 '세속 도성'에 속하는 이들로 단정해서는 안 되며 반대의 경우도 마찬가지라는 것이 어거스틴의 생각이다.

이러한 관계성 인식과 연관하여, 어거스틴은 두 정부가 대립이나 충돌을 넘어서 협력하고 공존할 수 있는 여지를 마련한다. 앞에서 본 대로, 어거스틴에 따르면 두 정부를 연결하는 대표적인 목적론적 가치^{지향}는 평화이다. 신의 도성의 가장 고귀한 목적은 영원한 생명 가운데 누리는 평화이다.[82] 세속 도성의 최고의 목적도 평화이다. 전쟁을 통해서 이루고자 하는 목적도 평화라는 점을 지적하면서 이 땅을 사는 모든 사람들은 평화를 원하고 또 추구한다고 어거스틴은 강조한다.[83] 심지어 강도도 평화를 원한다는 점을 덧붙인다. 이 땅의 삶을 믿음으로 살지 않는 이들 곧 세속 도성에 속한 사람들은 유한한 삶의 영위와 연관된 과업들과 효용계산들로 구성된 지상적 평화를 목적으로 삼는 반면, 믿음으로 사는 이들 곧 신의 도성에 속한 사람들은 미래를 희망 가운데 바라보며 영원한 평화를 목적으로 하여 이 땅의 유한하고 제한된 가치들과 사물들을 순례를 위한 도구로 활용한다.[84] 지상의 가치들은 영적 순례를 감당하는 신의 도성 사람들의 신심을 흔들어

---

82   Augustine, *The City of God*, XIX. 11.
83   위의 책, XIX. 12.
84   위의 책, XIX. 17.

놓지 못한다. 왜냐하면 그들은 지상의 가치들과 영적 순례의 궁극적 목적 사이의 질서를 결코 왜곡된 방향으로 역전하지 않을 것이기 때문이다. 세속 도성도 이 도성에게 최상인 목적을 추구하나 육체의 힘으로, 정신의 탁월성으로 그리고 인간의 지혜로 '어리석게' 그렇게 한다. 신의 도성도 이 도성의 지고의 목적을 향해 순례의 길을 중단 없이 전개해 가되, 하나님 안에서 믿음으로 그렇게 한다.

두 도성은 각각 얻기를 원하는 최종적 선에 부합되는 평화를 추구한다. 세속 도성은 지상의 평화를 갈망하고 추구하며 그리하여 지상의 삶을 위해 '인간의 의지들'이 질서 있게 조화를 이룰 수 있도록 힘쓴다. 신의 도성은 지상의 평화를 순례를 위해 선용하고자 하는데, 영원한 평화가 완전히 구현되는 세상에서 지상의 평화는 결국 흔적 없이 사라지고 말 것임을 너무도 잘 알고 있지만 말이다. 어거스틴이 이 지점에서 공동의 기반을 마련함을 보았는데, 신의 도성과 세속 도성이 평화를 공동으로 추구할 가치로 상정하며 또 그 성취를 위해 협력할 수 있다는 의미에서 그렇다. "[세속 도성의 법들]이 유일하고 참되시며 지존하신 하나님을 예배하는 삶을 가르치는 종교에 방해가 되지 않는다면 신의 도성은 그것들을 폐지하거나 파괴해서는 안 된다. … 그럼에도 그것들의 목적은 분명히 지상의 평화일 뿐이다."[85] 어거스틴의 '공동의 기반'론에 대한 마르커스의 해석은 유익하다. "개인적인 가치 인식의 세계들은 다양하게 구성되어 있으며 또 궁극적으로 바라는 바에 대한 생각은 서로 충돌할지 몰라도, [어거스틴은] 가치 인식에

---

85 위의 책.

있어서 의견 일치를 이루어야 하는 부분을 배제하지는 않는다. … 어거스틴이 '지상적 평화'의 범주 안에 포함시킨 모든 요소들이 그렇다."[86]

어거스틴 윤리의 본질은 "하나님과의 연합이라는 궁극적 목적을 향해 모든 행동이 지향하는 것"이며, 이는 순전한 마음의 묵상과 적극적인 형제자매 사랑을 통해 구현되어야 한다.[87] 이 점에서 국가는 궁극적 목적을 향해 목적론적으로 기능해야 한다고 어거스틴은 강조한다. 정치적 권위는 하나님으로부터 온다. 그러나 이것은 무제한적 권력이 국가에게 부여되었다는 것을 의미하지 않는다. 오히려 국가 권력은 "위로부터 곧 [국가에] 권력을 부여하신 하나님에 의해 통제받아야 하는데, 제국의 권세는 하나님이 성육하신 기관 곧 교회를 통해 그 한계를 설정 받아야 하고 또 방향성을 제시받아야 한다."[88] 요컨대, 한편으로 기독교인들은 신의 도성의 사랑의 역동으로 정치사회적 영역에서 타자와 공동체를 위한 공적 임무들에 적극적으로 참여할 수 있고 또 그렇게 해야 함을 그리고 다른 한편으로 교회는 세속 영역의 궁극적 주권과 국가 권력의 기원이 하나님께 있음을 존중하면서 세속 권력이 갖는 권위의 한계와 방향성을 제시하는 역할을 적절하게 감당해야 함을 어거스틴은 권고한다.

---

86   R. A. Markus, *Saeculum: History and Society in the Theology of St Augustine*, 69.
87   Ernst Troeltsch, *The Social Teaching of the Christian Churches* I, trans. Olive Wyon (Louisville: Westminster/ John Knox Press, 1992), 110.
88   위의 책, 157.

2. 범세계주의적 평화·지향적 윤리

어거스틴에게 하나님 사랑이 지고선임을 보았다. 그런데 하나님을 온전히 사랑하기 위해서 우리 자신을 포함하여 사회적 관계들 가운데 바른 질서를 수립해야 한다. 다양한 목적을 추구하는 많은 사람들이 모여 함께 살아간다.[89] 이러한 상이한 목적들의 추구가 여러 형태의 갈등과 충돌을 불러일으킨다. 전쟁이 그 대표적인 보기일 것이다. 폭력의 극단적 양태로서의 전쟁이 인간 공동체의 사회적 특성을 갈등과 대립으로 규정하게 만드는 구체적 보기라는 점을 부정할 수 없지만, 그럼에도 어거스틴은 인간 사회에 대한 긍정적 전망을 내려놓지 않는다. 인간은 본성상 궁극적으로 모든 인간들과 평화를 이루고자 한다는 점을 강조하는데, 악한 의도를 가지고 전쟁을 벌이는 이들도 결국 평화를 원한다는 점을 중요하게 첨언한다.[90] 사람들이 함께 어울려 공동체를 이루며 살아가는 것은 참으로 환영할 만한 일이며 또 규범적으로 바람직한 것이다.[91]

기독교인들을 포함하여 인간 공동체의 구성원들이 살아가는 세상이란 어떤 곳이며 또 어떤 곳이어야 하는가? 다원적이고 갈등에 이끌리기 쉬우면서도, 동시에 강한 사회성을 띠기에 사회적 유대를 추구하고 그러한 유대를 통해 공동체적 안정에 이를 수 있는 그런 공간이다. 그야말로 확장적이고 범세계주의적 사회이다. 세상에 대한 어거스

Augustine, *The City of God*, XIX. 1.
위의 책, XIX. 12.
위의 책, XIX. 5.

신학적 윤리 _ 어거스틴, 아퀴나스, 루터, 칼뱅을 중심으로

틴의 범세계주의적 이해를 우정의 의미와 가치에 대한 그의 논의와 연관해서 살피는 것은 유익하다. 행복은 우정의 선善을 사랑하는 것이라고 말하면서, 우정의 대상은 '온 세상의 사람들'을 포함한다고 어거스틴은 강조한다.[92] 갈등, 분쟁, 전쟁과 같은 극단의 폭력을 동반한 비극적 대립 등이 인간의 정치사회적 관계를 규정하는 주된 요소들이 되고 있다는 점을 현실적으로 부정할 수 없지만, 그럼에도 인류가 모든 인위적 차별과 차이를 넘어서서 상호존중과 공존을 사회적으로 구현한 범세계주의적 평화 공동체를 향해 전진해 나가는 것이 어거스틴의 중요한 사회윤리적 이상인 것이다.

이 이상을 구현하기 위해, 범세계주의적 인간 공동체를 건설하는 것과 인간의 궁극적 목적인 하나님 사랑, 이 둘을 어떻게 조화할 것이냐의 문제가 중요하다. 이 세상은 신의 도성 사람들의 본질적 거주지가 아니라 하나님 나라를 향해 가는 순례가 이루어지는 공간이다. 그러므로 현존하는 역사적 정치사회적 문화적 체제나 질서들과 조화롭게 공존·협력하면서 하나님 나라를 지향해 나갈 것을 어거스틴은 권고한다. 현존하는 체제나 질서들이 궁극적 목적이 아니라 하나님 나라가 기독교회와 신자들을 포함하여 모든 인간과 인간 공동체가 지향해야 할 최종적 목적이 되어야 한다는 것이다. 그러므로 영적 순례를 신실하게 걷고 있는 신의 도성의 사람들은 다양한 사람들과 공동체들 사이에서 평화를 극대화함을 통해서 하나님 나라에 이바지할 수 있어야 하는 것이다.

92　위의 책, XIX. 3.

범세계주의적 사회 질서를 구축함을 통해 하나님의 역사적 섭리 곧 하나님 나라를 궁극적 목적으로 하여 이 세계를 이끌어 가시는 신적 섭리에 기여할 수 있다. 이러한 사회적 이상을 '신의 도성'에 대한 어거스틴의 진술에서 선명하게 확인할 수 있다. "신의 도성은 모든 나라와 방언으로부터 시민들을 초청하고 [신의 도성을 향한] 순례의 동행자들로서 하나가 된다. 관습, 법 그리고 전통의 다양성은 문제요소가 아니며 오히려 다양성은 인류의 평화를 모색하고 이루어가는 데 유용하다. 산산이 갈라놓거나 무너지게 하는 대신, 다양한 인종들 안에 내포된 다양성을 존중하며 인류의 공동의 목적으로서의 평화를 지향하는 모든 것을 신의 도성은 보존하고 선용하는데, 다만 가장 높으시고 선하신 하나님을 믿고 예배하는 삶의 길에 걸림돌이 되어서는 안 된다는 요건을 충족해야 할 것이다."[93] 관습, 법, 전통 등의 다양성이 문제가 될 수 없다. 다양성을 인정하며 건설적으로 증진하는 것이 오히려 지상의 평화를 이루는 데 기여할 수 있으며 더 나아가 지상적 평화는 하나님 나라의 참된 평화를 추구하고 이루어가는 데 이바지할 수 있다는 것이 어거스틴의 생각이다.

---

[93] 위의 책, XIX.17.

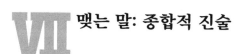# VII 맺는 말: 종합적 진술

어거스틴에게 인간 행위자가 보유하는 자유의지는 신학적으로 또 윤리적으로 중요한 의미가 있다. 인간은 자유의지를 사용하여 선택하고 행동한다. 그 행동은 선할 수도 있고 악할 수도 있지만, 인간의 행동을 도덕적 행동이 되게 하는 핵심적 요소는 자유의지의 작용을 따라 그야말로 자유롭게 행동하는 것이다. 행위자 밖에 있는 어떤 외부적 원리의 주권적 지배를 수동적으로 따르거나 더 심하게는 강제에 의해 그렇게 선택하고 행동할 수밖에 없었기에 그렇게 행동한 것이 아니어야 한다는 말이다. 어거스틴이 인간 행위자가 자유의지를 보유하고 있다는 점을 견지하는 이유는 자유의지에 따른 행동이 악한 행동이었을 때 그 행동에 대한 책임이 하나님께 있는 것이 아니라 그렇게 행동한 인간에게 있다는 점을 분명히 하기 위함이기도 하지만 동시에 자유의지의 보유가 본질적으로 인간은 도덕적으로 책임적인 삶을 사는 존재이며 또 그러한 존재이어야 한다는 규범적 인식의 기초가 되기 때문이기도 하다. 그렇다고 인간이 하나님으로부터 완전히 자유로운 존재 곧 하나님의 주권으로부터 벗어나 완전한 자율을 행사하는 존재가 되는 것은 아니다. 앞에서 본 대로, 인간은 자유의지뿐 아니라 자유 libertas, 리베르타스도 보유한 존재인데, 자유 없이 엄밀한 의미에서 선을 선택할 수 없다는 점에서 하나님은 타락 이전에는 본래적으로 부여하신 자유를 통해 그리고 타락 이후에는 은혜의

역사로 회복된 자유를 통해 인간이 도덕적으로 선을 선택하고 또 행동할 수 있는 길을 열어 주신다고 할 수 있다. 특별히 의지를 통해 '자유'를 행사함으로 중간선인 의지는 지고선인 하나님을 선택하여 인간이 향유할 수 있는 최상의 삶을 살 수 있게 되는 것이다.

지고선인 하나님과 하나님 사랑 안에서 사는 것은 인간에게 결정적으로 중요하다. 그 무엇보다도 또 그 누구보다도 하나님을 사랑하되 '몰입함'으로 곧 모든 것을 다해 하나님을 사랑해야 한다고 어거스틴이 강조함을 보았다. 하나님은 인간 존재의 처음과 끝이시며 하나님의 사랑 없이 인간은 인간으로 존재할 수도 없고 궁극적으로 구원에 이를 수도 없기에, 전적인 신뢰와 헌신으로 하나님을 사랑해야 하는 것이다. 어거스틴의 신학적 윤리에서 하나님 사랑은 가장 중요한 이론적 실천적 토대가 된다고 할 수 있다. 이웃 사랑이든 자기사랑이든, 그 사랑이 참된^{혹은 바른} 사랑이 되기 위한 선결 요건은 하나님 사랑이다. 하나님 사랑이 먼저이고, 하나님 사랑 안에서 혹은 하나님 사랑과 연관해서 이웃을 사랑하고 자기 자신을 사랑할 때에만 그 사랑이 참될 수 있다는 것이다. 하나님 사랑과 분리된 이웃 사랑은 타자를 위한 희생과 배려를 순전하게 실천하기보다는 자기애를 확보·증진하기 위해 타자를 기꺼이 수단화하는 방향으로 부패할 것이며 존재 자체이신 하나님을 떠난 자기사랑은 지고선이신 하나님을 부정하고 자기 자신을 우상화하는 왜곡된 자기사랑으로 귀결될 것이다.

사랑의 윤리의 이러한 토대적 기조와 틀은 어거스틴의 사회윤리에도 지대한 영향을 끼치고 있음을 어렵지 않게 확인할 수 있다. '두 도성'론을 생각해 보자. 이 이론을 개인주의적 관점에서 보든 공동체적 관점에서 보든 두 도성을 가르는 핵심 요소는 구성원들을 지배하는 사랑의 역동이다. 신의 도성에 속한 이들은 참된 사랑의 사람들이다. 하나님을 먼저 사랑하고 그 사랑으로 타자를 사랑하되 자기 자신을 온전히 희생하고자 한다. 그런가 하면 세속 도성의 사람들은 하나님을 등지고 자기 자신을 하나님처럼 사랑하며 자기사랑을 확보하고 극대화하기 위해서라면 동료 인간은 물론이고 하나님마저도 이익추구의 도구로 삼는다. 앞에서 본 대로, 신의 도성은 제도로서의 지상적 교회로 환원되지 않으며 세속 도성 역시 정치체제로서의 국가와 동일한 것은 아니지만, 사랑의 역동의 관점에서 구성원들의 존재론적 행위론적 본질을 규정하는 어거스틴의 방법론적 특징은 중요한 사회윤리적 함의를 내포한다. 공적 공동체 안에서 추구해야 할 윤리적 삶의 이상은 무엇인가? 어거스틴의 응답은 분명하고 일관적이다. 교회공동체는 물론이고 정치사회 공동체 안에서도 참된 사랑으로 곧 하나님을 사랑하고 그 사랑 안에서 또 그 사랑과 연관해서 순전한 이타적 자기희생의 사랑으로 다른 구성원들과 공동체의 유익을 위해 헌신해야 한다는 것이 어거스틴의 가장 중요한 사회윤리적 가르침이라는 점을 밝혀 두어야 하겠다.

정당전쟁으로 대표되는 불가피한 강제력 사용에 대한 정당화도 그 중심에 사랑에 대한 윤리적 숙고와 적용이 자리 잡고 있다. 불의한 군사적 폭력 앞에서 생명의 절박한 위협을 겪고 있는 스스로를 보호할 능력이 없는 무고한 이웃에게 행해야 할 사랑의 일이 무엇인지에 대한 물음은 어거스틴으로 대표되는 기독교 정당전쟁론의 핵심 질문이다. 이 질문에 대한 기독교윤리적 응답의 전형은 어거스틴에게서 찾아야 한다. 기독교는 예수 그리스도의 가르침과 삶을 모범으로 삼아 비폭력 무저항의 사랑을 실천함이 마땅하지만, 위에서 언급한 절박한 폭력의 상황에서는 참으로 비통한 심정으로 또 예외적으로 대응폭력을 사용하여 그 이웃을 보호하고자 힘쓰는 것이 기독교 사랑의 일이라고 어거스틴은 강조한다. 신학적으로 덧붙이자면, 그것은 인간 공동체에 대한 하나님의 섭리의 구체적인 실현이기도 하고 인간 역사와 사회 안에서 벌어지고 있는 불의한 일에 대해 정의를 세우시고자 하는 하나님의 정의로운 사랑의 구현이라는 것이 어거스틴의 생각이다.

AQUINAS

제 2 장

✳

아퀴나스의 신학적 윤리

제2장 아퀴나스의 신학적 윤리

I 들어가는 말

　　아퀴나스의 신학과 윤리는 기독교 신학 전체를 놓고 볼 때 중요한 하나의 축을 형성하는 데 의미 있는 기여를 했다고 평가할 수 있을 것인데, 가톨릭교회의 신학과 윤리의 가장 중요한 토대를 닦은 신학자라는 점에서 그렇다. 아퀴나스 없이 가톨릭 신학과 윤리를 논하고 전개할 수 있을지에 대해 질문할 만큼 지대한 영향을 끼친 신학자인 것이다. 개신교 입장에서 보아도 아퀴나스 연구는 필요하고 또 유효하다고 보는데, 그 이유로는 기독교 신학의 형성과 전개에 있어 개신교와 가톨릭 사이의 상호작용은 이론적으로 또 실천적으로 상수적 변인으로 작용해 왔다는 점, 개신교 입장에서 볼 때 가톨릭과 마주하여 개신교 신학과 윤리를 객관적으로 검토하고 고유하게 심화할 부분들을 찾아 발전적으로 전개해 나가야 한다는 점 등을 생각할 수 있을 것이다.

　　본 장에서는 아퀴나스의 신학적 윤리를 크게 다섯 가지 논제를 중심으로 탐구할 것이다. 첫째, 자연법 윤리다. 아퀴나스의 윤리를 한 가지로 규정해야 한다면 자연법 윤리라고 칭해야 한다는 주장에 대해 넓은 동의가 있을 것으로 판단한다. 자연법 사상은 신학적 윤리적 신념의 차원이나 방법론의 차원에서 아퀴나스에게 고유한 패러다임을 제공한다고 할 것이다. 아퀴나스의 자연법 윤리를 탐구함에 있어, 자연법에 대한 기본적인 개념이해, 자연법의 분화나 발전 가능성, 자연법과 다른 법들 사이의 관계성 등의 논점을 주목할 것이다. 둘째, 아퀴나스의 '자유와 행위'론을 논술할 것이다. 인간의 행동을 도덕적 행동이 되게 하는 윤리적 조건들을 중심으로 아퀴나스는 나름대로 체계적인 행위론을 전개하는데, 이성적 욕구로서의 의지 개념, 자발성과 자발적 행동의 요건, 행동에 있어서의 자유 선택의 문제, 하나님의 주권과 인간 행위자의 자율의 관계성 등의 주제를 주로 다룬다. 셋째, 아퀴나스의 사랑의 윤리를 탐색할 것인데, '사랑의 질서'론에 초점을 맞출 것이다. 말 그대로, 바르고 행복한 사랑의 삶을 일구어 가는 데 있어 '질서'를 존중하는 것이 필요하다는 것인데, 아퀴나스는 기본적으로 하나님의 섭리의 질서에 상응하여 사랑의 실천에 있어서 적절한 순서와 선호가 있다는 점을 윤리적으로 정당화한다. 넷째, 덕윤리다. 아퀴나스를 기독교 인격윤리의 형성과 발전적 전개의 역사에서 가장 중요한 위치를 차지하는 신학자라고 평가한다면, 이러한 평가는 정당하다고 할 것이다. 덕에 대한 윤리학적 토대 마련, 철학적 덕윤리의 기독교적 수용, 신학적^{초월적} 덕 이론 모색 등을 중요한 기여점으로 볼 수 있을 것이며, 이것들을 주된 논점으로 삼을 것이다. 다섯째, 사회윤리의 핵심을 진술할 것인데, 교회와 국가^{혹은 영적 정부와 세속 정부}를 종합하여 단일체적 틀 안에서 이론화하고 실제적으로 구현하려고 했던 아퀴나스의 사회기획을 중심으로 그렇게 할 것이다. 마지막으로, 아퀴나스의 신학적 윤리를 종합적으로 정리하면서 본 장을 맺고자 한다.[1]

II 자연법 윤리

1. 자연법에 대한 기본 이해

자연법 the natural law 은 말 그대로 자연의 법이다. 여기서 자연은 인간 본성일 수도 있고 자연세계일 수도 있다. 인간 본성이든 자연세계이든 '자연' 안에 어떤 본래적 질서가 있다는 것이고 그 질서를 따라 인간과 자연세계가 존재하고 삶을 영위하는 것이 옳고 좋다는 규범적 인식을 중요하게 내포한다. 신학적으로 말하면, 창조자이신 하나님께서 자연 안에 창조질서를 부여하셨고 세계와 세계 안의 존재들은 하나님이 부여하신 질서를 존중하며 살아가는 것이 마땅하며 가치 있는 일이라는 인식인 것이다.

아퀴나스에 따르면, 자연법은 어떤 도덕적 역량이나 습관이 아니라 인간 이성의 산물이다.[2] 자연법을 파악하고 서술하는 데 있어 이성의 작용은 중요한데, 이성을 통해 자연을 또 인간 본성을 관찰하고 분석하고 성찰한다. 그러한 이성의 작용을 통해 어떤 일반적인 원리나 자연스러운 지향역동을 발견하게 된다. 자연법의 제1원리는 선을 추구

---

1   다음의 문헌에서 필자는 아퀴나스의 윤리사상을 자유와 행위, 덕윤리, 사회윤리 등의 주제를 중심으로 개관하였는데, 이 주제들의 경우 본 저작의 목적에 맞춰 다시 전개하였음을 밝힌다. 유경동 외, 『기독교 윤리학 사전』 (용인: 킹덤북스, 2021 출간 예정).

2   Thomas Aquinas, *Summa Theologiae*, I-II. 94. 1.

하고 악을 피해야 한다는 것이다.[3] 이 원리는 그 자체로 자명한 것이기에, 다른 설명이나 논증이 요구될 수 없다.

나중에 좀 더 살피겠지만, 아퀴나스는 자연법을 '영원법 the eternal law에의 참여'라고 정의한다.[4] 영원법이 무엇인가? 아퀴나스는 법에 대한 일반적 정의를 영원법에 적용하여 설명한다. 법은 공동체의 합법적 권위자혹은 권위에 의한 실천 이성의 공적 규제 설정인데,[5] 법에 대한 일반적 이해를 영원법에 적용한다면 영원법은 하나님의 이성 혹은 정신 속에 있는 하나님의 섭리의 계획으로서 하나님은 이 계획에 따라 모든 만물을 하나님이 설정하신 목적을 향해 이끌어 가신다.[6] 자연법이 영원법에의 참여라고 해서, 하나님에 대한 명시적 인정이 있어야만 자연법을 이해할 수 있다는 것을 의미하는 것은 아니다. 그러나 둘 사이에 연속성이 있다는 점을 분명히 해 두어야 할 것이다. 자연법은 영원법의 한 부분으로서 영원법에 참여하게 되는데, 하나님의 섭리에 순응해야 하는 만물은 영원법을 따라 규율 받고 또 평가를 받게 된다.[7] 곧 영원법이 궁극적 기준이 된다는 말이다. 또한 '참여'라는 개념 속에는 유비적 닮음이라는 의미가 있다.[8] 자연법을 따라 행동하고 살아감으로 궁극적 실재를 닮아 갈 수 있다는 목적론적 함의가 있다는 것이다. 자연법의 제1원리들 가운데 하나는 모든 인간은 초월적 존재에 대해 알

3   *ST* I-II. 94. 2.
4   *ST* I-II. 91. 2.
5   *ST* I-II. 91. 1.
6   *ST* I-II. 93. 1.
7   *ST* I-II. 91. 2.
8   Bernard J. Wuellner, *Dictionary of Scholastic Philosophy* (Milwaukee: Bruce Pub. Co., 1956), 88.

고자 하는 자연적 혹은 본능적 경향을 가지고 있다는 것이다.[9] 그러므로 자연법과 영원법의 연관성의 관점에서 볼 때 자연법에 따라 산다는 것은 하나님의 법에 순응하는 것이며 또 하나님을 닮아가는 것이라고 풀이할 수 있다.

2. 자연법의 변화 가능성

쿠란Charles E. Curran에 따르면, 아퀴나스의 자연법 이론에서 제1원리의 차원에서는 자연법은 변하지 않는다. 그러나 2차적 원리의 차원에서는 예외를 허용하는데, 왜냐하면 외적 환경이나 통제를 벗어난 요인들이 존재하기 때문이다. 형식적인혹은 이론적 차원에서 원리는 항상 참되다. 그러나 실제적 적용의 차원에서는 예외를 인정할 수밖에 없다는 것이다.[10]

자연법은 이성의 산물이다. 이것은 자연법을 내재적 지식으로 보는 이해에 대한 거부를 내포한다. 자연법은 후천적으로 이성의 실제적 관찰과 숙고 그리고 적용의 과정을 통해 얻어진다.[11] 앞에서 언급한 대로, 자연법의 제1원리는 선을 추구하고 악을 피하라는 것이다. 이것은 더 이상의 논증이나 설명이 필요 없다. 그 자체로 자명한 것이다.

---

9   *ST* I-II. 94. 2.

10   Charles E. Curran, "Absolute Norms in Moral Theology," in *Norm and Context in Christian Ethics*, eds. Gene Outka and Paul Ramsey (New York: Scribners, 1968), 146-47.

11   *ST* I-II. 94. 1-2.

다른 제1원리들도 논증이나 설명의 필요 없이 자명하다. 이 원리들은 무엇인가? 인간은 스스로 생존하는 존재이기에, 지속적으로 존재하는 것 자체가 선이다. 인간은 육체를 입고 있는 존재이기에 다른 존재들과 삶을 나누고자 하며, 그러기에 후손의 생산을 통한 인간 생명의 확대재생산이 선이 된다. 인간은 본능적으로 사회적이기에 다른 사람과 공동체를 이루어 살기를 욕구하고 또 궁극적 실재와의 사귐을 본능적으로 추구하게 되는데, 여기서 우리는 사회적 차원의 선을 탐지한다.[12]

다만 아퀴나스는 변화의 가능성을 열어둔다. 변화 가능한 방향을 몇 가지로 정리해 보자. 먼저 "인간 삶의 유익"을 위해 자연법에 무언가 추가될 수 있다는 것인데, 신법神法, the divine law 이나 다양한 형태의 법들이 이러한 추가의 기능을 할 것이라는 점을 아퀴나스는 지적한다. 다음으로, 행위자의 오류에 의한 변화의 가능성이다. 본성의 부패가 있을 수 있고 이성의 오작동으로 인해 자연법에 대한 인식이 온전히 이루어지지 못하거나 왜곡될 수 있다는 것이다. 이런 이유들로, 제1원리는 아니더라도 그것으로부터 파생된 원리들의 차원에서는 변화가 있을 수 있다고 아퀴나스는 주장한다. 한 가지 더 생각한다면, 첫 번째 것과 연관이 된다고 볼 수 있겠는데 좀 더 일반적인 그리고 방향을 제시하는 자연법의 원리로부터 좀 더 구체적이고 세부적인 행동 규범으로의 변화가 있을 수 있다.[13] 특별히 아퀴나스는 "다양한 상황들환경들

---

12 *ST* I-II, 94, 2.
13 *ST* I-II, 100, 1.

에 대한 충분한 고려"가 필요한 경우들이 있을 수 있다는 점을 들면서, 이러한 경우는 과학이나 철학과 같은 "지혜"의 작용이 유익하다는 점을 제안한다.[14] 여기서 자연법의 구체적 세부적 규범들은 인간 경험에 대한 지적 '숙고'를 통해 알 수 있다는 팔리 Margaret Farley 의 해석은 주목할 만하다. 팔리에 따르면, 도덕성은 교회의 권위 있는 명령이나 전통의 문제가 아니다. 자연법 윤리의 핵심은 도덕성은 '이해가 되는' make sense 것이어야 한다는 점에 있다고 팔리는 강조한다.[15] 하나님의 뜻을 계시하는 창조에 관한 어떤 것과 관련되며 또 그것을 이해할 수 있는 인간 이성의 능력과 관련된다는 것이다. 물론 팔리는 인간 이성의 작용은 계시와 은혜의 도움을 받아 치유되고 교정될 필요도 있다는 점을 소홀히 여기지 않는다. 자연법은 총체적인 규범집이 아니며 특정한 도덕규범에는 제한성이나 유한성이 있다는 점을 인정할 것을 제안한다. 그러므로 자연법 윤리는 새로운 발견, 관점, 정보 등에 민감하게 열려 있어야 한다는 것이 팔리의 생각이다.[16]

---

14 위의 책.
15 Margret Farley, "Response to James Hanigan and Charles Curran," in *Sexual Orientation and Human Rights in American Religious Discourse*, eds. Saul M. Olyan and Martha C. Nussbaum (New York: Oxford University Press, 1998), 105.
16 위의 논문, 105-106.

3. 자연법과 다른 법들

1) 자연법과 인간법

인간은 생래적으로 사회적이다. 그러기에 사회를 떠나 존재할 수 없으며 생존을 위해 사회적 질서가 필요하다. 본성적으로 사회성을 갖고 태어난 인간은 어떤 통치의 권위 혹은 권위구조를 필요로 한다는 것이다.[17] 아퀴나스에 따르면, 국가권력의 목적은 정치적 권위를 가진 주체가 통치의 대상이 되는 구성원들을 공공선으로 이끌어가는 것이다.[18] 국가의 통치의 근본적인 수단은 무엇인가? 법이다. 법은 행동해야 하거나 하지 말아야 할 것을 규정하는 바로서, 행위의 기준 혹은 잣대를 뜻한다.[19] 이는 공동체를 정치적으로 책임지고 있는 권위자에 의해 공포되며, 공공선을 향한 인간 이성의 규율이다.[20] 곧 통치의 기준 혹은 척도는 법이고, 그러한 법은 이성에 의해 정당화되는 것이다.[21] 아퀴나스는 인간법the human law을 민족들의 법the law of nations과 시민법the civil law으로 구분하는데, 모든 인간법의 기원은 자연법이며 자연법의 제1규범은 이성이다.[22] 따라서 모든 인간법은 자연법에 기원을 두고 자연법과 연관성을 갖는 한에서 법으로서의 가치를 보유하게 된다.

---

17 *ST* I. 96. 4.
18 위의 책.
19 *ST* I-II. 90. 1.
20 *ST* I-II. 90. 4.
21 *ST* I-II. 90. 1.
22 *ST* I-II. 95. 4.

다시 말해, 자연법이 인간법의 기원과 가치를 결정한다.[23]

2) 자연법과 계시된 도덕법

아퀴나스는 계시된 도덕법 혹은 신법 the revealed moral law or the divine law
이 필요하다고 주장한다. 그 이유는 무엇인가? 아퀴나스는 크게 네 가
지를 드는데, 영원한 행복과 같은 초월적 선을 생래적 능력으로 얻을
수 없다는 점, 죄 때문에 도덕적 판단 능력이 상당 부분 손상을 입었다
는 점, 시민법과 같은 인간법은 외적 행동만을 통제할 뿐이지 내면까
지 다스릴 수 없다는 점, 인간법이 모든 악을 다 제어할 수 없다는 점
등이다.[24]

아퀴나스에 따르면, 구약 율법은 십계명으로 집약될 수 있다.[25]
십계명의 의미는 자연법의 관점에서 온전히 이해될 수 있으며 십계명
은 다시 사랑의 이중계명으로 요약된다. 이 사랑의 이중계명은 자연법
의 제1원리로서, 이성으로 혹은 믿음으로 즉각 알 수 있다.[26] 사랑의
이중계명은 자연법의 원리 중 가장 확실하고 또 가장 잘 알려진 것이
라고 아퀴나스는 설명한다.[27] 자연법의 도덕 원리들의 핵심에 하나님
사랑과 이웃 사랑이 있다고 보는 것이다. 그러면 자연법과 계시된 도
덕법 사이의 차이는 무엇인가? 무엇보다도 공포公布의 형식에 차이가

---

23 *ST* I-II. 95. 2.
24 *ST* I-II. 91. 4.
25 *ST* I-II. 100. 3.
26 위의 책.
27 *ST* I-II. 100. 11.

있다고 아퀴나스는 응답한다. 자연법은 이성을 통해 알려지고, 성경에 나타난 계명은 계시로 알려진다. 그렇다면 자연법으로도 충분한데 계시된 도덕법을 주시는 이유는 무엇인가? 인간의 약함이나 오류 가능성에서 그 해답을 찾는다. "자연법의 가장 일반적인 지침들의 보편적인 의미와 관련해서 인간 이성은 오류가 있을 수 없다. 그러나 죄의 습관으로 인해, 특수한 경우들에 있어서 그 작용이 흐려질 수 있다. 자연법의 일반적인 원리들로부터 연역된 다른 도덕 지침들에 관련해서 이성은 길을 잃을 수 있는데, 내재적으로 악한 것들을 합법적인 것으로 판단하는 식으로 말이다. 따라서 이 두 가지 오류는 계시된 도덕법 혹은 신법의 권위에 의해 치유되어야 한다."[28] 그러므로 계시된 도덕법은 죄에 의해 파괴된 인간의 도덕 판단 능력에 대한 치유책이다. 또한 나쁜 습관과 과도한 감정적 역동이 자연법 이해를 막을 수 있기 때문에,[29] 계시된 도덕법 곧 성경을 통해 드러난 도덕적 규범이 필요하다는 것이 아퀴나스의 생각이다.

---

28   *ST* I-II. 99. 2.
29   *ST* I-II. 94. 6.

Ⅲ 자유와 행위

　어느 지점에서 우리는 인간의 도덕성에 대해 논할 수 있는가? 도덕성은 행동^{행위}이라는 개념에서 그 논의의 출발점을 찾을 수 있다. 인간 행동의 근본적인 특징 곧 어떤 행동을 인간의 행동으로 만드는 특징이 무엇인가? 인간은 행동할 때, 그 행동에 대해 스스로 인지하면서 또 자유롭게^{자유로운 선택 가운데} 행동한다. 다시 말해, 인간 행동의 기원은 이성과 의지이다. 우리는 우리가 한 행동에 대해 책임을 져야 한다면 그 행동을 우리가 인지하면서 또 자유로운 선택에 따라 했기 때문이다. 인간 행동의 또 한 가지 중요한 특징은 인간의 행동에는 목적이 있다는 것이다. 목적을 성취하기 위해 혹은 목적에 도달하기 위해 행동한다는 것이다. 인간 행동은 그 자체로 어떤 목적을 추구함이다. 무엇이 목적인가? 행위자로서 인간은 목적을 자유롭게 선택할 수 있는가? 아퀴나스는 원칙적으로 목적은 주어지는 것이기에 선택이라는 행위 범주를 넘어서며 목적을 위한 수단에 있어서 선택의 자유가 있다는 견해를 피력하지만, 목적에 대한 선택의 여지를 전적으로 닫아 두는 것은 아닌 듯하다.

　인간 행동을 도덕적 행동이 되게 하는 요인에 대한 윤리적 논점들을 개괄적으로 살펴보았는데, 이러한 논점들은 인간 행위에 대한 기독교의 신학적 윤리적 논의에서도 중요하게 다루어져 온 것들이다. 이 논점들에 주목하면서 아퀴나스의 '자유와 행위'론의 핵심적인 내용을

정리·서술하고자 한다.[30]

1. 이성적 욕구로서의 의지

아퀴나스에 따르면, 의지는 이성적 욕구 rational appetite 이다.[31] 의지
는 이성의 작용에 의해 먼저 목적들에 접근할 수 있게 된다는 의미에
서 '이성적'이라 하는 것이며, 이성에 의해 인식된 목적을 얻고자 행위
자를 행동하게 한다는 의미에서 '욕구 충족적' appetitive 이라 하는 것이
다. 목적은 행위자에게 선한 것이다. 이성이 목적을 행위자에게 알려
준다는 점을 고려할 때 의지의 작용을 통한 목적을 향한 행동의 구현
에 있어서 이성은 선도적 역할을 한다고 할 것이다. 목적을 선으로 인
식하고 받아들이는 한에서 '욕구'로서의 의지는 그 목적을 향해 행동
하게 되는 것이다.

이런 맥락에서 아퀴나스의 '의지'론을 논할 때 의지와 지성[이성]
의 관계라는 주제를 주목할 필요가 있다. 인간 행동의 과정에서 의지
는 지성의 작용을 촉발하는가? 반대로, 지성이 의지를 움직이는가? 아
퀴나스의 답은 두 가지 모두에 대한 긍정인데, 행동의 두 가지 초점 곧
행위자와 대상으로서의 목적이라는 초점을 중시하며 이를 설명한다.

---

30 이 부분은 다음의 문헌을 토대로 한 것임을 밝힌다. 이창호, "인간 행동과 자유에 관한 간문화
적 탐구: 유교와 토미즘의 행위론 탐색과 둘 사이의 비교를 중심으로," 『교회와 신학』 79 (2015),
284-87.

31 *ST* I-II. 6. 2.

"전자는 행동하고 있는 주체에 관한 것이고 후자는 그 대상 때문에 행동이 구체적으로 설명되고 구성되는 바로서의 대상에 관한 것이다."[32] 여기서 전자는 의지와 연관되며 후자는 지성과 연관된다. 의지가 지성을 움직인다. 행위자는 의지의 행동의 대상 곧 목적을 향해서 행동하게 되어 있으며, 이러한 목적·지향적 행동을 위해 지성을 포함하여 행위자로서의 역량을 동원한다.[33] 그런가 하면, 지성이 의지를 움직인다. 행위자는 선으로서의 목적에 끌리고 또 그것을 얻기 위해 행동하게 되는데, 이러한 끌림과 욕구를 위해 목적에 대한 지각 혹은 인식이 선행되어야 한다고 볼 수 있다. 목적에 대한 지각이나 인식을 가능하게 하는 행위론적 역할을 지성이 감당한다는 것이다. 행위자가 목적을 인식하고 인식한 목적을 향해 움직이도록 행위를 결정해 주는 것이 필요한데, 이 결정의 과정에서 행동에 대한 지성의 '상술'이 요구된다. 이 상술은 사변적 지성 speculative intellect 의 작용에 의한 것이다. "이러한 종류의 움직임에 의해 지성은 의지를 움직이는데, 의지의 대상을 의지에게 보여 주는 것이다."[34] 따라서 행동의 대상으로서의 목적에 대한 상술의 기능을 수행하는 지성은 이 '상술'을 통해 의지를 움직인다고 볼 수 있다.[35]

---

32 *ST* I-II. 9. 1.
33 *ST* I. 82. 4.
34 *ST* I-II. 9. 1.
35 *ST* I. 82. 4; I-II. 9. 1.

2. 자발성

인간 행동을 도덕적 행동이 되게 하는 요소로서 자발성은 중요한 의미를 갖는다. 비자발적 행동 곧 외부의 강제^{혹은 폭력}에 의해 이루어지는 바로서 행위자의 의사에 반하는 행동에 대해 행위자에게 도덕적 책임을 물을 수 없다는 생각은 널리 받아들여지는 것이라고 하겠다. 아리스토텔레스에 따르면, 자발성의 두 가지 핵심 요건은 행동원리의 행위자·내재성과 행동의 목적 및 환경 등에 대한 분명한 지식이다. 아퀴나스는 아리스토텔레스의 자발성 이해를 기본적으로 따르면서, 자발성을 '행위자 안에 행동의 원리를 가지고 있는 것'과 '목적에 대한 지식을 보유하고 있는 것'으로 설명한다. "사람은 특별히 자신의 일의 목적을 알고 있고 스스로를 움직이고 있기 때문에, 그의 행위 안에서 자발적인 것이 발견되는 것이다."[36] 요컨대, 자발적 행동이란 행위자 '밖'이 아니라 행위자 '안'에 있는 행동원리에 따른 것이어야 하며 목적, 환경, 맥락 등 행위의 요소들에 대한 분명한 지식이 전제된 것이어야 한다.[37]

완전한 자발성과 불완전한 자발성에 대한 아퀴나스의 구분을 살필 필요가 있다. 전자는 목적에 대한 완전한 지식을 그리고 후자는 불완전한 지식을 내포한다. "목적에 대한 완전한 지식은 행동의 목적으로서의 대상을 이해하는 것만이 아니라 목적의 관점에서 또 목적과

---

36   *ST* I-II. 6. 1.
37   *ST* I-II. 6. 4.

수단의 관계라는 관점에서 그것을 이해하는 것을 포함한다. ⋯ 그러나 목적에 대한 불완전한 지식은 목적에 대한 단순한 지식 곧 목적의 측면에서 혹은 행동의 목적에 대한 관계라는 관점에서 이해함이 없는 지식이다."[38] 그러므로 아퀴나스에게 완전한 자발성은 '이성적 본성' 안에서 발견될 수 있는 것이다.[39]

　　　또한 자유의 제한자modifiers of freedom라는 개념은 자발성에 관한 아퀴나스의 견해를 이해하는 데 유익하다. 이 제한자는 자발성 혹은 행동의 자유를 제한하거나 방해하는 어떤 것이다. 몇 가지 제한자를 생각해 보고자 한다. 첫째, 폭력은 명령된 행동과 관련하여 비자발성을 야기하는데, "폭력이 (인간의) 외향적 지체들로 의지의 명령을 수행하지 못하게 하는 한에서 그렇다."[40] 둘째, 무지는 행위자에게서 목적에 대한 적합한 지식을 빼앗음으로써 자발성을 방해한다. 셋째, 감정은 자발성에 영향을 미칠 수 있다. 예를 들어, 이성異性에 대한 감정적 욕구는 비자발성을 야기하지 않는다. 오히려 의지를 움직여 대상을 욕구하게 한다.[41] 두려움이라는 감정의 역동은 어떤가? 두려움은 자발성과 비자발성 모두를 야기할 수 있다. 두려움 때문에 행한 것이 있다면 자발적인 것이 될 수 있는데, 두려움 때문에 행동했는데 역시 두려움의 대상인 어떤 더 큰 악을 막을 수 있었다면 그 행동은 자발적인 것이 될 수 있다. 그러나 그런 이유가 아니고 또 의지에 반하는 것이라면 비

38　*ST* I-II. 6. 2.
39　위의 책.
40　*ST* I-II. 6. 4.
41　*ST* I-II. 6. 7.

자발적이다.[42] 요컨대, 아퀴나스는 내재적 행동원리의 작동을 무력화하는 외부적 강제, 목적에 대한 완전한 지식을 방해하는 인식론적 정서적 조건 등을 비자발성의 주요 요인으로 지적하고 있는 것이다.

3. 자유 선택

아퀴나스에 따르면, 행위의 대상에 따라 인간 행동은 크게 두 가지로 나뉜다. 하나는 목적을 향한 행동이고 다른 하나는 목적을 이루는 수단을 향한 행동이다.[43] 목적과 연관된 행동은 '의지의 단순 행동' volition 과 '의도' intention 이다. 의지에 해당되는 라틴말은 '볼룬타스' voluntas 로서, 그 함의는 의지의 행위이다. 이것과 연관해서 생각해 본다면, 의지의 단순 행동은 행위의 대상인 목적에 대해 단순하게 행동해 보려고 하는 뜻意思을 갖는 것이다. 다시 말해, 의지가 목적에 대한 이성의 알림에 따라 자연스럽게 그 목적에 끌려 반응하는 것이다. 다음으로, 의도는 "어떤 것을 향해 가는 것" tend to something 인데,[44] 목적에 대해 단순한 의사를 갖되 수단을 동원해서 목적을 얻어 보려고 하는 의사를 내포하는 행동이다. 예를 들어 생각해 보자. 단순히 건강하고 싶다는 의사가 생겼다면, 건강이라는 목적에 대한 의지의 단순 행동으로 볼 수 있을 것이다. 그런데 건강이라는 목적을 이루기 위해 수단들과

---

42   *ST* I-II. 6. 6.
43   *ST* I-II. 8. 2.
44   *ST* I-II. 12. 1.

수단들을 동원한 목적·지향적 행동들을 생각해 보고 또 수행하려고 한다면 그러한 생각과 수행의 기획은 의도에 해당하는 행동이라고 할 수 있겠다.

목적에 대한 시초의 자연스러운 반응을 뒤따라서, 이와 유사하게 의지는 어떤 수단을 통해 그 목적에 이르기를 원해서 자연스럽게 움직인다. 이러한 시초의 자연스러운 지향 혹은 이끌림 inclination 없이 수단에 대한 의지의 선택은 있을 수 없다. 이 점과 관련하여, 팔리는 "그 어떤 선택의 대상도 (수단으로서) 어떤 목적과 연관이 있는 것으로서 인식되고 또 욕구되지 않는다면 그 어떤 행동도 선택이 가능한 어떤 대상을 찾지 못할 것인데 여기서 목적이란 것도 자연스러운 애착 spontaneous affectivity 으로 인식되고 또 욕구된다."는 풀이를 내놓는다.[45] 그렇다면 시초의 자연스러운 정서적 반응이 없으면 수단에 대한 자유 선택은 전혀 불가능한 것인가? 의지는 선으로서의 목적에 자연스럽게 반응한다고 말하면서, 아퀴나스는 "의지는 욕구하는 것이 무엇이든 필연적으로 욕구하지는 않는다."고 주장한다.[46] 즉 어떤 목적도 의지를 필연적으로 necessarily 움직일 수 없다는 말이다. 다만 선으로서의 모든 목적이 자연스러운 반응을 불러일으키는 것은 아닌데, 선으로서의 목적이 의지에게 충분히 제시되지 못할 수도 있고 목적을 선으로 파악하는 인간의 능력이 모자랄 수도 있기 때문이다. 아울러 거기에는 언제나 "선으로서의 목적이 이미 자연스러운 정서적 반응을 불러일으

---

45 Margaret Farley, "Fragments for an Ethic of Commitment in Thomas Aquinas," *Journal of Religion* 58 (1978), 151.

46 *ST* I. 82. 2.

켰음에도 불구하고 주어진 선에 대해 생각하지 않거나 아예 관심을 두지 않을 가능성도 있다."는 점을 팔리는 지적한다.[47] 여기서 팔리는 아퀴나스의 행위론에서 목적에 대한 선택의 가능성이 있다는 점을 제안한다. "아퀴나스에 따르면, 목적에 대한 의지의 반응에 관하여 '구체적으로 정하고 상술하는' 자유는 없다 하더라도, '실행'의 자유는 있다. 이 점에서 목적에 대한 선택의 가능성이 있는 듯하다."[48]

수단 곧 목적을 이루는 수단과 연관된 행동은 크게 두 가지인데, 동의와 선택이다. '동의' consent 는 "조언자의 판단을 승인하고 수용할 때" 발생한다.[49] 선으로서의 목적을 이룰 수 있다고 판단되는 수단들이 있을 수 있으며, 그 수단들을 긍정적으로 승인하는 행동이라고 할 수 있다.[50] 다음으로, '선택' choice 은 말 그대로 동의를 통해 승인된 수단들 중 최종적으로 행동을 위해 선택·결정하는 것이다. 이러한 선택과 결정을 위해 숙고와 판단의 과정이 있어야 할 것인데, 이런 의미에서 선택은 지성의 작용을 따라 이루어진다고 할 수 있다.[51] 선택에서 중요한 행동의 요소는 자유이다. 자유로운 판단과 선택에 따라 행동이 이루어진다는 말이다. 수단과 연관된 선택은 욕구의 작용에 영향을 받아 자연스럽게 대상에 끌려 움직이게 된다기보다는, 이성에 의한 숙고와 비교와 판단의 과정을 거쳐 이루어진다.[52] 앞에서 본 대로, 목적은

---

47   Margaret Farley, "Fragments for an Ethic of Commitment in Thomas Aquinas," 151-52.

48   위의 논문.

49   *ST* I-II. 15. 3.

50   위의 책.

51   *ST* I-II. 13.

52   *ST* I. 83. 1.

원칙적으로 선택할 수 있는 것이 아니라 주어지는 것이라고 아퀴나스는 주장한다(선택의 여지를 전적으로 차단하는 것이 아님도 보았다). 그렇다면 인간 행동에서 자유혹은 자유로운 선택는 어디에서 발생하는가? 아퀴나스에 따르면, 수단과 연관된 행동 중 하나인 '선택'에서 발생한다. "선택은 동의에서 발견할 수 없는 요소 곧 어떤 것보다 그것과 다른 어떤 것을 더 선호하는 행동의 요소를 내포한다. 그리하여 동의 이후에, 선택이 발생한다. 조언을 참고하여 목적에 이르는 데 도움이 될 것으로 판단되는 몇몇 수단들을 찾을 수 있으며 그것들 가운데 다시 특정 수단들을 긍정하고 나서 비로소 하나의 수단에 대해 선호의 선택을 하게 되는 것이다."[53]

목적을 이룰 수 있다고 판단되는 수단들 중 자유로운 선택이 가능하다면 선택자유 선택은 "한편으로 이미 존재하는 자연스러운 애착을 승인하거나 동일시하는 선택이고 다른 한편으로 (다른 목적과 관련하여) 이미 존재하는 또 다른 자연스러운 애착에 대한 승인이나 동일시를 거부하는 선택이기도 하다."[54] 여기서 팔리는 선택과 목적에 대한 자연스러운 반응지향 사이의 상호연관성에 대해 말하고 있는 것인데, 만약 이러한 지향이 다른 지향(들)과 갈등하거나 대립한다면 행동은 이루어질 수 없을 것이며 이성의 비교와 판단의 과정을 거쳐 자유로운 선택이 발생할 때 비로소 그러한 갈등과 대립은 해소되고 의지의 행동은 구체화될 수 있다는 것이다.[55]

---

53 *ST* I-II. 15. 3.
54 Margaret Farley, "Fragments for an Ethic of Commitment in Thomas Aquinas," 152.
55 위의 논문, 153.

4. 하나님과 인간 행동

아퀴나스에 따르면, 의지와 의지의 행동의 원인은 하나님이시다. 이에 대한 두 가지 근거를 아퀴나스는 제시한다. 첫째, 하나님은 인간의 영혼을 창조하셨기 때문에 하나님 홀로 의지 안에서 역사하신다. 둘째, 의지는 보편적 선을 지향하기에, 이 지향은 어떤 다른 원인의 작용이 아니라 보편적 원인인 하나님의 작용이다.[56] "그러므로 하나님 외에 다른 어떤 것도 의지의 원인일 수 없다. 오직 하나님만이 보편적 선이시고, 다른 모든 선은 [보편적 선]에 참여함으로써 선할 수 있다. 특수한 선이 있을 수 있지만, 특수한 원인은 어떤 보편적 의지의 지향을 불러일으킬 수 없다."[57] 제1원인으로서 하나님은 어떻게 작용하시는가? 제1원인으로서 하나님은 자연적 원인으로서도 움직이시지만, 자발적 원인으로서도 움직이신다. 하나님은 자연적 원인의 행동이 그것을 움직이는데 있어 자연스럽게 작용하는 것을 막지 않으시는 것처럼, 자발적 원인의 행동이 그것을 움직임에 있어 자발적으로 작용하는 것을 제한하지 않으신다. 하나님은 만물 안에서 역사하시되, 각각의 본성에 따라 그렇게 하시는 것이다.[58]

제1원인원동자으로서 하나님이 모든 자연적 존재와 의지적 존재를 움직이는 궁극적 주체가 되신다고 한다면, 인간 행동의 자유를 말

---

56   Bernard J. F. Lonergan, S. J., *Grace and Freedom: Operative Grace in the Thought of St. Thomas Aquinas* (New York: Herder and Herder, 1971), 102.

57   *ST* I-II. 9. 6.

58   *ST* I. 83. 1.

할 수 있는가? 제1원인으로서 하나님의 주권과 의지의 자유에 의한 행동이 양립할 수 있다는 것이 아퀴나스의 생각이다. 자발적 행동은 행동의 원리가 행위자 안에 있으며 그 원리로부터 나오는 것이어야 한다고 아퀴나스는 생각하는데, 자발적 행동이 하나님으로부터 나온 다는 주장은 자발적 행동의 성격과 충돌하지 않는다는 것이다.[59] 인간 본성은 하나님으로 인해 존재하며 또 하나님이 모든 피조물 가운데 내재하신다고 한다면, 인간 본성과 인간 의지에 의한 행동은 하나님과 관계가 있을 수밖에 없다.

　　이러한 신념을 마주하면서 자주 묻게 되는 질문들이 있다. 전능 하신 하나님이 원하시는 대로 인간이 선택하고 결단하고 행동하게 하 시면 안 되는가? 제1원인으로서의 하나님의 주도적 지위와 역할을 말 한다면, 인간에게 죄를 짓지 않을 자유 혹은 죄를 지을 자유가 있을 수 있는가? 아퀴나스는 하나님이 인간의 의지를 움직일 수도 있고 또 그 렇게도 하시지만 강제로 그렇게 하시지는 않는다고 강조한다. 만일 그 렇다면, 그 행동은 더 이상 의지에 의한 행동이 아닌 것이다.[60] 하나님 은 인간이 특정한 방식으로 행동하게 하시거나 하나님의 움직이게 하 심에 의해 인간이 행동을 의지로 결단하고 행하는 가능성을 열어두시 기도 하지만, 인간은 '필연적으로' 그렇게 하지는 않는다. 만일 인간의 행동이 강제에 의한 것이라면 그 행동은 더 이상 자발적인 것이 아니 기 때문이다.[61] 그러므로 아퀴나스는 하나님은 인간의 행동을 강제할

59　*ST* I-II. 6. 1-2.
60　*ST* I-II. 6. 4.
61　위의 책.

수 있는 분이라고 여기지만 하나님은 그렇게 하지 않으신다고 믿는다. 왜냐하면 이는 이성적 존재로서의 인간을 창조하신 창조의 본성에 위배되기 때문이다.

아퀴나스에 따르면, 인간은 하나님과 하나님에 관한 진리를 알고자 하는 자연스러운 경향성을 갖는다.[62] 궁극적 실재로서의 하나님에 대한 인간의 본능적 지향성은 자연스럽고 또 즉각적인 것이다. 다시 말해, 인간의 자연스러운 정서적 반응의 심층에는 궁극적 목적에 대한 지향이 있다. 한편으로, 인간은 궁극적 목적에 더 가까이 가면 갈수록 상대적으로 가치가 적은 목적들에 덜 끌리게 될 것이다. 다른 한편으로, 하나님에 대한 자연스러운 이끌림이 약화되고 하나님으로부터 멀어지면 멀어질수록, 궁극적 실재의 부재不在 상태에서 얻게 되는 자유 곧 "(전적으로 인간적) 자율이 약속하는 자유"를 구가할 수 있게 될 것이다.[63] 하나님 외의 다른 목적들에 더욱 끌리게 되고 또 그것들을 선택하는 자유의 삶에 좀 더 가까이 다가설 수 있다지만, 과연 목적론적 존재로서 인간이 본성적으로 가지는 하나님을 향한 지향성이 결여된 자유라는 것이 참된 자유일런지에 대한 의문을 제기할 수밖에 없을 것으로 보인다. 오히려 의지와 의지의 행동의 제1원인이신 하나님이 우리 의지를 장악하면 하실수록, 인간의 본성에 부합하여 참된 자유[64]를 더욱 누리게 될 것이다.

---

62 *ST* I-II. 94. 2.

63 David B. Burrell, *Aquinas: God and Action* (Notre Dame: University of Notre Dame Press, 1979), 124. 여기서 자유는 어거스틴의 두 가지 자유 중의 하나인 자유의지(liberum arbitrium, 리베룸 알비트리움)에 상응하는 것으로 보인다. 그에게 자유의지는 선이든 악이든 인간이 자유 선택을 위해 보유하고 있는 능력 곧 선과 악 사이에서 자유롭게 선택할 수 있는 능력이다. 26-29쪽을 참고하길 바란다.

Ⅳ '사랑의 질서'론[65]

아퀴나스의 사랑의 윤리는 그의 '사랑의 질서'론이 핵심을 이룬다. 사랑의 질서론의 토대는 하나님의 섭리의 질서에 대한 아퀴나스의 신념이다. 아퀴나스는 하나님은 창조하신 온 세계를 영원법 the eternal law 을 근거로 해서 보편적으로 통치하신다는 점을 견지한다. 여기서 신적 통치의 기반으로서의 영원법은 피조세계를 운영해 가시는 하나님의 질서 또는 그러한 신적 질서를 수립해 가는 지혜라고 할 수 있다. 영원법을 통해 세계에 대한 보편적 통치를 구현해 가시는 하나님의 주된 방법은 '영원법에의 참여'로서의 자연법을 통한 것인데, 하나님은 온 세계와 창조하신 모든 존재들 가운데 그들에 부합되는 본성 자연법적 질서 을 부여하시고 그 본성과 질서에 따라 살고 움직이고 행동하게 함으로써 이 세계와 세계 안의 존재들 가운데 하나님의 질서를 이루어 가시는 것이다.

아퀴나스는 세계에 대한 하나님의 보편적인 통치 질서에 근거

---

64 각주 63)에서 언급한 자유의지와 대비해서, 여기서 자유는 어거스틴의 또 다른 자유 곧 '리베르타스'(libertas)에 가깝다고 볼 수 있는데, 이 자유는 선한 선택에 이르게 하는 인격의 특질 혹은 속성이다. 26-29쪽을 참고하길 바란다.

65 다음의 문헌들에서도 아퀴나스의 '사랑의 질서'론에 관해 논하였는데, 특히 그의 이론은 현대 기독교 사랑의 윤리 담론에서 사랑의 본질을 특수 관계들(구체적인 사랑의 관계들)에서 찾을 수 있고 또 그렇게 해야 한다고 주장하는 '특수 중심적 접근'의 고전적 뿌리가 됨을 밝혔다. 이창호, "사랑이 행복이다!: 현대 기독교윤리학계의 '사랑의 윤리' 담론 탐색," 『기독교사회윤리』 23 (2012), 99-101; 이창호, 『사랑의 윤리: 사랑에 관한 신학적 윤리적 탐구』 (서울: 장로회신학대학교 출판부, 2020), 118-21.

하여 사랑의 질서론을 전개하고 있는 것인데, 요점은 사랑에 질서가 있다는 것이다. 사랑의 삶에서 질서를 논하는 것은 대상의 관점에서 순서 혹은 우선순위가 있다는 점을 중요하게 내포한다.[66] 모든 인간이 사랑의 대상이 될 수 있고 또 그렇게 되어야 하지만, 반드시 '동등하게' 사랑해야 하는 것은 아니라고 주장한다.[67] 그러면 어떻게 사랑해야 하는가? 아퀴나스는 대상에 따라 적절한 구분을 두어야 한다고 보는 듯하다. 하나님을 그 누구보다 더 사랑해야 한다는 점을 분명히 하면서, 사랑의 순서에 대한 그의 생각을 피력한다. 하나님 다음으로 타자가 아니라 자아를 먼저 더 사랑해야 한다.[68] 악한 이들보다는 선하고 덕스러운 이들에 우선순위를 두고 더 사랑해야 한다.[69] 원수보다 친구를 먼저 더 사랑하는 것이 사랑의 질서에 더 부합된다고 본다.[70] 아울러 하나님께 멀리 있는 이들보다는 하나님께 상대적으로 가까이 있는 이들을 먼저 더 사랑하는 것이 자연스러운 것이라고 주장한다.[71] "우리 이웃은 모두 하나님께 동등하게 관계하고 있지 않다. 더 큰 선을 보유하고 있기에 하나님과 더 가까운 이들이 있으며, 덜 가까운 사람들 보다 더 사랑해야 한다."[72]

　　아퀴나스는 사랑의 관계에서 선호나 친소親疏의 여지를 열어둔

---

66 아퀴나스의 '사랑의 질서'론을 정리하는 데 포움이 도움이 되었음을 밝힌다. 특히 다음의 논문을 중요하게 참고하였다. Stephen Pope, "The Moral Centrality of Natural Priorities: A Thomistic Alternative to 'Equal Regard'," *The Annual of the Society of Christian Ethics* 10 (1990), 109-29.

67 *ST* II-II. 26. 6.

68 *ST* II-II. 26. 3-4.

69 *ST* II-II. 31. 3.

70 *ST* II-II. 27. 7.

71 *ST* II-II. 26. 7.

72 *ST* II-II. 26. 6.

다고 볼 수 있다. 가까운 거리에서 사랑의 사귐을 밀도 있게 형성해 온 대상에 대해 그렇지 못한 대상보다 더 큰 애착을 갖는 것은 자연스럽 게 받아들일만한 것이라고 생각하는 것이다. 혈연관계도 마찬가지다. 혈연에 의해 사랑의 관계가 형성된 경우, 그 관계에 속해 있는 구성원 들에게 우선적인 그리고 더 큰 애착을 가지고 사랑하는 것은 자연스 러운 질서 곧 자연법적 질서이며 그러한 질서에 따라 사랑하는 것은 마땅하고 좋은 것이라고 아퀴나스는 생각한다. 특별히 혈연으로 형성 된 사랑의 관계는 그 사귐의 밀도가 가장 높은 경우에 속하기에 사랑 의 강도도 그만큼 강할 수밖에 없다고 본다.[73] 다만 강도의 차이는 '양' 의 관점에서 이해하기보다는 방식의 차이라는 관점에서 접근하는 것 이 낫다고 이해하는 것이 아퀴나스의 인식에 가깝다는 점을 지적해 두어야 하겠다. 부모를 사랑하되 존경의 마음과 뜻을 선명하게 품고 사랑해야 하며, 배우자를 사랑하되 정서적으로 더 강한 애착으로 사랑 해야 한다는 것이다.[74]

아가페caritas, 카리타스 혹은 신적 아가페와 특수 관계들 속의 사랑혹은 자연적 본능 적 사랑 사이의 관계성에 대해 아퀴나스의 생각은 어떠한가? 아웃카Gene Outka는 아가페는 모든 특수 관계들의 직접적이거나 유일한 영감이 아 니라고 보는 반면,[75] 포웁Stephen Pope은 아퀴나스는 하나님의 아가페가 모든 진정한 사랑의 표현들에 직접적으로 내용을 제공한다는 인식을

---

73   *ST* II-II. 26. 8.

74   Stephen Pope, "The Moral Centrality of Natural Priorities: A Thomistic Alternative to 'Equal Regard'," 117.

75   Gene Outka, *Agape: An Ethical Analysis* (New Haven: Yale University Press, 1972), 274.

가졌다고 풀이한다.[76] 바첵 Edward C. Vacek 의 언어로 포옹의 풀이를 설명
한다면, 에로스는 나 자신을 위해 타자를 사랑하는 것이고 아가페는
타자를 위해 타자를 사랑하는 것이며 그리고 우정은 사랑의 공동체를
이루기 위해 타자를 사랑하는 것인데, 이 각각의 사랑은 궁극적으로
하나님 사랑을 지향하고 그 사랑에 기여하며 또 하나님 사랑이 다른
사랑의 형태들에 내용을 제공하고 영감을 불러일으킨다.[77]

　　아퀴나스에게 하나님의 아가페와 구체적인 사랑의 관계들에서
드러나는 사랑 사이의 관계성은 상호보완적이라고 할 수 있다. "은혜
는 본성자연을 파괴하지 않고 오히려 완성에로 이끌어간다."[78]는 신학
적 공리는 이 지점에서 유용하다. 무엇보다도 자연에 대한 긍정이 있
다. 자연 안에 이미 하나님의 은혜의 손길이 머물고 있다는 인식을 반
영하고 있는 것이며 자연 안에 존재하는 부족함이나 오류를 은혜를
통해 치유하고 회복시킬 수 있다는 낙관도 포함하고 있다. 아울러 은
혜는 초월적 개입을 통해 자연의 상태를 더욱 고상한 수준으로 변화
시켜 나간다.[79] 사랑의 논의에 적용해 본다면, 은혜는 자연적인 사랑의
관계를 파괴하지 않고 존중하며 사랑의 결실을 맺도록 도울 뿐 아니
라 하나님의 사랑이 초월적으로 주입됨을 통해 그 사랑의 관계가 더
욱 고상한 형태로 변화될 수 있는 여지까지도 열어둔다.

　　요컨대, 아퀴나스의 '사랑의 질서'론은 자연스러운 사랑의 흐름

76　Stephen Pope, "The Moral Centrality of Natural Priorities: A Thomistic Alternative to 'Equal Regard'," 113.

77　Edward C. Vacek, *Love, Human and Divine: The Heart of Christian Ethics* (Washington, D.C.: Georgetown University Press, 1994), 157-58.

78　*ST* I. 1. 8.

이나 지향을 '질서'의 틀 안에서 존중하며 선호나 친소를 사랑의 관계에서 정당하게 수용해야 하는 특징으로 본다. 대상의 관점에서 보편성을 부정하는 것은 아니지만 사랑의 순서質序를 강조하고 있다는 점을 다시금 밝혀 두어야 하겠다.

V 덕윤리

1. 아퀴나스 덕윤리 해설

전통적으로 존재의 윤리 혹은 인격윤리는 덕윤리의 관점에서

---

79 아퀴나스는 도덕적 역량의 관점에서 자연(본성)과 은혜의 관계성을 첫 인간의 타락 이전과 이후로 나누어 논하는데, 여기서 이를 살피는 것은 유익하다. 타락 이전에 인간은 자연적 선(善)들을 의지하고 또 추구하는데 있어 은혜를 필요로 하지 않았다. 그러나 첫 인간도 초월적 선들에 대해서는 은혜가 필요했다. 타락 이후에 인간들은 두 영역 모두에서 은혜가 필요한데, 왜냐하면 의지나 타락한 본성을 치유하기 위해서 또 초월적 선들을 추구하고 획득하기 위해서 은혜가 결정적으로 중요하기 때문이다(*ST* I-II. 109. 2).

타락 이전에, 하나님이 아닌 다른 그 무엇이나 다른 그 누구를 더 사랑하지 않기 위해 은혜가 필요하지 않았다. 그러나 타락 이후에 인간은 하나님을 더 사랑하기 위해 은혜가 절실하다(*ST* I-II. 109. 3). 타락 이전에 인간은 생래적 능력으로 계명을 지킬 수 있었다. 물론 아퀴나스는 오직 '사랑으로' 계명을 수행하지는 못하기에 여기서는 은혜가 필요하다고 가르친다. 그러나 타락 이후에는 자연적 능력으로 계명을 지킬 수 없다. 인간의 의지를 은혜로 치유해야 계명을 지킬 수 있으며 은혜가 있어야 오직 사랑으로 그렇게 할 수 있다고 아퀴나스는 강조한다(*ST* I-II. 109. 4).

아퀴나스에 따르면, 행위라는 것은 목적에 부합된다. 다시 말해, 목적을 성취하기 위한 충분한 능력이 필요하다는 것이다. 영생은 인간의 자연적 능력을 뛰어넘는 것이기에, 하나님의 초월적 개입이 필요하다(*ST* I-II. 109. 5). 또한 내재적 은혜(habitual grace) 없이 인간은 바르게 살 수 없고 하나님을 향유할 수 없다. 은혜는 인간 행위자로 하여금 내재적 은혜를 수용할 수 있도록 준비시킨다. 그러므로 은혜를 받을 수 있도록 하는 선행적 은혜가 필요하다는 것이 아퀴나스의 생각이다(*ST* I-II. 109. 6).

논의되어 왔다. 도덕적 존재 혹은 도덕적 인격이 되는 것에 관한 윤리적 논의인 것이다. 덕윤리는 인격적으로 존경할 만한 사람됨을 추구한다. 이를 도덕적 완숙이라 한다면 완숙에 이르는 몇 가지 핵심 요소들이 있다. 선이 무엇인지를 식별할 수 있는 지적인 능력이 첫 번째인데, 다만 선을 아는 것으로 행동이 되고 인격이 되는 것은 아니다. 인지하고 식별한 선을 행하고자 하는 기질적 방향성 혹은 의지적 방향성^{의도}이 있어야 한다. 그러나 또 한 가지 필요한 것이 있다. 알고 방향을 잡았으면 그 방향으로 움직이게 하는 능력 혹은 동력이 그것이다.

여기에 문제가 있다. 지향하는 선도 여러 가지일 수 있고 목적을 향해 행동하게 하는 능력 곧 얻고자 하는 목적을 향해 행위자를 움직여 가는 힘도 여러 방향으로 움직일 수 있다는 점이다. 바로 여기서 덕의 필요성이 대두된다. 아퀴나스의 설명이 유익하다. 덕이 왜 필요한가? 위에서 말한 대로, 우리 앞에 여러 가지 선이 열려 있고 우리 행동이 어느 방향으로든 움직일 수 있다. 실현되지 않은 자아와 실현되지 않은 잠재성이 현실화되는 방향은 한 가지가 아니라 여러 가지다. 덕은 되어야 할 방향으로 우리의 행동을 실현하도록 돕는다.[80]

아퀴나스에 따르면, 덕의 사람은 쉽고 또 자연스럽게 선을 행할 뿐 아니라 행복하게 그것을 행한다^{혹은 그것을 행하고 행복하다}. 덕이 그 사람으로 하여금 행복에 이르게 하는 목적을 향해 움직이게 하고^{행동하게 하고}, 또 그러한 행동 안에서 행복을 누리게 하기 때문이다. 덕의 사람은 행위자를 행복하게 하는 선한 목적을 향해 행동하도록 습관이 형성된

---

80   *ST* I-II. 55. 1.

사람이며 이 사람은 자기 자신의 본성에 잘 맞는 일을 하면서 기쁨과 행복을 얻게 되는 것이다. 그러기에 덕은 "반복을 통한 습관화이며 제2의 본성과 같다."[81]

여기서 반복과 습관화가 중요하다. 반복적으로 행동하여 그 행동들이 축적되고 또 그것이 습관이 될 때, 그것이 덕으로_{인격으로} 정착하는 것이다. 선을 행하는 것이 선한 인격을 만드는 것이다. 또 선한 인격에서 선한 행동이 나올 수밖에 없다. 그러므로 덕은 선한 습관이다. 습관은 특정한 행동을 일관성 있게 하도록 하는 어떤 인격적 특질 혹은 형태이다. 습관은 라틴말 '하베레' habere 에서 왔는데, 무언가를 소유한다는 뜻이다. 그러므로 습관을 갖는다는 말은 특정한 방식으로 행동하도록 행위자를 기질적으로 움직이게 하는 내면적 특질을 갖는다는 의미이다.[82]

전통적으로_{고전적으로} 덕윤리는 신체적 능력 혹은 욕구에 초점을 맞춰 왔다. 배고픔, 목마름, 성적 욕구, 경쟁 욕구_{투쟁 욕구} 등이다. 이들 욕구는 본능적이며 또 중립적이다. 인간의 행복 혹은 복지를 위해 좋을 수도 있고 또 나쁠 수도 있다. 배고픔의 욕구가 있기 때문에 생존에 필수적인 영양분을 얻기 위해 힘쓰는 것이다. 성적 욕구도 중요하다. 이것이 있기에 종의 보존이 가능한 것이다. 경쟁 욕구 혹은 투쟁 욕구는 어떤가? 자신을 부당하게 상해하려고 폭력을 휘두르는 사람들에게서 자신을 보호하고자 방어적으로 행동하게 한다. 그러나 문제는 과도

---

81   *ST* I-II. 56. 5.
82   *ST* I-II. 49. 1.

한 것이다. 배고픔의 욕구를 과도하게 실현하고자 하면 탐식이 된다. 성적 욕구를 과도하게 실현하고자 하면 비정상적 성행위에 이르게 될 것이다. 경쟁 욕구投爭욕구를 적절하게 조절하지 못하면 분노에 찬 과격 행위나 부당한 폭력 행위로 나타날 수 있다. 아리스토텔레스는 이러한 욕구들에 대해 균형 잡힌 반응을 강조한다. 과하지도 모자라지도 않은 선에서 이 욕구들을 실현할 필요가 있다는 말이다. 또한 이러한 균형 잡힌 반응과 실현을 위해서 아리스토텔레스는 습관의 형성을 강조한다. 균형 잡힌 반응이 반복되면서, 그것이 습관이 되고 더 나아가 그 사람의 성품人格이 되도록 해야 한다는 것이다. 선한 습관이 바로 덕이다. 반대는 악한 습관이고, 이는 악덕이다. 악덕이 형성되면, 극단으로 흐른다. 욕구들에 대한 통제를 잃거나 아니면 더 이상 행동이 불가능한 선까지 과도하게 억제한다.

아퀴나스는 아리스토텔레스의 중용의 원리를 네 가지 주덕 곧 절제, 용기, 정의 그리고 실천적 지혜에 적용한다. 절제는 육체적 욕구들에 대한 중용이다. 용기는 경쟁 욕구 혹은 투쟁 욕구에 대한 중용이다. 정의와 실천적 지혜는 이성의 작용에 지배받는데, 정의는 마땅히 받아야 할 몫을 주고받는 것이며 실천적 지혜는 도덕적 판단을 위한 실천 이성의 작용이다. 정의와 실천적 지혜는 절제와 용기를 통한 자기 절제가 선행되어야 한다. 이것이 없으면 이성이 제대로 작동할 수 없기에 그렇다.[83]

또한 아퀴나스는 초월적 혹은 신학적 덕supernatural or theological virtue

---

83   *ST* I-II. 61. 1-4.

에 대해서 논한다. 인간적 덕으로 도달할 수 없는 목적에 이르기 위해, 하나님이 은혜로 주입하시는 덕이다. 초월적 덕은 믿음과 소망과 사랑이다. 믿음은 신학적 진리를 깨닫고 받아들일 수 있게 하는 덕이며 소망은 하나님이 뜻하시는 바들이 꼭 이루어진다는 확신으로서의 덕이다. 그리고 사랑은 하나님과의 연합에 이르게 하는 초월적 덕이다. 초월적 덕은 인간적 덕이 추구하는 균형 곧 중용을 뛰어 넘기도 한다. 금식, 독신 등이 대표적인 보기가 될 것이다.[84]

다만 초월적 덕이 주입에 의해 형성되는 것이라면 믿음과 소망과 사랑을 엄밀한 의미에서 덕이라고 칭할 수 있는지에 대한 문제제기가 있을 수 있다. 선한 습관으로서의 덕은 행위의 반복을 전제로 한다. 참된 행복에 이르게 하는 선한 행동의 반복을 통해 습관에 이르게 되고 이것이 덕이 되는 것이다. 이 때 행동은 당연히 강제에 의한 행동이 아니라 자유로운 선택에 의한 것이다. 덕이 목적으로서의 선을 향한 행동의 반복을 통해 형성되는 선한 습관이라고 한다면 초월적 덕을 덕의 한 종류로 분류할 수 있는지에 대한 질문인 것이다. 아퀴나스에게서 해답을 찾을 수 있는가? 하나의 가능성은 주입이라는 하나님의 주도적 행동과 인간의 행동을 종합하는 것이다. 하나님의 행동은 시초의 주입을 통해 초월적 덕의 형성을 촉발하고 그 이후 인간의 반복적 행동을 통해 덕을 갖추어 간다는 것이다. 은혜에 대한 아퀴나스의 이해에서 하나님이 부여하신 은혜와 더불어 또 은혜에 근거하여 인간이 그 은혜에 참여하는 구도를 빼놓을 수 없다면, 덕이라는 개념

---

84   *ST* I-II. 62. 1-4.

보다는 은혜로 칭하는 것이 더 낫지 않겠는가 하는 제안이 있을 수 있다. 또 다른 하나의 가능성은 덕의 판단 기준의 차이를 통해 응답하는 것이다. 아퀴나스는 초월적 덕의 판단과 측정은 이성이 아니라 신법에 의한다고 강조한다.[85] 초월적 덕이 아닌 인간적 덕은 이성에 의해 그 선악과 진위가 판단되는 반면, 초월적 덕은 인간 행동으로부터 형성되는 것이 아니라 주입에 의한 것이므로 신법에 의해 판단되어야 한다는 것이다. 인간적 덕과 초월적 덕이 덕의 형성과 성숙과 작용에 있어 본질적으로 다른 지평차원에 속한다는 점을 고려할 필요가 있다는 생각인 것이다.

2. 덕윤리에 대한 비평적 성찰

아퀴나스의 덕윤리는 기독교 덕윤리의 역사에서 가장 중요한 위치를 차지한다고 평가한다면 그러한 평가에 이의를 제기할 수 없다고 할 만큼 덕윤리의 이론적 전개와 발전에 있어 토대적 기여를 했다. 다만 이러한 긍정적 평가와 함께, 신중한 비평적 평가도 존재해 왔다는 점을 밝혀 두어야 하겠다. 특별히 덕윤리는 기본적으로 행위자의 도덕적 탁월성을 내포한다는 점, 덕의 형성이 행위의 반복과 축적을 전제로 한다는 점 등을 주목하면서, 이러한 윤리적 특징들이 율법주의적 경향을 강화하는 요인이 되지 않느냐는 심각한 의문 제기가 있어

---

85   *ST* I-II. 63. 1-4.

왔다. 좀 더 구체적으로 말해 본다면, 덕이나 고상한 인격 형성에 대한
강조가 하나님의 은혜, 특별히 이신칭의로 대표되는 하나님의 구원론
적 은혜를 약화시키거나 무력화할 수 있는 위험이 있다는 것이다.[86] 지
속적이며 반복적인 실천을 통하여 형성되는 사람됨을 강조하다 보면,
행위나 공적을 초월하여 오직 은혜로 구원을 받는다는 구원론에 타격
을 줄 수 있다는 염려인 것이다.[87] 이는 기우인가? 아니면 정당한 염려
인가? 어느 쪽으로 결론적 입장을 내느냐는 신학적 윤리적 기조에 따
라 달라질 수 있다는 점을 감안하면서, 양자택일적 접근이 아니라 균
형 잡힌 접근에 방점을 두고 입장들 사이의 갈등이나 대립을 해소하
고자 하는 시도도 있음을 밝혀 두고자 한다. 한편으로 칭의^{용서}의 은혜
를 극대화하다 보면 이것이 약화될 수 있다는 점을 두려워하는 이들

86　칭의와 성화에 대한 아퀴나스의 이해를 탐색하기 위해서는 성화하는 은혜(sanctifying grace), 그
리스도 수난의 의미와 효력 그리고 덕윤리를 우선적으로 살펴야 할 것이다. 성화하는 은혜는 하
나님과의 연합(일치)에 이르게 하는 은혜를 뜻한다(ST I-II. 111. 1). 이것은 구원의 관점에서 볼 때
하나님과의 연합을 이루는 것이기에 하나님의 근원적인 은혜의 역사라고 볼 수 있다. 다만 성화
하는 은혜를 받음으로 신적 본성에 참여한다(ST I-II. 112. 1)는 아퀴나스의 생각에 비추어 볼 때,
그 은혜의 역사 안에서 수용자는 실체적으로 의를 보유하며 그리하여 한편으로 의롭다 인정받으
며 다른 한편으로 의의 존재로 변화되어 간다는 의미에서 아퀴나스적 '칭의와 성화'론의 중요한
특성을 탐지할 수 있다.
　　그리스도의 수난에 대한 아퀴나스의 생각이 중요한 까닭은 '수난'으로부터 오는 죄용서와 하나님
과의 화해라는 효력 때문이다. 그리스도의 수난을 통해 죄로부터의 해방(자유)을 얻게 되며 또 속
죄를 통해 하나님과의 화해라는 은총을 받게 된다는 것이다. 이 은총을 어떻게 받느냐를 주목할
필요가 있겠는데, 믿음을 배제하지 않지만 아퀴나스는 세례나 고해성사를 비롯한 성사들을 통해
주어진다는 점을 분명히 한다(ST III. 49. 1-5).
　　성화를 통한 변화에 대한 구원론적 기독교윤리적 논의는 아퀴나스의 경우 덕윤리에서 두드러진
다고 볼 수 있다. 우리가 본 대로, 선한 목적을 향한 행위의 반복을 통해 선한 습관이 제2의 본성
으로 인격 구조 안에 자리를 잡은 것이 덕이라고 할 수 있을 것인데, 아퀴나스에게 덕이라는 개념
은 행위의 과정, 인격적 변화와 성숙, 도덕적 탁월성 등 윤리적 함의를 무게감 있게 내포한다. 덕
의 형성과 성숙은 기본적으로 인간에게 보편적으로 주어진 인간적인(혹은 자연적인) 도덕적 역량
의 발휘를 통해 이루어진다는 점에서 특별은총이 아니라 일반은총의 차원에서 아퀴나스는 논하
고 있다고 평가할 수 있다. 다만 초월적 주입을 통해 형성되는 초월적(신학적) 덕의 여지를 아퀴
나스가 분명하게 열어두고 있다는 점을 보았다.

87　Glen H. Stassen and David P. Gushee, *Kingdom Ethics: Following Jesus in Contemporary Context*
(Doweners Grove: IVP Academic, 2003), 68-70.

은 성화, 제자도, 덕의 형성과 성숙 등을 강조하는 것을 경계하고 다른 한편으로 구원 이후 변화의 능력으로서의 은혜를 강조하는 이들은 칭의용서의 은혜의 부각이 변화를 지향하는 신자들에게 도피와 게으름을 야기할 수 있고 또 실패에 대한 정당화의 근거로 악용될 수 있다고 우려한다. 어떻게 균형 잡힌 접근으로 각각의 약점을 보완하고 장점을 살리는 절충 혹은 종합을 시도해 볼 수 있을 것인가? 덕의 강조가 은혜를 약화시킬 수 있다고 우려하는 이들을 향해서, 그러한 우려 때문에 인간의 행위자로서의 책임과 가능성을 극단적으로 부정하다가 신자의 실제적인 변화를 약화시킬 수 있다는 점을 강조하면서 믿음으로 구원에 이르는 것도 은혜요 그리스도를 닮은 인격으로 변화되기 위해 힘쓰는 것도 오직 은혜라는 점을 분명히 할 필요가 있을 것이다. 또한 은혜에 대한 일방향적 강조가 그리스도의 형상을 향한 변화에의 의도나 노력을 부정적으로 보는 정적주의나 패배주의로 귀결되지 않는지에 대해 우려하는 이들을 향해서는, 실제적 변화를 위한 실천적 삶의 강조가 은혜 없이 하나님으로부터 멀리 떨어져 일하는 인간중심적 행동주의나 공로주의에 빠지지 않도록 칭의와 성화의 통전성을 견지할 것을 권고하고 덕의 성숙을 비롯한 신자의 윤리적 변화 역시 구원의 은혜로서의 성화의 과정임을 분명히 밝혀 주어야 할 것이다.

덕윤리에 대해 비평적으로 숙고할 때 빼놓을 수 없는 또 다른 논점은 덕윤리와 규범윤리 사이의 관계성이다. 한편으로, 목적지향적 행위의 반복을 통한 덕선한 습관의 추구를 강조하면 할수록 행위를 규율하고 안내하는 규범에 대한 모색과 성찰이 약화되는 것이 아닌가 하는 우려가 존재한다. 다른 한편으로, 행위 자체에 대한 규범적 판단과 서술에만 치중할 때 행위자의 존재론적 변화 혹은 인격 형성과 성숙을 소홀히 할 위험이 농후하다는 진단도 주목해야 할 것이다. 예를 들어 생각해 보자. 사랑은 규범인가? 아니면 덕인가? 성경에 나오는 사랑의 계명은 오직 사랑의 인격 혹은 사랑의 사람됨과 연관된 명령인가? 사랑은 규범적 원리로서 곧 행위 하나하나에 무언가 지침을 주는 윤리적 기준으로서 작용하고 있는 것은 아닌가? 이 논점에 있어서도 역시 양자택일적 접근보다는 이 둘을 통전적으로 보는 접근이 좀 더 적절하다고 할 것이다. 사랑은 덕으로도 볼 수 있지만, 동시에 행위이기에 이런 행동은 하라 혹은 하지 말라는 식으로 행동을 규율할 여지는 분명히 존재한다.[88] 이런 맥락에서 덕윤리만으로는 충분치 않으며 규범윤리도 함께 가야 한다고 주장하는 이들이 있다. 포터Jean Porter는 아퀴나스는 덕과 규범의 통전을 중시한 대표적인 이론가임을 밝힌다. "규칙들의 도덕이 어떤 특정한 행동은 칭찬할 만하거나 혹은 비난할 만하다고 판단하게 하는 어떤 도덕 이론이라고 한다면, 아퀴나스는 덕의 도덕성만을 이야기하지 않고 규칙들의 도덕성도 말하고 있는 것이다. 행위의 도덕적 가치에 대한 분석과 덕에 대한 분석은 하나의 포괄적인 도덕 이론의 두 부분으로 하나를 이룬다."[89]

한 가지 더 생각한다면, 덕윤리는 개인의 인격 형성에만 초점을 두는 개인적 차원의 윤리인가 하는 논제이다. 여기서 자유주의와 공동체주의 논쟁을 생각해 보는 것은 유익하다. 공동체주의는 행복하게 잘

---

88 위의 책, 70-71.

89 Jean Porter, *Recovery of Virtue: The Relevance of Aquinas for Christian Ethics* (Louisville: West-minster/ John Knox Press, 1990), 105.

사는 것 혹은 덕스럽게 사는 것이 무엇인지에 대한 사회적 윤리적 공감이 공동체적으로 형성되어 있다는 점을 전제한다. 반면, 자유주의는 공동체주의의 이러한 주장을 경계하며 행복하고 바르게 사는 길에 대해 결정할 주체는 공동체가 아니라 개인이라고 강조한다. 한 개인의 삶과 정체성을 구성하는 데 있어, 외부적인 영향을 최대한 방어·억제하고 개별 행위자가 자율적으로 구성하는 것이 타당하다고 보는 것이다. 자유주의는 공동체가 제시하는 바람직한 인생의 길, 행동의 양식, 사람됨의 특징 등에 관한 신념의 영향으로부터 할 수 있는 대로 자유로운 삶을 권고하고 격려한다. 덕윤리는 자유주의와 공동체주의, 이 둘의 관점을 모두 존중한다. 한편으로, 덕의 형성과 성숙을 위해 개별 행위자가 힘써야 한다는 점을 고려할 때 개인의 자유와 선택에 대한 자유주의의 강조는 덕윤리·친화적이다. 다른 한편으로, 덕윤리는 공동체적 맥락을 중시할 필요가 있는데 공동체가 나름대로 역사와 전통의 흐름 속에서 형성해 온 덕 이해에 근거해서 공동체의 구성원으로서 덕스러운 사람됨을 추구해 간다는 점을 생각할 때 그렇다. 예를 들어, 교회공동체가 덕 형성 혹은 덕스러운 인격 형성의 장이 된다. 예수 그리스도의 사랑의 삶과 가르침을 모범과 기준으로 삼아 사랑을 실천하고 또 실천하여 그러한 실천들이 개별 신자의 인격 구조 속에 선한 습관으로 자리 잡음으로 덕의 사람이 되어 가는 것이다.

VI 성과 속의 단일체적 사회상에 대한 신학적 윤리적 기획[90]

    아퀴나스에게 국가의 목적은 공공선이다. 좋은 정치권력이란 정치사회 공동체의 구성원들을 공공선으로 이끌어가는 권력이다. 어거스틴은 국가를 타락과 죄악의 결과이자 치유의 방책으로 보는 반면, 아퀴나스는 국가를 선한 창조질서의 한 부분이며 구성원들의 생존과 행복의 기반을 마련하기 위한 정치적 존재로 이해한다. 이런 맥락에서 아퀴나스는 세속 권력자의 중요한 사명은 다양한 잠재력과 역량을 가진 구성원들을 협력 관계로 이끌어 공공선을 증진해 가는 것이라고 강조한다.[91]

    개인과 공동체의 생존과 행복의 기반 마련을 목적으로 하는 정치적 통치 행위의 주된 도구는 무엇인가? 앞에서 본 대로, 아퀴나스는 법이라고 답한다. 그에게 법은 '행동하거나 아니면 하지 말아야 하는 바를 지시하는 규칙 혹은 척도'[92]로서 "공공선을 이루기 위해 공동체를 책임 있게 이끌어가는 사람이 공포한 바로서의 이성의 명령에 다

---

90 아퀴나스의 사회윤리 사상을 '두 정부'론, 기독교의 공적 참여 등의 논제로 하여 다음의 문헌들에서 다루었는데, 본 저작의 목적에 맞춰 다시 전개하였음을 밝힌다. 이창호, "교회의 공공성에 관한 신학적 윤리적 탐구: 고전적 '두 정부'론의 규범적 이해와 현대신학적 전개 및 발전 탐색을 중심으로," 『기독교사회윤리』 29 (2014), 149-50; 이창호, "기독교의 공적 참여 모형과 신학적 '공동의 기반'의 모색," 『기독교사회윤리』 31 (2015), 79-87; 이창호, "고전적 기독교사회윤리와 한국 기독교의 공적 관계성에 관한 신학적 윤리적 탐구," 『교회와 신학』 85 (2021), 83-85.

91 Thomas Aquinas, *On Kingship*, in *St. Thomas Aquinas on Politics and Ethics*, trans. and ed. Paul E. Sigmund (New York: W. W. Norton & Company, Inc., 1988), XV.

92 *ST* I-II. 90. 1.

제2장 아퀴나스의 신학적 윤리　　**115**

름 아니다."[93] 국가권력의 목적이 공공선이듯이, 통치의 주된 도구이
자 척도로서의 법의 본질적 목적은 "공공선을 향한 지향"이다. "공공
선을 향하여 사는 것은 사회를 이루는 모든 이들의 책임이기도 하고
또 공동체의 지도자의 책임이기도 하다."[94] 따라서 정치권력의 목적은
공공선이며, 이로써 타자에 대한 지배가 정당화되는 것이다.[95] 선한 권
력은 국가 공동체와 그 구성원들을 일관성 있게 공공선을 향해 이끌
어가는 권력인 반면, 악한 권력은 부여된 정치권력을 공적 목적이 아
닌 사적 이익을 위해 행사하는 권력이다.[96] 이런 맥락에서 아퀴나스는
악한 권력의 축출은 정당한 행위라고 주장한다. "정치 지도자를 선임
할 수 있는 권한이 공동체에게 있다면, 어떤 통치자가 폭군과 같이 자
신의 권한을 남용하려 할 때 왕위에서 물러나게 하거나 권력을 제한
하는 것은 불의한 일이 아니다."[97]

앞에서 살핀 대로, 아퀴나스는 인간법을 민족들의 법과 시민법
으로 구분하며 그 기원이 자연법이라는 점을 밝힌다. "인간법은 민족
들의 법과 시민법으로 나눌 수 있는데, 이러한 구분은 자연법으로부터
도출되는 두 가지 방법에 따른 것이다. 예를 들어, 법들은 물건을 사고
파는 데 있어서의 공정함 같이 자연법의 원칙들로부터 나온 결론들이
다. … 구체적인 적용을 통하여 자연법에서 도출된 바들은 시민법이
다. 이 시민법에 근거해서 정치사회 공동체들은 자신들에게 편리한 것

93   *ST* I-II. 90. 4.
94   *ST* I-II. 90. 3.
95   *ST* I-II. 90. 4.
96   *ST* II-II. 42. 2.
97   Thomas Aquinas, *On Kingship*, VI.

이 무엇인지를 판단한다."⁹⁸ 법의 속성에 대해 말하면서 아퀴나스는 다시금 이 점을 언급한다. "이성의 첫 번째 규율은 자연법이다. 그러므로 모든 인간법은 자연법으로부터 나왔다는 점에서 법으로서의 속성을 보유한다."⁹⁹ 그러므로 아퀴나스에게 법의 기원과 속성을 규정하는 것은 자연법이다. 그렇다면 아퀴나스의 신학적 사회윤리에서 자연법의 의미와 역할은 무엇인가? 자연법 이론에서 신학적 정당화의 원리를 찾을 수 있는가? 아퀴나스는 이러한 질문들에 대한 답을 자연법과 영원법 사이의 관계성의 관점에서 제시한다.

앞에서 언급한 대로, 아퀴나스에 따르면 자연법은 '영원법에의 참여'이다. "하나님 섭리 안에 있는 모든 것은 영원법이 규율이 되고 또 척도가 되어 움직이기 때문에, 만물은 어떤 형태로든 영원법에 참여한다. 영원법은 만물에 새겨져 있는데, 각각 어떤 행위나 목적을 향한 기질적 이끌림에 반응함을 통해서다. 이성적 피조물들은 다른 피조물들 보다 좀 더 우수한 형태로 신적 섭리 안에 존재한다. … 그들은 영원한 이성에 참여하는데, 자신들에게 적절한 행위나 목적들을 향해 본능적으로 지향함을 통해서이다. 이러한 이성적 피조물의 영원법에의 참여를 우리는 자연법이라 일컫는다."¹⁰⁰ 여기서 '참여'라는 개념은 몇 가지 중요한 의미를 내포한다. 첫째, 영원법과 자연법 사이에는 어떤 존재론적 연관성이 있다. 이것은 자연법이 영원법에 존재론적으로 참여함을 뜻하는데, 만물은 영원법이 부여한 본성적 질서를 따라 적절

---

98 *ST* I-II. 95. 5.
99 위의 책.
100 *ST* I-II. 91. 2.

한 목적을 향해 움직인다. 둘째, 영원법은 인간 행동을 위한 궁극적인 규범으로서 작용한다. 자연법은 하나님의 섭리 안에 있는 모든 존재에게 규율과 척도가 되는 영원법의 한 부분이 된다고 할 수 있다. 셋째, 이 개념에서 우리는 어떤 목적론적 지향을 발견한다. '참여'는 '어떤 유비적 소유 혹은 닮음'을 내포한다.[101] 이 참여를 통하여, 인간은 하나님과 진리에 대해 알아가며 또 하나님을 닮아간다. 여기서 인간은 "하나님에 대한 진리를 알고자 하는 본능적 이끌림"에 자연스럽게 순응하는 것이다.[102] 요컨대, 자연법을 충실히 따름으로써 영원법의 성취라는 목적을 향하게 되며, 그리하여 인생과 역사와 세계 안에 이루어지는 하나님의 통치에 참여하게 되는 것이다.

자연법 실천을 통한 영원법 혹은 하나님의 보편적 섭리의 구현은 궁극적인 완성 곧 종말론적 하나님 나라의 완성을 지향한다. 인간 공동체가 추구해야 할 공공선에는 역사와 세계의 궁극적 완성도 포함된다는 말이다. 이런 맥락에서 하나님은 창조하신 세계를 궁극적 목적을 향해 인도해 가시면서, 인간들이 그러한 섭리에 참여할 수 있도록 하신다. 특별히 정치 지도자들은 막중한 공적 사명을 부여받는데, 전체 사회의 공공선을 목적으로 하는 그들의 통치 행위는 하나님 나라의 실현이라는 공공선의 신학적 혹은 종말론적 지평을 포괄해야 한다는 것이다.[103] 다시 말해, 정치 지도자의 사명은 백성들을 "하나님을 즐거워하면서 누리는 궁극적 행복"[104]이라는 목적을 향해 이끌어가는 것이다. "이를 위해

---

101 Bernard J. Wuellner, *Dictionary of Scholastic Philosophy*, 88.
102 *ST* I-II. 94. 2.
103 Thomas Aquinas, *On Kingship*, XV.

천상의 복락을 향해 움직여 가야하며, 걸림돌들[반대들]을 최대한 제어해야 한다."[105] 이 점에서 정치 지도자의 사명과 인류의 목적은 종말론적 지평을 갖게 된다. 세속 정부의 통치자는 공동체의 구성원들을 지상에서의 행복한 삶뿐 아니라 궁극적 종말론적 선으로 인도하기 위해 모든 역량을 관리하고 또 방해 요소들을 제어하는 데 힘써야 하는 것이다. 이런 맥락에서 아퀴나스는 세속 통치자들은 성직자들의 가르침을 소중히 여겨야 한다고 강조한다. 신법의 인도를 받으면서, "백성들이 잘 살 수 있도록 온갖 노력을 경주해야 한다."는 조언인 것이다.[106]

트뢸취의 유형론이 여기서 유익하다. 그에 따르면, 중세의 가톨릭교회는 '교회 유형'에 속한다. 교회 유형은 한편으로 세상에 대한 영적 초월을 일관성 있게 추구하며 다른 한편으로 세상에 충실하게 참여하는 신앙을 내포한다. 교회는 구원을 객관적으로 매개하는 공식적 기구로서의 역할을 수행한다. 교회는 "만민을 받아들일 수 있고 또 세상에 적응해 갈 수 있는데, 왜냐하면 은혜와 구원의 객관적 보물들을 위해서 주관적 거룩함에 대한 요구를 일정 정도 고려하지 않을 수 있는 여지를 확보하고 있기 때문이다."[107] 구원을 교회론적으로 제도화함으로써 교회는 그 구성원이 될 수 있는 조건을 갖춘 이들에게 영적 은사를 제공하고 대중종교로서 입지를 강화하게 되었던 것이다. 요컨대, 성과 속을 포괄하는 단일체적 unitary 개념 안에서 아퀴나스는 자연

---

104 위의 책, VI.

105 위의 책, XIV.

106 위의 책, XV.

107 Ernst Troeltsch, *The Social Teaching of the Christian Churches* II, trans. Olive Wyon (Louisville: Westminster/ John Knox Press, 1992), 993.

과 초자연을 통합하고 또 도덕과 은총을 통합한다. 이 구도 안에서 기독교는 신학적 기초를 닦고 세속 영역에 대한 보편적 권위를 가진다. 신학적 윤리가 기독교의 문명 일치를 이론적으로 해석하는 길잡이 역할을 한다고 하겠다.[108]

VII 맺는 말: 종합적 진술

가톨릭 신학의 가장 중요한 고전적 토대라고 할 수 있는 아퀴나스의 신학적 윤리의 심층에는 은혜는 자연을 파괴하지 않고 완성한다는 신학적 공리가 자리 잡고 있다. 이 공리가 윤리의 세 영역 곧 규범윤리, 덕윤리 그리고 사회윤리에 패러다임적으로 영향을 끼치고 있다고 볼 수 있다.

규범윤리의 관점에서 아퀴나스의 윤리를 자연법 윤리라고 칭한다고 해도 환원주의적 규정이라는 비판을 면할 수 있을 만큼 그의 윤리의 초석이 되는 것이 바로 자연법이다. 자연법은 이성을 가진 인간이라면 누구든지 이성의 작용을 통해 자연 안에 존재하는 자연스러운

---

108 Ernst Troeltsch, *The Social Teaching of the Christian Churches* I, trans. Olive Wyon (Louisville: Westminster/ John Knox Press, 1992), 259.

지향^{역동}이나 어떤 질서를 발견하고 서술하여 그것을 인간의 삶과 행동을 규율하고 안내하는 규범적 원리로서 산출할 수 있다는 점에서 보편적이고, 자연법 혹은 규범적 원리의 원천으로서의 질서나 자연스러운 지향이라는 것이 궁극적으로 하나님께 그 기원을 두고 있다는 점에서 신학적이다. 인간이라면 누구든지 하나님에 대한 신앙의 유무를 뛰어넘어 자연법에 접근 가능하지만, 하나님의 창조와 섭리가 자연법의 본질적 기원이자 원천이라는 점에서 자연 안에 존재하고 역사하는 은혜를 전제한다. 따라서 아퀴나스는 자연 또는 인간 본성을 부정적으로 보지 않는다. 규범적 관점에서 말한다면, 자연법을 통해서 특별계시로서의 성경이 증언하는 하나님의 본래적 의도와 뜻을 식별·인식할 수 있다. 자연법의 요약을 십계명과 사랑의 이중계명이라고 정리한 아퀴나스의 견해를 주목할 필요가 있겠다. 다만 자연은 완전하지 않고 오류의 가능성이 있기에 하나님의 초월적인 은혜의 개입이 필요하다. 자연은 초월적 은혜를 통해 오류를 교정하고 또 궁극적인 이상을 향해 고상하게 변화될 수 있는 것이다. 다시 규범적 관점에서 본다면, 자연법의 인식과 공포에 있어서 인간의 무지나 이성의 오작용으로 인한 오류가 발생할 때 신법은 문제해결의 기능을 수행하여 자연법을 통한 온전한 규범 인식과 실행에 이를 수 있도록 돕는다. 영원법에의 참여라는 자연법에 대한 정의 역시 주목할 만한데, 아퀴나스는 영원법과 자연법의 연속성을 견지하면서 이 둘을 단일체적 구도에서 이해하며 자연법의 인식과 실행이 자연과 인생과 세계에 대한 하나님의 섭리 곧 영원법을 통한 보편적인 신적 섭리와 통치에 실제적으로 기여한다는 점을 강조한다.

아퀴나스에 따르면, 덕은 선한 목적을 향해 행동하게 하고 그 목적을 성취하게 하는 선한 습관이다. 인간적 덕과 초월적 덕으로 나누어 생각해 보자. 인간적 덕은 인간적 목적을 이루기 위해 충분한 역량을 발휘할 수 있다. 그러나 인간적 덕으로 도달할 수 없는 목적 곧 초월적 목적이 있을 수 있다. 그러한 초월적 목적을 이루기 위해서 초월적 덕이 필요한데, 이것은 하나님의 초월적 개입을 통해 주어진다. 믿음과 소망과 사랑으로 대표되는 초월적 덕은 주입을 통해 주어진다는 말이다. 덕윤리에 있어서도 은혜는 자연을 파괴하지 않고 완성한다는 공리가 탐지된다. 자연적 인간은 생래적으로 주어진 도덕적 역량으로 선한 목적을 향한 행동의 반복과 축적을 통해 덕을 형성하고 덕을 통해 자연적 혹은 인간적 차원에서의 선목적을 이루고 향유하며 살아간다. 여기에 자연 혹은 인간 본성에 대한 긍정이 있다. 다만 하나님의 초월적 역사의 여지를 아퀴나스는 남겨둔다. 하나님은 초월적 주입의 역사를 통해 인간의 자연적인 도덕적 역량을 고양시켜 더 높은 차원의 목적에 도달할 수 있도록 하신다는 것이다.

아퀴나스에게 국가로 대표되는 세속의 영역은 창조질서에 속한다. 창조에 대한 신학적 긍정에 상응하여 정치체제에 대한 긍정이 두드러진다. 국가권력의 정치적 행위는 분명한 규범적 법적 기초 위에서 이루어져야 하는데, 모든 법의 기초는 자연법이며 자연법은 이성의 규율이다. 법과 법을 기초로 하는 정치적 행위는 공공선을 지향한다. 이렇듯 아퀴나스의 사회윤리는 창조질서로서의 공적 정치사회적 체제나 제도에 대한 긍정을 기본으로 하는데, 이러한 긍정은 정치적 사회적 존재로서의 인간과 인간 공동체가 보유하는 자연적 본성과 역량에 대한 긍정을 중요하게 내포한다. 사회윤리의 영역에서도 자연과 초월의 종합이라는 아퀴나스의 전형적인 구도가 드러난다. 정치권력의 본질적 사명은 국가 공동체를 공공선으로 이끌어가는 것인데, 아퀴나스는 궁극적 혹은 신학적 차원의 공공선을 적시한다. 우리가 본 대로, 궁극적 차원의 공공선은 천상에서 누릴 지복이다. 이 공공선을 향해 국가 공동체를 안내하고 그 성취를 돕는 것은 세속 통치자의 궁극적 사명이라고 아퀴나스는 강조한다. 여기서도 우리는 성과 속을 유기체적 통일성 안에서 이해하고 운영하고자 하는 아퀴나스의 사회적 기획을 찾을 수 있는데, 세속 영역인 정치사회 공동체와 영적 정부로서의 교회공동체 사이의 관계성을 질서혹은 위계질서의 관점에서 이해하고자 한다. 성과 속을 하나로 보지만, 지도 원리는 성의 영역 곧 교회에 둔다. 실제적으로 정치 지도자는 신법에 근거한 교회의 안내와 지도를 받아야 하는데, 그렇게 함으로써 정치적 정부가 지향해야 할 궁극적 목적을 이루게 되는 것이다.

제 3 장

❋

루터의 신학적 윤리

I 들어가는 말

　　루터는 중세 교회와 신학에 저항하며 신학적 개혁을 위한 중대한 밑거름을 마련한 신학자로 높이 평가받고 있다는 점은 기지의 사실이다. 신학적 차원뿐 아니라 윤리적 차원에서도 그러한 평가는 정당하다고 할 것이다. 이신칭의의 복음 수용을 통한 구원과 구원받은 이로서의 삶에 대해 성서적으로 또 신학적으로 논함에 있어 믿음과 은혜에 방점을 둠으로써 윤리적 갱신을 위한 적극적인 실천과 삶의 추구에 대해서 신중한 입장을 취할 가능성이 높다는 비평적 판단을 전적으로 무시할 수는 없다고 하더라도, 칭의의 은혜로 의롭다함을 받은 존재로 살아가는 '새로운 삶'에 대한 루터의 강조는 그러한 비평적 판단이 소홀히 여겨서는 안 될 점이 아닌가 생각해 본다. 사회적 삶을 위한 이성의 중요성과 유효성 주장, 공적 영역에 대한 신자의 사랑의 책임 강조, 만인제사장론을 통한 성과 속을 포괄하는 소명의 보편적 적용 등, 사회윤리적 차원에서 전향적인 주장과 견해들을 제시했다는 점도 주목해야 할 것이다. 아울러 개혁적인 성윤리의 모색도 두드러진다.

　　본 장에서 루터의 신학적 윤리를 크게 다섯 가지 논제를 중심으로 탐구하고자 한다. 첫째, 율법과 복음 이해이다. 율법과 복음의 본성과 기능에 대한 루터의 이해를 탐색할 것인데, 특히 율법과 복음의 통전성을 밝히고 그러한 통전성의 빛에서 이신칭의 구원론의 신학적 윤리적 함의를 탐색할 것이다. 둘째, 개인 신자를 초점으로 하는 신앙론과 기독교윤리적 전환을 위한 루터의 신학적 윤리적 기여를 논할 것인데, 특별히 중세 가톨릭의 공적 체제 중심의 신앙에서 하나님의 은혜 안에서의 개인의 결정과 경험을 중시하는 신앙으로의 전환에 관심을 둘 것이다. 또한 이신칭의의 은혜 안에서 구원의 백성으로 부름 받은 이들의 도덕적 변화에 대해 루터의 덕윤리의 관점에서 논하고자 한다. 셋째, 루터의 '창조의 질서'론과 이성에 대한 긍정에 대해 논술할 것이다. 창조의 질서 개념에 담긴 공적 정치사회적 함의, 사회적 삶과 이성의 규범적 기능론적 연관성 등의 주제를 주로 다룰 것이다. 넷째, '두 정부'론과 만인제사장론을 중심으로 기독교와 세속 영역 사이의 공적 관계성과 만인제사장으로서의 신자의 사회적 정체성과 소명에 대해 살펴보고자 한다. 다섯째, 성윤리에 있어서 루터는 전향적이고 개혁적이라고 평가할 수 있는데, 남녀관계성, 결혼 그리고 이혼에 대한 신학적 윤리적 해석과 적용, 기독교인의 결혼과 부부의 성적 결합에 대한 이해 등을 주된 논점으로 삼을 것이다. 마지막으로, 루터의 신학적 윤리를 종합적으로 진술함으로 본 장을 맺고자 한다.

Ⅱ 율법과 복음 이해[1]

1. 율법과 복음의 신적 기원과 구원론적 통전성

　　루터는 성경을 두 부분으로 나눈다. 곧 명령과 약속 혹은 율법과 복음이다. 율법은 우리가 무엇을 해야 하는지를 가르친다. 다시 말해, 인간의 삶에서 선한 것이 무엇인지를 가르친다. 그러나 율법의 이러한 가르침의 기능은 인간이 추구하고 행해야 할 '선한 것'을 실천할 수 있는 '능력'의 제공을 동반하지는 않는다. 오히려 율법은 선을 행할 수 없는 인간의 무능력과 무기력함을 일깨워준다. 바로 이 지점에서 하나님의 약속 곧 복음이 진정한 의미를 갖게 된다. 율법의 요구를 행함으로 얻을 수 없는 바를 하나님의 약속이 믿음을 통하여 이루고 또 얻게 해 준다. 하나님은 모든 것을 믿음에 의존하게 하시기에, 믿음이 있는 이는 모든 것을 가질 수 있게 되지만 믿음이 없는 이는 그러지 못하게 될 것이다. 그리하여 하나님의 약속은 "하나님의 계명들이 요구하는 바를 허락하고 또 율법이 요구하는 바를 이루게 한다. 그래서 모든 것이 오직 하나님께 속하게 될 것이다. … 하나님께서 홀로 명령하시고 또 홀로 이루신다."[2] 여기서 루터는 성경을 각각의 목적에 따라

1　　이 부분은 다음의 문헌을 토대로 한 것임을 밝힌다. 이창호, "'율법과 복음'론과 '두 정부'론의 상관성과 사회윤리적 함의 탐색: 루터와 바르트를 중심으로," 『기독교사회윤리』 34 (2016), 144-47.

두 부분으로 나누어 생각하지만, 계명이 주어지는 것과 하나님의 약속 안에서 계명을 이루는 것, 이 두 가지는 모두 오직 하나님의 주권에 달려 있다는 점을 역설한다. 율법과 복음의 통일성^{혹은 연속성}은 근본적으로 모든 성경이 오직 하나님으로부터 왔고 또 하나님께 기름부음 받았다는 신학적 진실에 달려 있다는 것이 루터의 인식이다.

민음으로 의롭다함 받는 구원의 은혜를 받기 위해 율법과 복음 말씀 중 하나만이 아니라 두 말씀 모두로부터 나오는 설교를 들어야 한다고 강조한 루터의 신념도 율법과 복음의 통일성을 뒷받침한다. 회개와 갱신에 초점을 맞추어 말씀을 선포한 세례 요한과는 달리, 예수 그리스도는 율법 말씀에 근거한 회개의 메시지도 전하셨지만 하나님의 용서와 구원의 메시지를 본질적으로 내포한 복음 말씀도 설교하셨다는 점을 루터는 강조한다. 그러기에 설교자들은 율법과 복음 중 양자택일의 진로를 선택해서는 안 되고 예수 그리스도를 따라 둘 다를 설교해야 한다고 권고한다. "인간은 하나님의 율법의 위협과 두려움에 의해 자신을 발견하고 또 겸손하게 된 이후에 약속 안에서 믿음으로 위로받고 구원에 이를 수 있게 된다."[3] 이신칭의의 은혜의 역사는 율법만으로 혹은 복음만으로 되는 것이 아니라 율법과 복음의 통전적 작용을 통해서 이루어진다는 점을 밝히고 있는 것이며, 따라서 이 둘을 한 데 묶어 총체적으로 바라보면서 구원의 도리를 전개해야 한다는 것이 루터의 생각이다. 복음 말씀을 믿음으로 수용하는 데 있어 율

---

2   Martin Luther, "Freedom of a Christian," in *Martin Luther: Selections from His Writings*, ed. John Dillenberger (New York: Anchor Books, 1962), 58.

3   위의 글, 73.

법 말씀의 증거는 필연적이라고 할 것인데, 초등교사로서의 율법의 작용을 통해 곧 율법 말씀에 부딪쳐 죄를 인식하고 진심으로 회개함을 통해 은혜의 복음에 다다를 수 있기 때문이다. 이처럼 이신칭의의 은혜 체험은 율법과 복음이 통전적으로 역사한 결과라고 할 것이다.

2. 율법과 복음의 기능

　　루터는 율법에는 두 가지 기능이 있다고 가르친다. 하나는 '시민적' 기능이고 다른 하나는 '신학적 혹은 영적' 기능이다. 전자는 죄악된 세상에서 범법과 악행을 제어하는 기능을 가리킨다. 하나님은 정치 지도자들이나 부모, 교사, 법률의 수행 등을 통해서 이를 실현하신다. 이러한 시민적 기능은 한편으로 기본적인 사회질서나 평화와 같은 인간 공동체의 생존의 조건들을 확보하는 데 필수적이기에 중요하며, 다른 한편으로 복음의 진보가 인간의 악행에 의해 방해 받아서는 안 되기 때문에 중요하다.[4]

　　루터에 따르면, 율법이 '신학적으로' 작용할 때 율법을 통해 인간의 죄악됨과 부패함이 적나라하게 드러나게 된다. 밝히 드러내 보여주기 때문에, 도무지 숨길 수가 없으며 죄악의 현실을 부정할 수 없게 되는 것이다. 죄악을 드러내는 율법 말씀은 심판하시는 하나님 앞에

4　　Martin Luther, "Commentary on Galatians," in *Martin Luther: Selections from His Writings*, ed. John Dillenberger (New York: Anchor Books, 1962), 139-40.

서게 한다. 이런 맥락에서 율법은 "죽음의 망치요 지옥의 천둥과 신적 진노의 번개로 역사해서 모든 교만과 무지를 산산조각 내는" 말씀이 되는 것이다. 율법의 이러한 기능을 고려할 때 율법은 구원을 위해 반드시 있어야 할 말씀의 작용이라는 것이 루터의 생각이다.[5]

죄악됨을 선명하게 드러내고 회개와 갱신에의 강력한 요청을 담고 있는 율법 말씀과 달리, 복음의 본질은 부정할 수 없는 죄로 인해 심판 받아 마땅한 죄인을 무한한 사랑으로 용서하시는 하나님의 자비이다. 예수 그리스도를 믿음으로 하나님의 구원의 은혜에 부름 받은 이들은 예수 그리스도의 삶과 십자가와 부활을 통한 승리에 힘입어 값없이 하나님의 구원의 은혜를 받게 되는 것이다.[6] 그렇다면 율법과 복음의 차이는 무엇인가? 율법의 두 가지 기능의 관점에서 살필 필요가 있다. 시민적 기능의 관점에서 볼 때, 한편으로 율법은 시민적 공적 영역과 그 영역에서의 삶을 관장하며 다른 한편으로 복음은 인간의 영적 내적 삶 곧 구원이나 하나님과의 영적 만남 등과 연관된 삶을 관장한다. 또한 신학적 기능의 관점에서 볼 때, 한편으로 율법은 인간됨의 본질을 밝히 드러내 보여 주며 다른 한편으로 복음은 믿음을 통해 죄용서와 칭의의 은혜를 받게 한다. 다만 구원을 궁극적으로 이루어가시는 하나님의 총체적인 은혜의 역사 안에서 율법과 복음은 고유의 기능으로 작용하고 있다는 루터의 인식을 다시금 밝혀 두어야 하겠다.

5   위의 글, 140-41.
6   위의 글, 144-45.

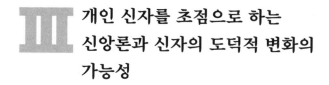

개인 신자를 초점으로 하는 신앙론과 신자의 도덕적 변화의 가능성

1. 종교개혁의 신앙에 대한 개인주의적 해석의 강화[7]

　　루터를 중심으로 전개된 종교개혁은 중세 기독교 신앙에 대한 저항의 산물이라고 할 수 있다. 일단의 학자들은 종교개혁의 저항의 결실은 세속화로 나타났다고 주장한다.[8] 이 주장에서 세속화의 의미는 무엇인가? 중세의 강고한 교권주의에 의해 개인의 신앙이 압도당하던 현실에서 신앙의 대상이 되는 성스러움의 대상과 신앙의 방식의 선택이 개인에게 주어지는 방향으로의 전환이 종교개혁을 기점으로 강화되었다는 것이다. 좀 더 구체적인 개념으로 표현해 본다면, '선택된 종교', '탈전통화', '주관적 믿음', '내적 종교' 등이다.[9] 중세 기독교의 종교적 지형에서 신앙은 주어지는 것이다. 다시 말해, 제도로서의 교회혹은 교회의 권위체계에 의해 주어지는 것이다. 신앙은 선택이 아니라 운명인 셈이다. 그런데 종교적 신앙의 개시와 전개가 개인의 '선택'을 통해 이루어지는 방향 전환이 점증하면서, 종교 혹은 제도로서의 종교의 영향력

7　이 부분은 다음의 문헌을 토대로 한 것임을 밝힌다. 이창호, "일상의 긍정을 위한 신학적 윤리적 기반 모색: 루터와 테일러를 중심으로," 『기독교사회윤리』 40 (2018), 220-22.

8　최현종, "세속화," 김성건 외, 『21세기 종교사회학』 (서울: 다산출판사, 2013), 87.

9　위의 논문, 87-88.

은 비례적으로 점점 더 약화되고 개인의 주관적 판단과 결정의 여지
는 점점 더 커지는 양상이 나타나게 되는 것이다.[10]

루터의 종교개혁이후 개신교회는 교리체계와 주관적 믿음 사이
의 간격을 강조하면서 동시에 종교성의 내적 지향에 주목하는데, 버거
Peter Burger는 이러한 초점의 변화는 종교적 실재를 우주와 역사라는 거
시적 지평에서 개인의 내적 의식이라는 미시적 지평으로 위치·이동하
는 결과로 이어졌다고 주장한다. "종교적 실재들은 인간의 의식에 외
재하는 사실성의 준거 틀에서 그 실재들을 인간의 의식 내부에 자리
잡게 해주는 준거 틀로 점점 '전위' translation 되어간다. 그리하여 예를 들
어서 말하면, 그리스도의 부활은 물리적 자연의 외적 세계 안에 있었
던 사건으로 생각되지 않고, 이제는 믿는 사람들의 의식 내부에서 일
어난 실존적 혹은 심리적 현상을 지칭하는 것으로 전위되는 것이다.
달리 말해서, 종교가 준거로 삼는 궁극적 참실재 realissimum 는 코스모스
나 역사로부터 인간의 의식에로 변위 transposition 된다."[11] 종교개혁으로
강화된 신앙의 개인주의적 경향, 혹은 버거의 용어로 개별 인간의 내
적 의식으로의 '전위'는 종교의 사사화私事化와 공적 권위의 약화를 내
포하며 신앙의 영역이 특수하게 구별된 종교적 시공간을 넘어서 사적
개인들이 생존의 기반으로 삼고 살아가는 일상의 영역으로 확장되는
것을 포함한다. 이렇게 확장된 영역에서 그 개인들은 자율적 존재로
선택하고 결정하고 또 행동함으로써 그들의 종교적 삶의 토대를 일상

---

10 위의 논문, 88.

11 Peter Berger, *The Sacred Canopy: Elements of a Sociological Theory of Religion*, 이양구 역, 『종교와
사회』 (서울: 종로서적, 1975), 183.

화한다.

중세 교회의 신앙과 대비하여 볼 때, 루터의 종교개혁이 기독교 신앙에 가져다 준 중요한 변화는 신앙의 형성과 성숙의 기반이 공적 교회의 교리적 구조적 틀로부터 하나님의 주도적 은혜의 역사 안에서의 개인의 응답과 실천으로 전환된 것이다. 다시 말해, 예수 그리스도에 대한 믿음과 초월의 체험을 제도로서의 교회의 공적 기반으로만 제한하였던 중세적 패러다임으로부터 교회를 통한 하나님의 부르심에 주체적으로 응답하는 개인에 초점을 두는 종교개혁적 패러다임으로의 전환이 일어났다는 것이다. 이 전환은 구원은 공적 교회를 통해 매개되어야만 한다는 중세적 패러다임의 폐기를 의미하며, 이를 위해 루터의 신학적 개혁 특히 구원론적 개혁 은 중차대한 기여를 했다는 평가를 내릴 수 있는 것이다.

2. 루터의 덕윤리와 신자의 도덕적 변화

루터의 행위에 대한 비판은 여러 방향에서 비평적 응답을 받아 왔음은 주지의 사실이다. 특히 행위에 관한 공로주의적 이해와 추구에 대한 단호한 비판과 경계가 율법폐기론으로 귀결되는 것은 아닌지 그리고 행위에 있어 선과 악에 대한 기본적인 판단마저도 원천적으로 차단하는 것은 아닌지에 대한 우려의 목소리가 있어 온 것이 사실이다. 그러나 루터는 사랑의 일 혹은 선행을 비난하고자 함도 아니며 그렇다고 객관적으로 또 일반적으로 악하다고 판단되는 행위들을 두둔

하는 것도 아니다. 오히려 루터는 구원이 선행과 상관없음을 강조하고 자 하는 것임을 밝혀 두어야 하겠다.[12]

　　루터에 따르면, 덕스러운 행동은 믿음에서 온다. 이 지점에서 루터의 덕윤리의 중요한 특징을 탐지할 수 있다. 루터는 전가된 의를 덕과 동일시하고 있는 것이 아닌지에 대한 질문을 던져 보아야 한다. 믿음 안에서 신자는 그리스도의 의의 전가를 받는다. 성화는 칭의의 결과이다. 성화가 칭의의 결과이며 칭의로부터 와서 전개되는 과정이 라는 이해에서 루터의 덕윤리의 독특성을 포착할 수 있다.[13] 이 결과와 과정 안에서 그리스도의 의의 전가로부터 실질적인 도덕적 삶의 변화 가 일어난다는 것이다. 루터에 따르면, 믿음을 떠나서 선행을 또 덕을 말할 수 없다. 믿음을 떠난 행위는 구원에 대해 가장 치명적인 걸림돌 이자 적대적 요소가 될 수 있으며, 이러한 신학적 구도는 성화와 덕 이 해에도 적용된다. 이런 맥락에서 선한 나무가 선한 열매를 맺을 수 있 다는 예수 그리스도의 비유를 성서적 근거로 제시한다는 점을 주목할 필요가 있다. 곧 이신칭의의 은혜를 통해 선한 나무 곧 선한 인격이 될 수 있고 그렇게 되어야 선한 열매 곧 선한 행동을 수행하는 행위자^{덕의} 사람가 될 수 있다는 것이다.[14]

　　"두 가지 종류의 의"에 나오는 두 가지 의에 대해 살피는 것도 필요하다. 두 가지 의 중 이방적 의는 믿음을 통해 신자에게 주어진다. 이 이방적 의는 바로 그리스도의 의다. 믿음을 통해 그리스도 안에서,

---

12　Martin Luther, "Freedom of a Christian," 56-57.
13　위의 글, 61-62.
14　위의 글, 69-70.

이 의는 신자들의 것이 된다.[15] 두 번째 의는 실질적 의다. 첫 번째 의 없이 선행을 통해 의를 추구한다면, 이 의는 인간중심적 의이며 구원에 대립적인 의이다. 그러나 첫 번째 의와 함께 일하기 때문에 실질적 의는 정당하다. 실질적 의를 추구하고 향유하는 삶은 육체의 정욕이나 자아와 연관된 욕구를 제어하고 자기 자신을 타자를 위해 희생적으로 내어주는 삶이며 궁극적으로 하나님을 겸손히 또 깊은 경외로 섬기는 삶이다.[16] 첫 번째 의를 받은 신자는 이제 두 번째 의를 추구하며 기독교인의 윤리적 삶을 살아가는 것이다. 의롭다함 받은 신자의 삶의 본질은 한편으로 복음 말씀을 듣고 하나님의 약속을 신뢰하며 믿음으로 그리스도의 의를 나의 것으로 삼는 것이며 다른 한편으로 이 의로부터 이어져 실질적 의 안에서 거룩한 삶을 살게 되는 것이다.

믿음의 유익은 신자'신자의 영혼'가 그리스도와 합일을 이루는 것이다.[17] 이 합일을 통해 신자는 '은혜와 생명과 구원'을 얻게 되는 것이다. 믿음을 통한 합일을 통해 그리스도께 속한 것을 공유하는 신자들에게 그리스도의 의가 전가되며, 믿음으로부터 온 이 의로부터 선한 행위를 하게 된다. 다시 말해, 믿음의 사람은 이신칭의의 은혜 가운데 선한 '나무' 곧 선한 인격으로서 선한 행위와 삶의 결실을 맺어가게 되는 것이다.

---

15   Martin Luther, "Two Kinds of Righteousness," in *Martin Luther: Selections from His Writings*, ed. John Dillenberger (New York: Anchor Books, 1962), 88.
16   위의 글, 88-89.
17   위의 글, 60.

IV 이성과 '창조의 질서'론

1. 루터의 이성 이해와 비평적 성찰

루터는 기본적으로 이성에 대해 비판적이다. 이성은 모든 불행의 근원이라는 엄중한 평가를 내린다. 말씀을 통해 예수 그리스도를 수용하고 그분 안에서 믿음이 성장하기 위해서는 이성을 무력화해야 한다는 주장도 내놓는다.[18] 그러나 이성에 대한 루터의 입장을 '전적인 부정'으로 단정해서는 안 될 것이다. 쉽게 찾을 수 있는 반증으로, 루터는 신학적 논쟁의 맥락에서 믿음과 성경에 대한 자신의 신학적 신념을 논증하기 위해 이성을 유용하게 사용한다. 이러한 루터의 입장은 자기모순적인 것이 아닌가? 모순으로 볼 수도 있겠으나, 이성 자체를 전적으로 부정한 것이 아니라 이성을 중요한 자산으로 삼아 인간이 스스로를 절대화하고자 하는 시도에 대해 단호한 부정의 입장을 견지한 것으로 보는 것이 타당할 것이다. 이성이 그 기원을 하나님께 두지 않거나 하나님의 은혜의 개입 없이 우리 스스로의 의를 확정하고 강화하는 데 쓰인다면 이성은 신앙의 가장 치명적 해가 될 것이라는 것이 루터의 생각이다. 이성이 말씀을 좀 더 충실히 이해하고 기독교의 진리를 변증하는 데 있어 인식론적으로 역할을 할 뿐 아니라 인간 존

---

18 Martin Luther, "Commentary on Galatians," 128-29.

재와 능력의 한계를 밝히고 그래서 하나님의 은혜의 절실한 필요를 깨닫게 하는 데 긍정적 기여를 한다는 의미에서 이성을 긍정한다면 루터의 이성 이해를 좀 더 균형 잡힌 방식으로 설명하는 것이 될 것이다.

이성에 대한 루터의 혹독한 평가를 담고 있는 문장들을 신중하게 해석할 필요가 있다. 무엇보다도 문맥을 면밀하게 살피면서 풀이해야 할 것이다. 루터는 이성을 야수에 비유한다. 이성과 야수 사이의 유비를 내세우면서 이성을 비판적으로 평가하는 맥락을 살펴야 할 것인데, 그 맥락이란 교황의 변론가들과 학자들이 '믿음에 대한 행위의 우위'론을 설파하기 위해 온 힘을 다하는 것에 대해 비판하는 과정이다.[19] "이성은 하나님을 두려워하지 않으며 신뢰하지도 않는 대신, 교만하게 그분을 경멸한다. 그분의 위협이나 약속에 의해 좌우되지 않으며, 그분의 말씀이나 역사에 의해 기뻐하지도 않는다. 그저 그분을 대항하여 지껄일 뿐이다."[20] 여기서 루터는 이성을 비판적으로 보고 있다는 점을 부정할 수 없다. 그러나 전적 부정이 아니라, 제한적 부정이다. 곧 이성이 하나님의 지위와 역할을 정당하게 인정하지 않고 신앙의 인간중심적이면서 자기충족적인 방향과 실천을 조장하고 강화하는 데 쓰인다면, 루터는 그러한 이성의 사용을 단호하게 비판하고 거부할 것이다. 또한 의는 개인의 제의 실천이나 선행의 수행으로부터 오는 것이 아니라 전적으로 믿음에서 온다는 루터의 신념과 연관 지

---

19 위의 글, 127-28.
20 위의 글, 128.

을 때 좀 더 분명하게 이해될 수 있다.[21] 그러므로 루터가 이성을 버리라고 했을 때 믿음이 아니라 이성이 의로 인도할 수 있다는 신념을 버리라는 의미로 풀이하는 것이 좀 더 타당하다고 할 것이다.

　　믿음을 떠나 의를 추구하는 이성을 경계하는 루터는 그러한 이성의 작용에 경도된 인간은 믿음을 멸시하며 하나님을 무시하기를 서슴지 않게 될 것이라는 점을 특별히 우려한다. 신앙의 구도가 하나님 중심에서 인간 중심으로 기울어지는 결과를 낳게 될 것을 우려하는 것인데, 의의 추구에 있어서 하나님이 아니라 인간 행위자에 무게중심을 두게 되기 때문이다. 이성을 인간중심적으로 사용한다면 참된 하나님 지식에 이를 수 없고 하나님 지식에 이르지 못한다면 구원을 얻을 수 없게 되는 치명적 결과에 이를 것이다.[22] 다시 말하지만, 루터는 이성이 의를 향해 움직일 수 있는 가능성을 부정하는 것이 아니다. 그러나 완전한 의는 이성으로부터 멀리 떨어져 있다는 곧 완전한 의는 믿음을 통해 궁극적으로 주어지게 된다는 점을 역설하고 있는 것이다.

　　따라서 이성이 한편으로 의를 위한 인간의 한계를 밝히고 다른 한편으로 믿음을 통한 완전한 의로의 접근을 가능하게 하는 신적 역사의 필연성을 밝히 드러내는 데 이바지한다면 루터는 이성을 긍정적으로 혹은 건설적으로 받아들일 수 있다는 결론을 내릴 것이다. 이러한 방식으로 이성을 바라보고 또 활용한다면 이성은 하나님 주권을 견지하고 또 드높이는 신앙적 신학적 지향을 강화하는 데 이바지하게

21　위의 글, 128-29.
22　위의 글, 129-32.

될 것이다.

2. 루터의 '창조의 질서'론과 이성에 대한 긍정[23]

루터는 어거스틴 전통에서 창조를 긍정한다. 하나님은 선하시며 선하신 하나님이 창조하신 세계와 그 세계 안의 존재들은 선하다는 인식인 것이다. 창조와 섭리를 연결하면서 루터는 하나님은 창조하신 세계를 통해 드러나시며 또 그 세계를 통해 신적 섭리를 구현해 가신다는 신념을 견지한다. 다시 말해, 하나님은 말씀 계시를 통해 자신의 존재와 뜻을 드러내실 뿐 아니라 창조를 통해서도 그렇게 하신다는 것이다. 이것이 이른바 '창조의 질서' 개념을 위한 근본적인 신학적 근거이다. 루터의 '창조의 질서'론은 하나님의 창조를 역사적 사회적 맥락에서 심화된 형태로 전개한다는 점을 지적해 두어야 하겠다. 이 개념은 창조를 통해 신적 존재와 규범을 드러내시는 하나님의 관념을 내포할 뿐 아니라 인류의 개인적 공동체적 생존에 필수적인 요건 충족을 위한 창조적 행위를 지속적으로 수행하시는 하나님 관념도 중요하게 포함한다. 창조의 질서는 창조로부터 이미 존재한 실재로서, 인간의 역사적 사회적 실존을 위해 하나님이 창조적 맥락에서 주도적으로 마련해 두셨다는 것이 루터의 생각이다.[24] 좀 더 구체적으로, 하나님

---

23 이 부분은 다음의 문헌을 토대로 한 것임을 밝힌다. 이창호, "일상의 긍정을 위한 신학적 윤리적 기반 모색: 루터와 테일러를 중심으로," 『기독교사회윤리』 40 (2018), 225-27.

은 인간과 인간 공동체의 보존과 유지를 위해 '사회적 기능들' stations 을
창조의 지평에서 이미 세워 주셨다는 것이다.[25]

루터의 '창조의 질서'론은 인간 이성에 대한 그의 이해와 연관
해서 살펴볼 필요가 있다. 이성은 구원을 위한 하나님과 계시 인식에
있어서 그 어떤 효용이나 가치도 없다. 바꾸어 말한다면, 오직 하나님
의 은혜의 역사를 통해서만 구원의 계시에 접근할 수 있고 그 계시를
인식·수용할 수 있게 되는 것이다. 구원론적 관점에서 이성은 철저하
게 무능하지만, 인간과 인간 공동체의 정치사회적 삶이라는 관점에서
는 무효하지 않다. 루터에 따르면, 이성은 "모든 법 가운데 최고의 법
이며 지배적 입지를 갖는다."[26] 인간이 공적 공동체를 형성하고 운영
함에 있어 이성은 가장 중요한 규범적 실천적 척도이자 원리가 된다
는 것인데, 특히 인간 사회에 필수적인 법적 제도적 구조와 틀을 만들
고 전개하는 데 있어 그렇다는 것이다. "재판관이나 행정책임자들은
현명하고 경건해야 하며 이성에 따라 정의를 판단할 수 있어야만 한
다. 또한 그에 따라 법을 해석할 수 있어야 한다."[27] 그러기에 신자를
포함하여 공적 공동체의 모든 구성원들은 공동체의 보존과 발전적 전
개를 위해 이성을 소홀히 여겨서는 안 된다는 것이 루터의 인식이다.
특별히 이성을 존중한다는 것은 사회적 차원뿐 아니라 신학적 차원에

24 Martin Luther, *Luther's Works* 46, ed. Jaroslav Jan Pelikan (Saint Louis: Concordia, 1968), 246-48.
25 Martin Luther, *Luther's Works* 13, ed. Jaroslav Jan Pelikan (Saint Louis: Concordia, 1956), 368.
26 Martin Luther, *WA [D. Martin Luthers Werke* (Weimarer Ausgabe)] 11, 272. George W. Forell, "Luther's Conception of 'Natural Orders,'" *Lutheran Church Quarterly* 18 (1945), 171에서 재인용.
27 Martin Luther, *WA* 19, 637. George W. Forell, "Luther's Conception of 'Natural Orders,'" 170-71에서 재인용.

서도 의미가 있다고 하겠는데, 인간 사회를 섭리하시는 중요한 한 방식으로 이성의 작용을 허용하시는 하나님을 존중하는 것이라는 점에서 그렇다. "[하나님은] 자연적 이성을 통해 우리를 지도하시는데, 이성을 토대로 시민적 삶을 규율한다. 그러므로 이렇게 이 세계를 다스리게 하신 하나님을 존중해야 한다."[28]

그렇다면 특별계시 곧 율법과 복음을 포함하는 성경의 말씀은 인류의 공적 정치사회적 삶을 위해서 규범적으로나 사회적으로 아무 효용이나 의미가 없는 것인가? 루터는 사회적 삶을 위한 특별계시의 효용이나 의미를 전적으로 부정하지는 않는 것으로 보인다. 앞에서 본 대로, 이성은 법적 제도적 뼈대를 세우고 운영해 감에 있어 가장 중요한 규범적 실천적 척도와 원리로서의 위치를 차지하지만, 그렇다고 해서 그 자체로 충분하거나 무오류의 완전성을 내포하고 있는 것은 아니라는 점을 루터는 분명히 한다. 다시 말해, 이성은 사회적으로 작용하는 데 있어 하나님 말씀의 도움을 받아야 하는데, 말씀은 이성의 오류를 수정·보완하고 이성의 분명한 한계를 설정하고 밝혀 주는 역할을 통해서 그렇게 할 수 있다는 것이다. 다만 이성의 사회적 작용과 연관하여 특별계시로서의 성경의 사회적 의미를 중시한다고 하더라도, 이성의 성경에 대한 종속을 뜻하는 것은 아니라는 점을 밝혀 두어야 하겠다. 이성의 오류를 교정하고 한계를 설정하는 등의 작용을 통해 성경이 이성에 대해 개입하고 통제할 수 있는 가능성을 배제하지는

---

28 Martin Luther, *WA* 43, 106. George W. Forell, "Luther's Conception of 'Natural Orders,'" 171에서 재인용.

않지만, 루터는 이성에 일정 정도 자율의 여지를 마련해 두고자 한다.

루터가 이성의 사회적 작용과 그것을 통한 정치사회 공동체의 구성·전개를 창조신학적 맥락에서 이해하고 서술한다는 점을 특기할 만하다. 이러한 이성의 의미와 작용을 창조신학적으로 논함으로써 루터는 신자와 비신자가 공히 생존의 기반으로 삼고 있는 공적 영역에 대해 신학적 관점에서 보편적으로 긍정하고 있다고 평가할 수 있다.

V 사회윤리: '두 정부'론과 만인제사장론을 중심으로

1. 영적 정부와 세속 정부의 역설적 공존[29]

루터는 영적 정부와 세속 정부루터가 자주 사용하는 용어로, 그리스도 왕국과 세속 왕국의 관계성을 논하면서, 둘 사이의 구분을 강조한다. 영적 정부는 그리스도가 통치하시며, 그 통치의 대상혹은 영역은 참된 신자들의 개별 영혼

---

[29] 루터의 사회윤리 사상을 교회의 공공성(혹은 공적 관계성), 율법과 복음 이해와 '두 정부'론 사이의 관계성 등을 논제로 하여 다음의 문헌들에서 다루었는데, 본 저작의 목적에 맞춰 다시 전개하였음을 밝힌다. 이창호, "교회의 공공성에 관한 신학적 윤리적 탐구: 고전적 '두 정부'론의 규범적 이해와 현대신학적 전개 및 발전 탐색을 중심으로," 『기독교사회윤리』 29 (2014), 150-52; 이창호, "'율법과 복음'론과 '두 정부'론의 상관성과 사회윤리적 함의 탐색: 루터와 바르트를 중심으로," 『기독교사회윤리』 34 (2016), 147-50; 이창호, "고전적 기독교사회윤리와 한국 기독교의 공적 관계성에 관한 신학적 윤리적 탐구," 『교회와 신학』 85 (2021), 85-86.

이다. 이 정부는 제도로서의 교회와는 구별되며, 그리스도는 참된 신자들 가운데 이루어지는 성령의 임재와 역사를 통해 주권을 행사하신다. 성령의 임재와 역사 가운데 예수 그리스도의 통치를 받는 그리스도 왕국의 백성들은 그리스도의 말씀을 온전하게 순종할 수 있기에, 그들은 강제에 의해서가 아니라 자발적으로 예수 그리스도의 사랑의 가르침과 삶의 모범을 구현할 수 있다.[30] 이와 대비적으로 세속 정부는 참된 신자들을 제외한 모든 사람들로 구성되는데, 기본적으로 이 정부는 역사적 실존을 위해 필요한 개인적 공동체적 생존의 요건들을 마련하기 위해 존재한다. 이 세상이 오직 참된 신자들로만 구성되어 있다면 하나님은 또 다른 하나의 정부를 세우실 필요가 없었을 것이라는 점을 밝히면서, 루터는 불행하게도 참된 신자들은 참으로 소수이기에 하나님은 세속 정부를 마련해 두실 뜻을 세우셨다고 말한다.[31] 루터는 그리스도 왕국을 강제와 통제를 내포하는 세속의 법으로 통치할 수 없는 것처럼, 세속 왕국을 세속의 법이 아닌 복음으로 다스리려 해서는 안 된다고 강조한다. 만약 세속 왕국을 복음으로 통치하려고 한다면, 악의 세력이 준동하여 사회를 무질서와 혼란에 빠지게 할 것이라는 경고를 빼놓지 않는다.[32] 그래서 하나님은 세속 정부를 통해 강제성을 동반하는 법적 체제와 정치적 권위에 복종하게 하여 악행과 범법을 제어하시고 인간 공동체의 실존에 필요한 평화와 사회적 질서

---

30   Martin Luther, "Secular Authority: To What Extent It Should Be Obeyed," in *Martin Luther: Selections from His Writings*, ed. John Dillenberger (New York: Anchor Books, 1962), 369.
31   위의 글, 370.
32   위의 글, 370-72.

그리고 물질적 기반을 확보하게 하신다는 것이다.

이렇듯 루터는 통치의 대상 영역과 방식의 관점에서 두 정부 사이의 엄격한 구분을 강조한다. 이 구분을 견지하면서, 그는 세속 권위의 한계를 논한다. 특히 각각의 정부가 통치하는 영역에 대한 분명한 차이를 적시한다. 한편으로, 영적 정부의 통치자는 하나님이신데 구성원들의 내적^{혹은 영적} 삶을 관장하신다. 그리스도를 자발적으로 섬기고자 하는 이들을 다스리신다. 다른 한편으로, 세속 정부는 인간 실존의 외적 조건들을 관장한다. 영혼에 대해서는 하나님 외에 어느 누구도 다스릴 수 없기 때문에, 세속 정부는 그 통치의 권한을 영적인 영역에까지 확장하려 해서는 결코 안 된다. "만일 세속 권력이 영혼의 문제에 세속 법질서에 근거한 개입을 시도한다면 이것은 하나님의 영역을 침범하는 것이요 결국 영혼을 파괴하는 결과를 낳을 것이다."[33]

그리스도 왕국 백성들은 세속 정부에 속하지 않지만 그 안에 살고 있다는 점을 감안하면서, 루터는 그들이 세속 정부의 공공선에 이바지하도록 부름 받았다고 강조한다. 특별히 이웃 사랑의 계명을 실천하고 구현할 수 있다면, 세속 정부의 법적 체제와 정치적 권위를 긍정적으로 이해하고 또 활용할 수 있다는 것이 루터의 생각이다. 다시 말해, 기독교인들에게 세속법과 강제력의 사용은 일종의 사랑 실천의 도구가 될 수 있는데, 이웃 곧 공적 공동체의 동료 구성원들을 섬길 수 있기 때문이다. "칼^{강제력}은 온 세상에 유익할 수 있는데, 평화를 유지하고 죄를 징벌하며 또 악행을 막기 위해서이다. 그리하여 강제력의 사

---

[33] 위의 글, 383.

용을 기꺼이 받아들이며 세금을 내고 정치적 권위를 존중한다. 또한 세속 정부를 섬기고 도우며 발전시킬 수 있는 모든 것을 하고자 한다."[34] 요컨대, 신자들은 하나님이 세속 정부를 세우셨다는 점을 인정하면서, 이웃 사랑의 동기를 가지고 세속 정부의 공공선을 위해서 일할 수 있고 또 그렇게 해야 하는 것이다.

트뢸취에 따르면, 루터는 기독교 복음에 대한 '절대적인' 영적 이해와 세상에 대한 '현실적인' 이해를 결합하는 방식으로 영적 정부와 세속 정부 사이의 긴장을 견지한다.[35] 루터는 교회의 제도화기구화를 비판적으로 넘어서면서 기독교 복음을 철저하게 개인주의적으로 해석하는 흐름을 되살려냈다고 트뢸취는 평가한다.[36] 이 점에서 루터의 개인주의는 '소종파 유형'에 가깝다.[37] 그러나 동시에 루터는 교회를 갱신하기 위해 적절하게 교회론적 개입을 허용한다는 점에서 '교회 유형'의 특징을 보유한다.[38] 루터는 역설적이지만, 개인의 자유를 철저하게 보호하려 하면서 동시에 권력자들에 순종해야 한다는 입장을 제시하고 있는 것이다.[39]

---

34 위의 글, 373.

35 Ernst Troeltsch, *The Social Teaching of the Christian Churches* II, trans. Olive Wyon (Louisville: Westminster/ John Knox Press, 1992), 569-75.

36 위의 책, 469-71.

37 '소종파 유형'으로는 '평화 교회'(Peace Churches) 전통이 대표적이다. 성경에 주어진 예수의 말씀을 철저하게 수행하는 것을 신앙과 구원의 척도로 삼는 신앙 전통이다. '누구나 오라'가 아니라, '믿고 철저하게 제자의 삶을 살 사람들은 오라'고 역설한다. 세속의 윤리와 문화 그리고 정신과 다른 기독교의 고유한 삶의 길을 따르고자 한다. 세속 권력에 대해 순종하지만, 결정적 권위를 그것에 돌리지 않는다. 믿음도 중요하지만, 실천을 더욱 강조한다. 자발적으로 선택하여 교회의 구성원이 되고, 철저하게 예수 그리스도의 말씀과 삶의 본을 따라 산다. 소규모의 친밀한 공동체를 선호하며, 세속과 구별된 공동체로서 순수한 신앙의 정체성을 유지하기 위해 힘쓴다(Ernst Troeltsch, *The Social Teaching of the Christian Churches* II, 993). 세상에 거리를 두고 고립된 공동체를 추구하기도 하고, 반대로 예수의 말씀과 삶이 제시하는 고상한 이상을 세상 속에서 혁명적으로 이루려고도 한다(Ernst Troeltsch, *The Social Teaching of the Christian Churches* II, 802-805).

2. 루터의 만인제사장론과 노동의 소명적 이해[40]

루터의 만인제사장론을 탐색할 수 있는 대표적인 문헌은 "독일 크리스챤 귀족에게 보내는 글"이다. 여기서 루터는 로마교회의 교회론적 리더십과 구조에 대한 위계적 이해를 비판적으로 성찰하면서, 자신의 논지를 전개한다. 특별히 루터는 로마교회와 교회의 권위적 주체들이 세 개의 강고한 담을 쌓아 자신들의 특권적 지위를 보존·강화하고 있다고 신랄하게 비판한다. 세 개의 담을 간략하게 살펴보자. 먼저, 영적 영역의 우위성 논지이다. 영적 영역은 그 권위에 있어서 세속 영역에 비해 우위에 있기 때문에, 세속 영역에 속한 권위 주체들이 영적 영역에 속한 지도자들이나 과업들에 반대하거나 저항해서는 안 된다는 것이다. 다음으로, 성경해석의 권한에 관한 논지이다. 성경해석의 권한은 오직 교황에게만 주어졌기 때문에, 교황이 아닌 다른 주체가 성경을 해석하여 교회와 교황을 비판해서는 안 된다는 것이다. 마지막으로, 공의회의 비판적 기능에 관한 것이다. 공의회의 소집권한 역시

---

38 Ernst Troeltsch, *The Social Teaching of the Christian Churches* II, 832, 993. 트뢸취에 따르면, 중세의 가톨릭과 칼뱅주의 개신교가 '교회 유형'의 대표적인 역사적 보기이다. 제도로서의 교회는 구원을 중재하는 공식 기구 역할을 한다. 사회적으로 성과 속을 포괄하여, 유기체적 단일체적 관점에서 교회를 설명하려 한다. 다시 말해, 교회는 구원을 매개하는 권위적 공동체이다. 교회를 통해 세운 바 된 성직자들이 말씀과 성례전을 집행하며 은혜를 전한다. 절대적 자연법만을 고집하지 않고, 인간의 죄성과 사회 속에 존재하는 죄악의 현실을 고려하는 상대적 자연법 질서도 중요하게 여긴다. 제자로서 철저한 따름과 닮음의 삶을 사는 사람만 공동체에 속하는 것이 아니라, 죄인도 오고 도덕적 흠결이 있는 이들도 와서 은혜로 의롭다함 받고 구원을 얻어야 한다고 강조한다. 교회의 구성원이 된 이후 신자로서의 변화의 삶은 분명히 이루어지지만, 점진적이며 때로는 더디게도 보인다. 더디지만 변화가 일어나고 있고 이러한 변화의 과정 속에 있는 신자들이 세상 속에서 영향을 미친다는 신념을 견지한다.

39 위의 책, 540-44.

40 이 부분은 다음의 문헌을 토대로 한 것임을 밝힌다. 이창호, "일상의 긍정을 위한 신학적 윤리적 기반 모색: 루터와 테일러를 중심으로,"『기독교사회윤리』 40 (2018), 235-38.

오직 교황에게 주어져 있기 때문에, 공의회가 교회와 교황을 비판하거나 저항하는 것은 원천적으로 정당화될 수 없다는 것이다.[41]

　　루터는 성과 속을 위계적으로 나누고 이분법적으로 계급화하는 로마교회에 단호하게 저항한다. 당시 로마교회는 교황, 성직자, 수도사 등을 영적 계급에 그리고 제후, 영주, 평민 등을 세속 계급에 소속시키고, 이 둘 사이에 도무지 넘어설 수 없는 운명론적^{결정론적} 장벽을 세워 놓았다. 영적 계급은 세속 계급에 대해 우월한 지위를 존재론적으로 부여받았다는 점을 강조하면서, 전자의 계급적 우위성은 영속적으로 보존되고 향유되어야 한다고 본 것이다. 로마교회의 이러한 위계적 계급 인식과 제도 시행에 대해 엄중한 비판적 입장을 견지하면서, 루터는 로마교회가 설정한 계급 구분을 뛰어넘어 모든 신자는 하나님 앞에서 동등하므로 위계적 척도에 따라 나눌 수 없다고 역설한다.

　　만인제사장론에 대한 루터의 신학적 정당화는 신앙의 '공적 기반과 사적 기반의 종합'을 통해 중요하게 이루어진다고 볼 수 있다. 신자가 공식적으로 교회공동체에 속한 지체가 되고 제사장들 중 하나로 부름 받게 되는 예전적 과정은 세례이다. 세례라는 교회론적 예전적 과정을 거치면서, 공식적으로 제사장의 지위를 부여받게 된다는 말이다. 그러나 동시에 사적 기반은 제사장됨에 있어 필수적이다. 세례를 비롯한 공적 과정 뿐 아니라 개인이 하나님과 형성하는 신앙적 관계가 본질적으로 중요한 기반이 된다는 뜻이다. 이에 관한 루터의 주장

41　Martin Luther, 지원용 역, 『말틴 루터의 종교개혁 3대 논문: 독일 크리스챤 귀족에게 보내는 글, 교회의 바벨론 감금, 크리스챤의 자유』 (서울: 컨콜디아사, 1993), 28-46.

을 들어보자. "신앙이 모든 것을 해야만 한다. 신앙만이 참된 제사장적인 직임이다. 그것을 대체할 수 있는 어떤 것도 허용되지 않는다. 그러므로 모든 그리스도인들은 젊은이건 노인이건 주인이든 종이든 남자건 여자건 지식인이건 무식자건 간에 제사장이며 모든 여인들은 여사제이다. 신앙이 다르지 않다면 거기에는 아무런 차이가 없다."[42] 또한 루터는 "이제 내가 믿는다면 그렇다면 나는 이제 제사장이다."라고 선언하면서, "신앙이 제사장직을 가져[오며] 신앙은 우리 모두를 제사장이 되게 하는 엄청난 능력을 갖고 있다."는 점을 역설한다.[43] 요컨대, 루터는 만인제사장론을 공적 기반과 사적 기반 곧 세례와 같은 교회공동체의 공적 과정을 통한 제사장으로의 객관적 소명 그리고 하나님의 주권적 은혜 안에서의 개별 신자의 믿음과 그 믿음으로 형성되는 하나님과의 인격적인 신앙적 관계를 포괄하여 신학적으로 뒷받침하고 있는 것이다.[44]

    이신칭의의 은혜로 신자가 되고 제사장으로 부름 받은 교회공동체의 모든 구성원들은 하나님 앞에서 동등한 가치가 있다. 예수 그리스도를 통해 드러난 하나님의 사랑은 그 사랑의 대상들 가운데 일말의 차별이나 위계적 구조를 허용하지 않는다는 점을 생각할 때, 신앙의 공적 기반과 사적 기반을 통해 구원의 백성이 되고 제사장들 중 하나로 부름 받은 모든 신자들은 그 존재론적 행위론적 가치에 있어

---

42   Martin Luther, *WA* 6, 370, 24-28. 정홍렬, "루터의 만인제사장직," 『ACTS 신학과 선교』 9 (2005), 181에서 재인용.
43   Martin Luther, *WA* 12, 307, 22. 정홍렬, "루터의 만인제사장직," 181에서 재인용.
44   정홍렬, "루터의 만인제사장직," 181-82.

동등하며 계급적 위아래로 분류하는 대상이 결코 될 수 없다. 믿음으로 의롭다함 받고 구원의 백성이 되었다는 신학적 진실에 비추어 존재론적으로 동등하다는 뜻이며, 성과 속을 포괄하여 온 세계 안에서 하나님 사랑과 이웃 사랑을 실천해야 할 제사장으로서의 사명을 감당함에 있어서 구체적 삶과 실천의 자리가 어디이든 차등의 관점에서 보아서는 안 된다는 점을 고려할 때 행위론적으로 동등하다는 뜻이다. 따라서 제사장으로 부름 받은 신자들이 교회공동체 안팎에서 수행하는 모든 일, 과업, 직업, 공적 임무 등은 하나님의 부르심에 응답하는 것으로서 거룩한 소명의 함의를 가진다고 할 것인데, 그 소명 실현을 통해 하나님 나라의 구현과 확장이 현실화될 것이기 때문이다.

3. 루터의 세속 영역과 권위에 대한 신학적 정당화[45]

    루터는 영적 정부와 세속 정부를 구분하지만, 그렇다고 해서 세속 정부의 신적 기원을 부정하지 않음을 보았다. 그리스도 왕국으로서의 영적 정부와 마찬가지로, 세속 정부도 분명히 하나님이 세우신 질서이며 하나님의 통치의 의도를 분명히 드러내야 할 정치사회적 체제로 기능해야 한다는 것이 루터의 인식이다. "이러한 형벌적인 법적 통치 penal law 는 이 세계의 시작으로부터 존재했다. 가인이 그의 동생을 살

---

45 이 부분은 다음의 문헌을 토대로 한 것임을 밝힌다. 이창호, "일상의 긍정을 위한 신학적 윤리적 기반 모색: 루터와 테일러를 중심으로," 『기독교사회윤리』 40 (2018), 242-44.

해했을 때 자신도 죽임을 당할 수 있다는 극도의 공포에 사로잡혀 있었고, 하나님은 특별히 그러한 일을 금지시켰고 칼을 쓰는 것을 막아 그의 생명을 보존하고자 하셨던 것이다 창 4:14 이하. 만일 살인자들이 그들도 죽임을 당할 수 있다는 사실을 아담으로부터 보고 듣지 않았다면 그들은 이러한 공포를 갖지 못했을 것이다."[46] 여기서 우리는 세속 정부가 창조의 질서에 속하는 것임을 알 수 있으며 인간과 인간 공동체가 '생명 보존'과 같은 기본적인 생존의 목적을 이루기 위한 공적 토대를 마련할 수 있도록 하기 위해 하나님이 세속 정부를 세우셨다는 점을 알 수 있다. 이런 맥락에서 세속 정부는 기본적으로 하나님의 섭리의 중요한 통로가 된다. 세속 권위를 통해 기본적인 법적 체제적 질서를 정립하고 악행과 범법을 예방·통제함으로써 인간의 사회적 생존을 위한 기본 요건들을 마련하시고자 하는 하나님의 애정 어린 섭리가 반영된 것이라는 말이다.[47]

세속 영역으로서의 공적 정치사회적 공동체는 비신자들만의 공간이 아니다. 신자들이 그들과 더불어 역사적 생존을 일구어가는 삶의 터전인 것이다. 정치적 정부로 대표되는 세속 정부는 인류와 세계와 역사에 대한 하나님의 섭리를 위한 하나의 중요한 통로가 되는데, 세속 정부를 통한 신적 섭리의 대상은 신자와 비신자 모두를 포함한다. 그러기에 넓게는 세속 영역 안에서의 공적 삶을 위해 그리고 좁게는 세속 정부의 정치적 사회적 운영을 위해 신자와 비신자 모두에게 유

---

46   Martin Luther, "Secular Authority: To What Extent It Should Be Obeyed," 366.
47   위의 글, 366-67.

효한 공동의 규범적 실천적 기반을 갖추는 것이 필요하다고 루터는 생각한다. 앞에서 본 대로, 이러한 공동의 기반으로서 이성은 중요하다. 루터는 이성을 모든 법들 중 가장 중요한 법으로 인식하면서 이성이 정치사회 공동체를 형성·운영해 가는 데 있어 필수적인 법과 체제와 제도의 규범적 실천적 토대가 된다는 점을 강조함을 보았다. 모든 인간에게 이성은 보편적이기에, 사회적 삶에 있어서 정치사회 공동체의 구성원들이 기본적으로 동의하고 받아들일 수 있는 인식론적 규범적 토대로서 이성이 의미 있게 또 실제적으로 작용할 수 있다는 낙관적 인식을 루터가 가지고 있었다고 볼 수 있다. 국가를 비롯한 세속 정부의 기원은 궁극적으로 하나님께 있으며 세속 정부에 대한 신적 위임이 있다는 신학적 입장을 견지하면서, 루터는 그러한 신적 위임이 정치사회적으로 구현되는 데 있어 이성이 갖는 보편적 실제적 효용과 함의를 중시한다고 볼 수 있다.

루터는 영적 정부와 세속 정부의 관계를 협력이나 종합보다는 구분에 좀 더 비중을 두고 이해하는 경향이 있다. 물론 엄격한 분리를 주장하지는 않는다. 둘 사이의 구분을 강조하지만, 그럼에도 상호필요의 여지를 열어둔다는 점을 주목할 필요가 있다. 한편으로 영적 정부는 세속 정부가 필요한데, 전자의 선교 사역을 위한 사회적 여건 마련에 유효하다는 점에서 그렇다. 다른 한편으로 세속 정부는 영적 정부의 도움을 받을 수 있고 또 그렇게 해야 하는데, 후자는 전자가 하나님의 뜻에 비추어 온전하게 그 기능을 수행할 수 있도록 안내하고 교육할 책무가 있기에 그렇다. 특별히 기독교 신앙과 윤리를 공적 영역 안에서도 구현하기 위해 힘쓰는 참된 신자들은 이웃 사랑의 동기로 공적 공동체의 목적과 공공선에 이바지하기 위해 비신자들과 협력하며 세속 영역 안에서 충실하게 살아가야 한다고 루터는 권고한다.[48]

VI 성윤리[49]

1. 남녀관계성 남편과 아내의 관계성 이해

　　루터는 창세기 3장 주석에서 뱀의 유혹에 먼저 넘어간 대상은 아담이 아니라 하와였다는 점을 지적하면서, 여성으로서 하와를 연약한 존재로 묘사한다.[50] 하와에 대한 이러한 평가는 남성으로서 아담과 견주어 열등하다는 인식으로 이어지고 남녀관계성을 위계의 관점에서 규정하게 되는 근거로 작용할 수 있다.[51] 또한 루터는 창세기 2장 17절에서 하나님은 선악을 알게 하는 나무의 열매를 따 먹지 말라고 말씀하시는데 그 대상은 여자가 아니라 남자였다는 점, 3장 9절에서 타락 후 하나님의 낯을 피한 아담과 하와를 부르실 때 하나님은 두 사람을 다 찾으신 것이 아니라 아담을 말씀의 수용자 혹은 대화 상대자

48　위의 글, 372-73.
49　이 부분은 다음의 문헌을 토대로 한 것임을 밝힌다. 이창호, "종교개혁의 '개혁적' 성윤리 탐색: 루터와 칼뱅의 남녀계성과 결혼 및 성적 결합에 대한 이해를 중심으로," 『기독교사회윤리』 39 (2017), 169-76.
50　Martin Luther, *D. Martin Luthers Werke: Kritische Gesamtausgabe* (Weimarer Ausgabe, 이하 *WA*) 24 (Weimar: H. Böhlaus Nachfolger, 1900), 90-91.
51　Martin Luther, *Luther's Works* 1, ed. Jaroslav Pelikan (Saint Louis: Concordia, 1958), 68-69.

로 부르셨다는 점 등을 근거로 삼으면서 여성과 남성의 관계성을 이해하고자 한다.[52]

남녀의 성적 결합에 대한 루터의 생각을 살피는 데 있어 창세기 1-2장에 대한 그의 주석은 유익하다. 여기서 루터는 성적 결합을 향한 욕구와 표현은 본성에 부합되는 것이며 생육하고 번성하라는 하나님의 명령 곧 인간종의 확장에 대한 명령을 구현하는 길이 된다고 풀이한다. 이 지점에서 루터는 여성의 역할에 대해 논하는데, 돕는 배필로서 여성의 역할을 출산을 위한 남녀 결합의 맥락에서 탐색하고자 한다. 다시 말해, 여성 창조의 특별한 목적을 출산을 위한 협력자로서의 여성의 지위와 역할의 관점에서 논하고 있는 것이다.[53]

그렇다면, 루터의 남녀관계성 이해는 주종主從이나 우열優劣로 보는 입장이라고 단정해야 하는가? 그렇게 단정하는 것은 루터의 성윤리 사상 전체에 대한 적절한 반영이 아니라는 평가는 타당하다고 보는데, 정체성이나 권위의 관점에서 남녀관계의 '동등성'을 견지하는 입장을 루터의 사상 안에서 찾을 수 있기 때문이다. 힌리키 Paul R. Hinlicky 는 루터는 여성혐오혹은 여성비하를 옹호하지 않았을 뿐 아니라 여성의 가치를 깎아 내리는 것은 하나님의 창조의 진실을 부정하는 거짓이자 허위라는 인식을 가지고 있다고 강조한다.[54] 그러면서 그는 루터의 창세기 2장 23절 주석을 주목한다. 루터는 이 구절에 대한 풀이에서 후손의 출산을 높이 긍정하는데, 힌리키는 루터의 이러한 긍정을 출산을

---

52 Martin Luther, *WA* 24, 74-75, 77, 95.

53 Martin Luther, *Luther's Works* 1, 115.

54 Paul R. Hinlicky, "Luther Against the Contempt of Women," *Lutheran Quarterly* 2 (1988), 525.

하나님의 창조질서의 구현일 뿐 아니라 남자와 여자가 결합하여 형성된 '공동의 인간됨'co-humanity으로부터 흘러나온 결실로 보는 인식에 근거한다고 풀이한다. 더 나아가 루터는 출산을 목적으로 하는 공동의 인간됨은 거기서 그치지 않고 일상의 삶에서의 남자와 여자의 공생으로 이어진다는 점을 밝히면서, 둘 사이의 조화로운 공존을 선한 창조질서의 맥락에서 논한다.[55] 공동의 인간됨이라는 개념이 남녀관계를 위계를 배제한 완전한 '동등'의 관계로 보는 견해를 내포하는지에 대해서는 이론異論의 여지가 없다고 할 수는 없겠지만, 남녀관계성에 관한 루터의 사상을 권위나 역할의 관점에서 남녀 간의 위계적 차별 보다 포괄적 동등성을 가리키는 방향에서 이해하고 해석할 수 있는 의미 있는 근거가 될 수 있다는 점을 밝혀 두어야 하겠다.

2. 결혼의 성례전적 이해 거부와 결혼에 대한 개혁적 해석

루터는 어거스틴의 이해를 따라 결혼을 긍정하는데, 성적 욕망의 해소나 출산과 같은 유익에 주목한다. 그러나 루터는 결혼을 성례로 보는 것을 거부하는데, 결혼을 일곱 성사 중 하나로 보지 않는다는 말이다. 특별히 성례가 갖는 영속성을 거부한다는 뜻을 내포한다. 『결혼의 제도』에서 루터는 성례전적 이해에 대한 거부 입장을 드러내고 또 자신의 개혁적 견해를 전개한다. 이 논설에서 루터는 교회법이 제

---

55   Martin Luther, *Luther's Works* 1, 137.

정한 바로서 결혼에 해^害가 된다고 주장하는 14가지 요소들에 대해 반대 입장을 분명히 한다. 특별히 다섯 번째 조항 곧 신자가 불신자와 결혼해서는 안 된다는 조항에 대한 재해석이 루터 개혁에 중요하다. 루터는 결혼을 하나님의 남자와 여자 창조 그리고 생육하고 번성하라는 명령^{창 1:28}에 근거하여 하나님이 세우신 제도로 이해한다. "[결혼]은 자유로운 선택 혹은 결정의 문제가 아니라 자연스럽고 필연적인 일이다."[56] 특별히 루터는 이 '자연스럽고 필연적인 일'로서의 결혼을 창조질서의 맥락에서 논구하면서, 결혼을 세속의 질서의 관점에서 설명한다. "결혼은 다른 세상적 일들과 같이 외적 육체적 일임을 기억하라. 내가 먹고 마시고 자고 걷고 이동하고 구매하고, 이방인, 유대인, 투르크인 혹은 이단과 대화하고 또 그들을 대하는 것처럼, 나는 결혼하고 또 그 관계를 유지할 것이다. 그것을 금지하는 바보들의 법조항들을 무시하라."[57] 이런 맥락에서 루터는 신자와 불신자 사이의 결혼을 허용하는데, 이는 당시 가톨릭교회의 교회법이 금지한 것이었다. 이러한 허용은 결혼이 갖는 세속적 본성에 대한 루터 자신의 이해에 근거한다. 다섯 번째 조항에 관한 논의에서 '불신'에 대해 언급하면서, 결혼의 본성에 대한 새로운 이해를 제시했던 것이다.

　　이처럼 결혼의 세속적 의미를 말하지만, 그렇다고 해서 신앙적 ^{혹은 종교적} 특징을 전적으로 부정하는 것은 아니라는 점을 밝혀 두어야 하겠다. 결혼의 성례전적 이해를 거부하지만, 루터는 여전히 결혼을

56　Martin Luther, *Luther's Works* 45, ed. Walther I. Brandt (Philadelphia: Muhelenberg, 1962), 18.
57　위의 책, 25.

하나님이 세우신 것으로 보려 한다. 다만 하나님이 세우셨지만 구속의 질서가 아니라 창조의 질서에 속하며 그래서 신자들은 불신자들과도 결혼할 수 있다고 주장한 것이다.[58]

결혼의 성례전적 이해에 대한 거부가 결혼에 관한 루터 개혁의 첫 번째 특징이라면 이혼에 대한 새로운 이해도 '개혁'이라는 측면에서 살펴보아야 할 주제이다. 루터의 결혼 개혁은 그의 이혼관과 깊은 관계가 있다. 누가 어떤 이유로 이혼이 가능한가? 성적 불능, 간음, 성관계 거부 등의 이유로 이혼을 허용한다. 배우자가 성적으로 불능하거나 성교를 거부하면 이혼을 용인해 주었다. 또 혼외 간음도 이혼 사유가 된다고 말한다. 루터의 말을 간략하게 옮겨본다. "첫째는 신체적 생래적 결함 때문에 결혼을 위한 준비가 되어 있지 않은 경우이다. … 둘째는 간음이다. 그리스도가 이혼을 허용한 이유이기도 하다. 결백한 쪽은 재혼이 가능한 것이다. … 셋째, 배우자가 성관계를 거부하며 결혼의 의무 수행을 회피하는 경우다."[59]

다만 루터는 이러한 이유들로 이혼을 수용할 여지를 남겨 두었지만 그렇다고 이혼을 적극 추천하거나 권면한 것은 아니었다는 점을 밝혀 두어야 하겠는데, 특히 영적 정부_{그리스도 왕국}에 속하는 참된 신자들에게는 더더욱 그러했다. 루터는 영적 정부에 속하여 참된 신자의 삶을 살아야 할 기독교인들은 이혼은 물론이고 별거도 하지 말 것을 권면한다. 예수 그리스도의 완전한 사랑의 삶을 살아야 하고 또 그렇게

---

58   Scott Hendrix, "Luther on Marriage," *Lutheran Quarterly* 14-3 (2000), 340.
59   Martin Luther, *Luther's Works* 45, 30-34.

할 수 있는 신자들은 자기 자신을 기꺼이 희생하며 비폭력 무저항의 사랑을 배우자와의 관계에서도 실천해야 한다. 다시 말해, 영적 정부에 속한 참된 신자들은 모든 불의를 감내하고 철저한 사랑으로 다른 이들을 사랑하며 절대적 용서를 실천해야 한다는 것이다. 두말할 것 없이, 배우자도 이 사랑과 용서의 대상이 된다. 다만 기독교인이라고 스스로를 칭하면서도 참된 신자의 삶을 살아내지 못하고 있는 이들은 자기 자신의 믿음과 삶의 현실을 있는 그대로 드러내 입증하는 차원에서 이혼할 수도 있음을 밝힌다. "그들이 더 이상 기독교인으로 여겨지지 않도록 이혼을 허락할 필요가 있다."[60] 또한 "[이혼증서를 써주고 배우자를 버릴 권리에 관한] 이 법은 그러므로 영적 정부에서 살아가야 하는 기독교인들에게 적용해서는 안 된다. 그러나 비기독교적인 방식으로 아내와 사는 이들의 경우에, 이 법을 쓰도록 허용하는 것이 좋을 것인데, 그렇게 함으로써 그들이 기독교인으로 더 이상 간주되지 않도록 하기 위해서이다."[61]

요컨대, 결혼의 성사성聖事性을 부정함으로써 한편으로 결혼의 영속성을 재고再考하고 다른 한편으로 이혼의 여지를 열어둔다는 점에서 루터의 성윤리는 전향적이라고 평가할 수 있다. 또한 이혼을 허용하는 세 가지 사유 모두에서 특정 성性에 특수한 조건을 설정하지 않고 성차를 뛰어넘어 일반적으로 적용할 것을 권면하고 있다는 점에서 루터는 이혼 사유의 정립에 있어서 남녀간 차별의 요소를 제거했다고

---

[60] 위의 책, 31.
[61] 위의 책.

볼 수 있다. 이 점에서 루터의 이혼관은 양성평등·지향성을 내포하고 있다고 평가할 수 있다.

3. 기독교인의 결혼과 부부의 성적 결합에 대한 이해

앞에서 본 대로, 루터는 결혼은 기본적으로 창조의 질서 혹은 세속의 질서에 속한다고 생각하지만, 기독교인들은 가정을 하나님이 세우신 것으로 진지하게 받아들이고 경건하게 결혼생활을 영위해 나가야 한다고 강조한다. 남편과 아내는 서로를 하나님이 허락하신 고귀한 하나님의 작품으로 존중하며 두 사람이 일구어가는 결혼생활의 가치를 높이 인정하고 향유해야 한다고 조언한다. 기독교인들은 결혼과 가정을 하나님이 주시는 은혜의 선물로 이해하고 이 값진 선물이 가져다주는 행복과 기쁨을 누리며 살 것을 권고하고 있는 것이다. 그렇게 살아야 하는 이유는 "하나님이 결혼을 세우셨고 남편과 아내를 함께 부르셨으며 자녀를 낳고 키우도록 정하셨기 때문이다."[62] 결국 결혼은 하나님을 기쁘시게 하는 것이다.

하나님은 기저귀를 갈아 주는 아버지에게 웃음을 보내신다는 루터의 말 속에서 우리는 그렇게 하여 아버지는 하나님의 뜻을 받들고 하나님을 기쁘시게 하는 참된 기독교 신앙을 실천하게 된다는 의미를 찾을 수 있다. 헨드릭스 Scott Hendrix 는 "일반적인 의미에서 부모의

---

[62] 위의 책, 38.

책임을 다하는 것을 칭찬하는 것이기도 하지만, 이런 일들을 (하나님의 축복을 내포한) 하나님의 일이라고 받아들이는 기독교인의 자세에 대한 칭찬이기도 하다."라고 해석한다.[63]

루터는 어거스틴 전통에서 후손의 출산을 결혼의 중요한 목적 중 하나로 여긴다. 부부간 성적 결합의 중요한 결실은 생명의 잉태와 출산에 있다는 이해인 것이다. 이렇게 볼 때 성적 결합은 필연적인 것이며, 남녀간의 성적 관계는 결혼의 제도 안에서만 정당하다는 생각으로 이어진다. 부부간 성적 결합의 다른 목적을 허용할 수 있는가? 즐거움과 친밀한 관계 형성을 위한 성관계는 가능한가? 루터는 기본적으로 부부간 성적 결합의 문제를 죄론과 연관하여 생각하는데, 결혼 제도 안에서의 부부간 결합은 정당하게 허용되는 성적 욕망의 해결책이지만 이는 죄의 가능성이 없지 않다고 보았다. "성교는 죄 없지 않다. 그러나 하나님은 은혜로 이를 용납하시는데, 결혼이라는 제도는 하나님의 일이고, 결혼을 통해 하나님이 주시고자 하는 모든 좋은 것을 죄에도 불구하고 보존하고자 하시기에 그렇다."[64] 그러나 성적 결합에 대한 루터의 생각은 여기서 멈추지 않는다. 루터는 성교를 통한 즐거움이나 친밀함의 추구를 전적으로 부정하게 보지 않는다. 성적 결합을 통해 부부는 상호간의 친밀감과 애정을 확인·증진할 수 있으며 그리하여 건강하고 행복한 가정생활을 일구어가는 데 긍정적인 영향을 미칠 수 있다고 본 것이다.[65] 부부간의 성관계는 단순히 죄된 성적

---

63   Scott Hendrix, "Luther on Marriage," 342.

64   Martin Luther, *Luther's Works* 45, 49.

욕망의 해소의 통로로서 그치지 않고, 좀 더 적극적으로 상호 만족과 관계성 증진에 기여할 수 있다는 의미에서 향유의 대상이 되기도 한다는 것이다.[66] "상대방에 대한 열망과 애정을 품지 않는다면 사람들이 무엇 때문에 결혼하겠는가? 하나님께서는 바로 이러한 이유로 신랑과 신부에게 그러한 열망을 주셨다. 그렇지 않다면 사람들은 모두 결혼을 회피할 것이다."[67] 더욱이 부부가 함께 일구어가는 가정을 하나님이 기뻐하신다는 루터의 생각의 틀에서 생각할 때, 서로에 대한 애정을 갖고 친밀한 성적인 사귐을 영위하는 것은 하나님께도 기쁨이 된다는 점을 추론할 수 있을 것이다.

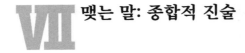

VII 맺는 말: 종합적 진술

율법과 복음은 두말할 것 없이 교회와 신자들의 삶을 규율하고 안내하는 가장 중요한 규범이라는 것이 루터의

---

65 Susan C. Karent-Nunn and Merry E. Wiesner-Hanks, trans. and ed., *Luther on Women* (Cambridge: Cambridge University Press, 2003), 137-38. 루터는 부부간 성적 결합을 결혼의 핵심으로 보았기에, 앞에서 살핀 바와 같이 간음이나 성적 관계의 거부를 이혼의 사유로 생각했던 것이다.

66 박준철, "종교개혁과 섹슈얼리티: 부부의 性에 대한 루터와 부처의 담론을 중심으로," 『역사학보』 197 (2008), 151.

67 Martin Luther, *D. Martin Luthers Werke* 32 (Weimar, 1883-1993), 373. 박준철, "종교개혁과 섹슈얼리티: 부부의 性에 대한 루터와 부처의 담론을 중심으로," 151에서 재인용.

생각이다. 특별히 루터의 종교개혁은 성경이 증언하고 있는 구원의 도리 곧 기독교의 복음은 이신칭의의 복음이라는 구원론적 진실을 성경에 입각하여 분명하고 확고하게 드러내고 공표하였다고 할 것이다. 앞에서 살핀 대로, 루터는 율법과 복음의 통전성을 강조하는데, 루터의 통전성 논지를 잘 이해할 필요가 있다. 말씀을 통한 구원의 역사에 있어 율법은 중요하다. '초등교사'로서의 율법의 작용 없이 이신칭의의 복음에 이를 수 없다는 의미에서 율법의 필연성을 견지해야 할 것이다. 율법은 구원을 위한 특별계시로서 복음과 함께 작용해야 한다는 말이다. 다만 구원론적 관점에서 율법과 복음의 통전성 논지를 존중하면서도, 루터의 성서적 구원 이해의 핵심은 구원은 오직 은혜로 되는 것이며 인간의 의로운 행위 등 인간의 공헌이 아니라 오직 예수 그리스도의 의의 전가를 통한 의롭다 하심에 달려 있다는 신념이라는 점을 밝혀 두어야 하겠다.

칭의에 무게중심을 설정하는 루터의 성서적 구원론은 이신칭의의 복음을 믿음으로 수용하고 구원의 백성으로 부름 받은 이들의 삶에 관한 기독교윤리적 이해에도 본질적인 영향을 끼친다고 볼 수 있다. 성화를 칭의의 결과로 보는 루터의 생각에 비추어 볼 때, 칭의와 성화의 이러한 관계 구도에서는 성화는 칭의에 종속될 가능성이 커진다고 볼 수 있으며 이 가능성이 현실로 힘을 얻을 때 성화를 지향하는 적극적인 변화 추구에 대한 동기가 약화될 수 있다는 평가는 유의미하다고 할 것이다. 아울러 루터의 덕윤리를 탐색하면서 확인한 바이기도 하지만, 루터는 선을 향한 행동들의 축적을 통한 인격의 형성을 덕윤리의 본령으로 삼기보다 그리스도 안에서 의롭다함 받은 '존재'가

되어 살고 실천해야 한다는 존재론적 특성에 방점을 두고 있다는 점을 다시금 지적해 두어야 하겠다.

앞에서 본 대로, 루터에 따르면 인간과 인간 공동체의 삶에서 이성이 전적으로 무능하거나 가치가 전무한 것은 아니다. 이성에 대한 루터의 긍정을 확인할 수 있었는데, 특별히 사회적 삶에서 이성은 유용하다. 이성은 정치사회 공동체를 구성하고 운영해 가는 데 있어 가장 중요한 토대가 되며 법과 제도와 질서를 평가하고 방향을 제시하는 기준과 척도로서의 기능을 수행한다는 것이다. 루터는 신자와 비신자가 더불어 살아가는 세속의 공간을 위한 보편적인 규범적 기반으로서 이성의 의미를 인정하고 있는 것이다. 그렇다고 해서 이성을 그리고 이성을 규범적 원천으로 삼는 정치사회 공동체의 법과 체제와 제도를 전혀 결함이나 오류가 없는 완전한 상태로 긍정하는 것은 아님을 지적해 두어야 하겠다. 완전하지 않기에 교정과 보완을 위한 지원과 협력이 필요하다는 것이 루터의 생각이다. 이런 맥락에서 세속 정부는 교회공동체의 도움을 받아야 하는데, 후자는 하나님의 뜻에 비추어 전자가 감당해야 할 책무를 잘 수행할 수 있도록 안내하고 교육할 필요가 있다고 루터는 강조한다.

이렇듯 세속 정부와 영적 정부 사이의 협력의 여지를 열어두지만 루터의 '두 정부'론의 중요한 특징이자 기여는 둘 사이의 적절한 구분을 강조한 것이다. 영적 정부의 고유 권한은 내적 영적 삶에 그리고 세속 정부의 권한은 외적 시민적 삶에 해당된다. 이 구분을 충실하게 지킬 것을 강조하는 루터는, 좀 더 구체적으로, 전자는 세속 권력이 추구하듯 정치적 힘을 탐하거나 실제적으로 모색하지 말아야 할 것이며 후자는 영적 정부의 고유한 영역에 정치적 권위와 힘을 가지고 개입하여 부당하게 영향을 미치고자 해서는 안 된다고 강력하게 권고한다. 그렇다고 엄격한 분리를 요구하는 것은 아님을 분명히 해 두어야 하겠다. 신자들의 삶의 자리는 세속 영역이다. 세속 안에 살아가지만 세속에 속하지 않은 정체성을 지니고 살아가면서, 세속 영역 안에서 이웃 사랑의 동기로 공적 공동체와 동료 구성원들을 위해 힘쓰라는 루터의 조언을 이 지점에서 다시 주목할 만하다. 아울러 만인제사장론은 '교회직제'론의 초점을 정체성에서 역할로 전환했다는 교회론적 기여와 더불어, 세속 영역 안에서 '모든' 소명이 그 가치에 있어 동등하기에 삶의 모든 자리 자리에서 기독교인으로서 최선을 다하라는 루터의 윤리적 권고는 기독교의 분리주의적 태도에 대한 적절한 도전이자 안전장치라고 할 수 있을 것이다.

구원론, 기독교회와 신자의 사회적 삶, 세계에 대한 태도 등의 주제에서 루터는 그야말로 '개혁'을 추구하고 상당한 정도의 결실을 맺은 신학자로 평가받아야 마땅하다. 또한 그의 개혁은 성윤리의 영역에서도 두드러진다. 당시 기독교의 성윤리는 어거스틴의 패러다임 안에 있었다고 할 수 있을 것인데, 루터는 어거스틴과의 연속성을 일정 부분 견지하면서도 동시에 분명하게 어거스틴 전통과 단절하고 개혁적 윤리를 제시한다. 결혼과 이혼에 대한 전향적 이해가 그 대표적인 보기이다. 결혼을 성사 중 하나로 보지 않음으로써 영속성이라는 본성을 떼어 내고 또 결혼을 창조질서^{혹은 세속} 질서 안에 자리매김함으로써 신자와 비신자 사이의 결혼의 여지를 열어 두었음을 보았다. 이혼을 권장한 것은 아니었지만 이혼의 사유를 세분화하여 정당화의 가능성을 모색한다. 아울러 기독교인의 결혼에 대한 의미해석을 강화하여 결혼과 가정의 중요성을 소명의 차원에서 고양시켰다는 점 또한 주목해야 할 것이다.

제 4 장

✻

칼뱅의 신학적 윤리

제4장 칼뱅의 신학적 윤리

I 들어가는 말

창조와 구원과 섭리에 있어서 하나님의 주권적 은혜를 강조하는 칼뱅은 하나님과 하나님의 은혜 앞에서 인간은 스스로의 죄성과 유한함을 분명하고 겸허하게 인정해야 함을 역설한다. 하나님의 주권적 은혜에 대한 강조가 인간의 책임 수행과 삶의 변화에 대한 동기를 약화시킬 수 있다는 우려가 있을 수 있지만, 칼뱅은 구원을 위한 하나님의 주권에 대한 신앙의 중요성을 분명히 하면서도 동시에 오직 은혜 안에서 말씀에 따르는 적극적인 신앙 실천과 삶이 기독교인의 참된 실존임을 분명히 한다는 점을 주목해야 할 것이다. 구원을 위한 하나님 인식에 있어 말씀이 절대적으로 필요하다는 점을 강조하면서도 동시에 인간 이성의 의미와 가치를 전적으로 부정하지 않고 사회적 삶과 문명의 창출 및 전개에 있어 이성을 긍정함으로써 인식론적 행위론적 관점에서 인간의 역량에 관한 균형 잡힌 입장을 취한다. 균형과 통전을 중시하는 칼뱅의 신념적 방법론적 경향은 그의 사회윤리에서도 탐지되는데, 성과 속 혹은 교회와 국가가 하나님의 총체적 주권을 존중하며 거룩한 연방Holy Commonwealth을 함께 지향·추구해야 함을 권고한다.

본 장에서 칼뱅의 신학적 윤리에 대해 크게 여섯 가지 논제를 중심으로 탐구하고자 한다. 첫째, 하나님 인식과 인간의 인식론적 문명적 역량에 대해 논할 것이다. 구원을 위한 하나님 지식에 있어서 인간은 인식론적으로 완전히 무능하지만 정치사회 공동체를 구성·운영하고 과학을 비롯한 학문 활동을 수행하며 문명을 창출하고 전개하는 데 있어서는 이성이 유용하다는 점을 견지하는 칼뱅의 입장을 논술할 것이다. 둘째, 율법과 복음 이해이다. 신적 계시로서의 말씀의 중요성을 밝히고 말씀^{율법 말씀}의 기능을 신학적 기능, 시민법적 기능 그리고 율법의 제3사용으로 나누어 설명할 것이다. 또한 자연법과 율법 그리고 복음의 연속성에 대해 논할 것이다. 셋째, 구원론과 신자의 윤리적 삶에 대한 칼뱅의 견해를 살필 것이다. '칭의와 성화'론을 진술하고 은혜 가운데 구원의 백성으로 부름 받은 신자들의 윤리적 삶에 대해 율법의 기능의 관점, 칭의와 성화의 관점 등을 중심으로 논할 것이다. 넷째, 원죄, 자기사랑, 신적 주권과 소명에 대한 응답 등의 주제를 탐구하면서 인간에 대한 칼뱅의 신학적 이해를 심화하고자 한다. 다섯째, 교회와 국가의 관계성에 대한 칼뱅의 견해를 '두 정부'론을 중심으로 탐색하고 창조의 지평을 존중하는 칼뱅의 변혁적 영성에 대해 논할 것이다. 여섯째, 칼뱅의 성윤리를 살필 것인데, 남녀의 관계성, 계약과 동반자 관계로서의 결혼의 본질, 부부간 성적 결합의 의미와 책임 등을 주된 탐구주제로 삼을 것이다. 마지막으로, 칼뱅의 신학적 윤리를 종합적으로 정리하면서 본 장을 맺고자 한다.[1]

---

1   다음의 문헌에서 필자는 칼뱅의 윤리사상을 신학적 인간론, 하나님에 대한 지식, 구원론과 기독교인의 윤리적 삶 등의 주제를 중심으로 개관하였는데, 이 주제들의 경우 본 저작의 목적에 맞춰 다시 전개하였음을 밝힌다. 유경동 외, 『기독교 윤리학 사전』 (용인: 킹덤북스, 2021 출간 예정).

Ⅱ 하나님 인식과 이성에 대한 통전적 이해

1. 하나님 인식 그리고 인간의 지적 무능과 부패

칼뱅의 인간 이해의 핵심에는 인간의 깨어짐과 죄악됨이 자리잡고 있다. 타락으로 인해 인간은 하나님으로부터 소외되고 그리하여 하나님의 형상이 상당한 수준으로 손상을 입게 되었다. 물론 완전히 파괴된 것은 아니지만 말이다. 인간의 자기 지식은 다름 아닌 죄성에 대한 이해이다. 칼뱅은 이러한 자기 지식을 시편 51편 5절에 나오는 다윗의 죄 고백의 관점에서 설명한다. "[다윗은] 거기서 아버지와 어머니를 그들의 죄를 들어 비난하는 것이 아니다. 오히려 자신을 향한 하나님의 선하심을 칭송하기 위해 어머니가 잉태한 때로부터 자신은 악했음을 고백하고 있는 것이다."[2] 다른 곳에서 칼뱅은 인간의 삶에 치명적인 악영향을 끼치는 죄의 힘을 강조한다. "인간의 마음은 완전히 하나님의 의로부터 이탈되어 있다. … 마음이 죄의 독에 흠뻑 절여 있어서 역겨운 악취 외에는 아무것도 숨 쉴 수가 없다."[3] 다만 여기서 칼뱅은 인간에게 선한 것이 아무 것도 남지 않았다는 것이 아니라 우리 인격의 모든 부분이 죄의 영향을 받고 있다는 점을 말하고 있는 것

---

2   Jean Calvin, *Institutes of the Christian Religion*, ed. John T. McNeill and trans. Ford Lewis Battles (Philadelphia: The Westminster Press, 1960), Ⅱ.1.5.
3   위의 책, Ⅱ.5.19.

이다. 이러한 죄의 전방위적 영향력을 인정할 때, 인간은 그리스도께 온전히 의존할 수밖에 없게 된다.[4]

인간이 죄에 사로잡힘으로써 하나님에 대한 지식이 심각하게 왜곡되었다. 칼뱅은 인간 이성은 전적으로 무능한 것은 아니라고 주장하는데,[5] 물론 그것이 온전히 선하거나 질서 있게 작용하는 것은 아니라는 점을 확인하면서 말이다.[6] 다시 말해, 인간에게 이성의 역량을 발휘하며 일정 정도 합리적으로 살 수 있는 가능성이 남아 있다는 것이다. 그러나 이러한 긍정적인 측면을 감안하고서라도, 인간은 이성을 통하여 하나님과 하나님 사랑에 대한 참다운 지식에 이를 수 없다. "영적 통찰은 크게 세 가지 영역에 있다: (1) 하나님을 알기; (2) 거기에 우리의 구원이 있는 바, 우리를 위한 하나님의 아버지로서의 사랑을 알기; (3) 하나님의 법을 따라 우리 삶을 어떻게 구성해야 하는지를 알기. 첫 번째와 두 번째의 경우 — 특히 두 번째 — 위대한 천재도 두더지보다 더 어둡다."[7] 인간이 하나님을 알 수 있는 능력을 갖추고 있지 못하다는 점을 고려하면서, 칼뱅은 하나님에 대한 참된 지식의 추구는 하나님과 떨어져서는 가능하지 않다는 점을 강조한다. 그러므로 예수 그리스도 안에서 주어진 바로서의 하나님의 은혜는 인간이 하나님에 대한 참된 지식에 이르고 하나님과의 관계를 회복하기 위해 절대적으로 필요하다.

---

4   William J. Bouwsma, "The Spirituality of John Calvin," in *Christian Spirituality: High Middle Ages and Reformation*, ed. Jill Raitt (New York: The Crossroad Publishing Company, 1987), 326.

5   Jean Calvin, *Institutes of the Christian Religion*, II. 2. 12-16.

6   위의 책, II. 2. 24.

7   위의 책, II. 2. 18.

2. 사회적 삶과 문명적 학문적 활동의 근원적 동력으로서의 이성

1) 정치사회적 삶과 인간 이성[8]

칼뱅은 인간이 정치사회 공동체를 구성하고 유지·발전시키는 데 있어 이성이 중요하게 작용할 수 있고 또 그렇게 해야 한다는 점을 강조한다. 이 점에서 홀렌바흐 David Hollenbach 는 칼뱅이 "인간 경험에 대한 비평적 성찰이 사회윤리의 근거가 된다고 신학적으로 주장함으로써 정치사회 공동체 안에서 비기독교인들과 어떻게 공존할 수 있는지에 대해 답을 찾고자 할 때 필요한 공동의 기반의 여지를 마련하고 있다."는 점을 지적한다. 칼뱅은 사회적 삶에서 인간 이성의 기능을 긍정한다.[9] "자연적 이성은 그 본질에 맞게 [인간과 인간 공동체에게] 모든 법적 명령들을 존중하라고 지시한다."[10] 칼뱅의 제안에 상응하여 홀렌바흐는 하나님은 인간 이성의 창조자이시기에 "[인간과 정치사회 공동체의] 공공선과 그것의 구현과 관련된 사회적 규범들을 구성해 가는 과정에서 이성이 유용하게 작용한다는 점은 기독교의 성서적 신앙과 충분히 양립할 수 있다."고 강조한다.[11]

---

8 이 부분은 다음의 문헌을 토대로 한 것임을 밝힌다. 이창호, "교회의 공공성에 관한 신학적 윤리적 탐구: 고전적 '두 정부'론의 규범적 이해와 현대신학적 전개 및 발전 탐색을 중심으로," 『기독교사회윤리』 29 (2014), 154-55.

9 David Hollenbach, *The Common Good and Christian Ethics* (Cambridge: Cambridge University Press, 2002), 150.

10 Jean Calvin, *Commentary on Deuteronomy*, 17:12. David Little, "Calvin and the Prospects for a Christian Theory of Natural Law," in *Norm and Context in Christian Ethics*, eds. Gene Outka and Paul Ramsey (New York: Scribner's, 1968), 183에서 재인용.

11 David Hollenbach, *The Common Good and Christian Ethics*, 149.

세속 정부의 정치적 권위의 근원은 하나님이라는 칼뱅의 이해로부터 세속 권력의 궁극적 주권은 하나님께 있다는 점과 그 운용에 있어서 하나님의 주권적 섭리와 뜻을 존중해야 한다는 점을 추론할 수 있다. 칼뱅에 따르면, 정치사회 공동체를 운영하는 기본적인 규범적 원리는 자연법에 있다. 그러나 통치 원리로서의 자연법의 지위는 파생적인데, 그 뿌리가 되는 본질적 근원으로부터 흘러나오는 것이기 때문에 그렇다. 자연법의 기초는 성경에 계시된 바로서 모든 법적 윤리적 원리들의 근본적 토대가 되는 '사랑의 법'이다.[12] 다시 말해, 칼뱅에게 모든 도덕적 법적 기준과 의무들의 기원과 목적은 '영원한 사랑의 통치'perpetual rule of love이다. 곧 사랑의 지배가 모든 자연적 사회적 질서가 터해야 하는 원리가 되는 것이다.[13] 칼뱅은 한편으로 영적 정부와 세속 정부 모두 궁극적으로 신법의 규범적 질서 안에 있어야 한다는 점을 지적하면서 둘 사이의 통일성을 강조하고, 다른 한편으로 교회 밖 정치사회 공동체의 운영 원리로서의 자연법의 지위는 신법에 종속되어야 하는 것으로 본다. 세속 정부의 목적의 관점에서 이를 풀이한다면, 세속 정부를 긍정하지만 그 가치를 '독립적으로' 긍정하지 않고[14] 비현세적 比現世的 목적 곧 초월적 영적 목적을 위해 정당화한다.[15] 다시 말해, 세속 정부는 그 자체를 위해 존재하지 않고, '거룩한 연방'을 위한 도구로서의 가치를 가지며 궁극적으로 하나님의 영광을 지향한다.[16]

---

12   David Little, "Calvin and the Prospects for a Christian Theory of Natural Law," 183.

13   Jean Calvin, *Institutes of the Christian Religion*, IV. 20. 16.

14   Ernst Troeltsch, *The Social Teaching of the Christian Churches* II, trans. Olive Wyon (Louisville: Westminster/ John Knox Press, 1992), 606.

15   위의 책, 604.

2) 하나님에 대한 자연적 인식과 문명적 과학적 활동을 위한 '은사'로서의 이성

칼뱅에 따르면, 하나님은 온 세계와 세계 안의 모든 존재들을 창조하시고 창조하신 모든 것을 애정 어린 섭리로 보존하시고 궁극적 완성을 향해 이끌어 가신다.[17] 신적인 섭리는 "하나님이 하늘로부터 한가로이 땅에서 일어나는 일을 관찰하고 계신 것이 아니라, 열쇠를 지키는 이로서 하나님은 모든 일들을 관장하신다는 것을 의미한다."[18] 또한 하나님의 절대적 주권이라는 개념은 칼뱅에게 매우 중요한데, 창조하신 세계와 세계 안의 모든 존재들이 하나님의 주권적 다스림 안에 있다는 신념을 내포한다. 이 주권은 온 세계와 세계의 존재들을 위한 근본적 기반이다. 모든 피조물은 하나님으로부터, 하나님을 통하여 그리고 하나님을 향하여 있다.

칼뱅은 하나님은 자연 질서 안에서 스스로를 드러내신다는 점을 인정한다. 하나님은 지으신 세계 안에 하나님 자신을 계시하신다는 말이다. "[하나님은] 인간의 마음에 종교의 씨앗을 뿌리셨을 뿐 아니라, 우주에 하나님이 만드신 모든 것 안에 자신을 드러내신다. 그러므로 인간은 눈을 뜨면 그분을 볼 수밖에 없다."[19] 그러나 하나님의 이러한 자기 계시는 자연 안에서의 하나님의 내재를 뜻하는 것은 아니다.

---

16 위의 책, 607.
17 Jean Calvin, *Institutes of the Christian Religion*, I. 16. 1-9.
18 위의 책, I. 16. 4.
19 위의 책, I. 5. 1.

자연은 단지 하나님의 실재의 흔적을 남길 뿐인데, 우리는 그 흔적으로부터 하나님의 존재를 유추하는 것이다. 하나님의 능력은 그림을 보듯 피조세계 안에 반영된다.[20] 칼뱅이 하나님에 대한 자연적 지식을 말하는 근본적 의도는 무엇인가? 칼뱅은 사도 바울의 논리를 따른다. "우리는 생래적 능력으로 하나님에 대한 참된 지식에 이를 수 있는 능력은 없지만, 그 어떤 변명도 쓸 데 없다. 왜냐하면 어리석음의 잘못은 결국 우리 안에 있기 때문이다."[21] 온 세계 가운데 하나님의 흔적이 있기에 인간은 하나님을 알 수 없는 길이 전혀 없다는 변명을 늘어놓을 수 없다고 칼뱅은 강조하고 있는 것이다.

최윤배는 이 지점에서 자연에 대한 인간의 인식과 그러한 인식을 위한 과학의 의미와 역할에 관한 칼뱅의 이해를 적시한다. "그러므로, 전문 자연과학자들뿐만 아니라, 전문 과학지식을 가지고 있지 않는 교육받지 못한 무지하고도 평범한 사람도 하늘과 땅 어디서든지 하나님의 지혜를 발견할 수 있다. 깔뱅의 계시론적 입장에서 볼 때, 과학의 전공 여부와 기독교 신앙 여부를 떠나 모든 사람들은 전문 과학자 또는 아마추어 과학자인 셈이다."[22] 사정이 이러하다면, 자연을 통한 하나님의 계시를 더욱 잘 이해하기 위해 기독교인들은 과학에 대해 긍정적 시각으로 접근하고 또 과학을 활용하여 하나님의 '자연의 책'을 바로 독해하는 데 힘써야 할 것이라는 칼뱅의 조언을 최윤배는 전한다. "하늘과 땅에 하나님의 놀라운 지혜를 선포하는 수많은 증거

---

20   위의 책, I.5.10.
21   위의 책, I.5.15.
22   최윤배, 『깔뱅신학 입문』 (서울: 장로회신학대학교 출판부, 2012), 703.

들이 있다. 천문학astrologia, 의학medicina 그리고 모든 자연과학tota physica scientia을 통해 면밀하게 탐구해야 알 수 있는 심오한 증거들 뿐 아니라, 전혀 교육을 받지 못한 무식한 사람들도 보기만 하면 바로 알 수 있는 그런 증거들이 무수히 많아 눈을 뜰 때마다 그것들을 증거하지 않을 수 없다."[23]

과학적 활동을 통해 자연 안에 드러나는 하나님의 흔적을 인식할 수 있는 가능성이 신자들뿐 아니라 비신자들에게까지 열려 있다는 사실로부터 칼뱅은 인간 이성의 과학적 활동을 '일반은총'의 차원에서 이해하고 있다는 점을 추론할 수 있다. 창세기 주석에서 칼뱅은 과학을 비롯한 학문 활동, 인류의 기술적 성취, 탁월한 예술성 등을 성령의 은사로 소개한다. "모세는 지금 어떤 선한 것들이 가인의 가계家系로부터 발생했던 악들과 뒤섞여졌다는 사실을 설명한다. 왜냐하면 예술arts과, 생활의 일상적 용도와 편의에 사용되는 다른 것들은 결코 무시되지 않아야 할 하나님의 선물a gift이며, 칭찬할 만한 능력이기 때문이다. … 현재의 삶의 유익을 위하여 모든 시대에 대한 경험들이 신적 광선들이 얼마나 폭넓게 믿지 않는 나라들nations, 민족들 위에 비추었는지를 우리에게 가르치고 있듯이, 현재도 우리는 영성령의 탁월한 선물들gifts이 전소 인류를 통해 확산되었다는 사실을 보고 있다. 그러나 인문학liberal arts과 과학science은 이교도로부터 우리에게 전해졌다. 우리가 천문학과 철학의 다른 분야들과 의학과 시민정부의 질서를 이교도들로부터 받아들였다는 사실을 우리는 참으로 인정하지 않을 수 없다."[24]

다만 인류가 공통적으로 공유하는 이러한 성령의 선물들이 그야말로 하나님의 영에 기원을 둔 선한 것이 되기 위하여 칼뱅은 분명한 규범적 목적론적 기준을 제시한다. 하프 등의 악기를 예로 들어 음악은 필요하며 그 자체로 정죄 받을 이유가 없다는 점을 밝히면서 칼뱅은 "만약 그것이 하나님에 대한 경외와 인간사회의 공익과 연결되지 않는다면, 즐거움은 참으로 정죄받아야 한다."는 점을 역설한다.[25] 이성을 사용하는 '땅의 일'인 정치, 경제, 기술, 인문교양 등은 하나님의 뜻과 결부된 '하늘의 일'을 지향하는 것이어야 한다는 이해인 것이다.[26]

창조자 하나님은 전인으로서의 인간을 창조하시는데 인간의 영혼만을 창조하신 것이 아니라 육체도 함께 창조하셨으며 감성이나 의지만이 아니라 지성도 창조하셨다. 그러므로 이성도 하나님의 창조의 손길이 닿은 인간의 구성 요소이다. 칼뱅은 인간 공동체가 사회적 뼈대를 세우고 정치사회적 체제나 법적 체제를 구성할 때 이성은 매우 중요하고도 근본적인 역할을 하며 또 인간은 이성의 작용을 통해 다양한 지적 학문적 활동을 진행해 간다는 점을 긍정하고 있는 것이다. 인문학을 비롯하여 사회과학 그리고 여러 자연과학 분야에 이르기까지, 이성적 탐구의 열매들로서 우리는 학문의 진보를 보고 있다. 하나님이 은총으로 주신 인간 이성을 통해 하나님은 과학을 비롯한 다양한 학문을 발전시키고 인간 문명을 창출·전개해 가도록 하신다는 이해인 것이다.

---

24 Jean Calvin, 『창세기 주석』, 4장 20절. 최윤배, 『칼뱅신학 입문』, 705에서 재인용.

25 위의 책.

26 Jean Calvin, 『기독교강요』, II. 2. 13. 최윤배, 『칼뱅신학 입문』, 707에서 재인용.

III 율법과 복음 이해

1. 신적 계시로서의 율법과 복음 말씀의 절대적 필요성

칼뱅은 『기독교강요』를 다음과 같이 시작한다. "우리가 소유하는 거의 모든 지식 곧 참되고 건전한 지혜는 두 부분으로 되어 있다. 곧 하나님의 지식과 우리 자신에 대한 지식이다."[27] 인생의 궁극적 목적은 하나님을 아는 것이다. 모든 참된 지식은 오직 하나님으로부터 온다. 기독교인의 삶은 하나님에 대한 지식 없이 현실적으로 불가능하다. 어떻게 인간이 하나님 지식을 획득할 수 있는가? 앞에서 본 대로, 칼뱅은 이 지식에 관한 인간의 능력에 대해 부정적이다. "우리가 하나님에 대해 생각하는 것이 무엇이든, 어리석고 또 무엇을 말하든 얼빠진 소리다."[28] 인간의 마음은 너무나 연약하여 하나님을 이해할 수 없고, 오직 "하나님의 거룩한 말씀이 도와 주셔야 한다."[29] 그러므로 우리가 하나님을 탐구하고 또 알기를 원한다면, 우리는 하나님의 인도하심을 받아야 한다. "성경의 제자가 되지 않는다면, 바르고 건전한 교리 가운데 털끝만큼도" 제대로 인식할 수 없다.[30] 그러므로 "십자가의 설

---

27 Jean Calvin, *Institutes of the Christian Religion*, I.1.1.
28 위의 책, I.13.3.
29 위의 책, I.6.4.
30 위의 책, I.6.2.

교가 인간의 본능과 부합되지 않는다 하더라도, 창조자이시오 주관자가 되시는 하나님께로 돌아가서, … 다시 하나님의 아들딸이 되기를 원한다면 우리는 겸손하게 [그 말씀을] 받아들여야 할 것이다[롬 1:16; 고전 1:24 비교]."[31] 이런 맥락에서 칼뱅은 구원을 위한 하나님 지식에 이르기 위해 신적 계시 곧 성경 말씀은 필수불가결한 요소가 된다는 점을 역설하고 있는 것이다.

2. 율법 말씀의 세 가지 기능

성경은 하나님의 말씀으로서 하나님의 존재와 뜻을 드러내는 계시이다. 성경을 하나님 말씀으로 인정하는 이들 곧 하나님의 뜻으로 수용하는 이들에게, 하나님과의 관계 형성을 위해 필수적인 뜻을 드러내시고 또 수용자의 삶과 행위를 규율하고 안내하는 규범을 제시하신다. 더 나아가, 하나님이 창조하신 피조물들과 함께 이루어 가실 세상의 비전 혹은 공동체의 이상을 제시하신다. 요컨대, 하나님은 관계형성과 규범전달을 위해 계시로서의 말씀을 주신다고 할 수 있다.

칼뱅은 계시의 목적을 관계형성과 규범전달을 위한 것으로 분명하게 이해하며, 율법 말씀의 기능을 크게 세 가지로 설명한다. 첫째, 신학적 기능이다. 율법 말씀은 죄와 악함을 드러내고 회개와 구원에 이르게 한다. 비유하자면, 거울과 같은 기능이다. 우리의 있는 그대로

---

31   위의 책, II.6.1.

의 모습을 보게 한다. 특히 거룩한 말씀에 비추어 우리의 존재와 행위의 거룩하지 못함과 죄악됨을 드러나게 하고 또 인정하게 한다. 다시 말해, 영적 가난, 연약함, 불의, 죄악됨 등을 직시하게 하고 더 나아가 연약함과 죄악됨을 인정하고 고백하게 한다. 믿지 않는 이들을 끊임없이 고발하고 하나님의 심판의 자리에 이르게 한다. 그런데 율법의 신학적 기능은 저주와 심판으로 끝나지 않는다. 유한하고 죄악된 모습을 적나라하게 드러내주어 예수 그리스도의 구속의 은총 없이는 구원받을 수 없음을 인정하게 할 뿐 아니라 복음 말씀 곧 구원의 복음에로 인도하는 역할을 하는 것이다.[32] 갈라디아서 표현을 빌리자면, 복음에로 이끄는 '초등교사'로서 기능하는 것이다^{갈 3장}.

둘째, 시민법적 ^{혹은 사회적} 기능이다. 시민법은 비유하자면 정치사회 공동체라는 몸을 구성하는 가장 강력한 '근육'과도 같다.[33] 모든 시민법의 뿌리에는 자연법이 자리하고 있다고 칼뱅은 생각하는데, 그에 따르면 자연법은 하나님이 인간 안에 부여하신 바로서 '공평의 통치' rule of equity를 그 규범적 핵심으로 삼는다. 모든 시민법은 도덕법으로서의 하나님의 율법^{תורה, 토라}에 비추어 판단하고 실행해야 하는데, 도덕법을 요약하자면 '영원한 사랑의 통치'이다. "도덕법이라 일컫는 하나님의 법은 다름 아닌 자연법과 양심의 증언이다. 이 공평의 통치는 인간의 양심에 새겨져 있다. 그리하여 이 영원한 사랑의 통치 혹은 공평의 통치가 모든 법의 목적이요 규율이어야 한다."[34] 하나님은 도덕법에 뿌리를

---

32 위의 책, II. 7. 6-9.
33 위의 책, IV. 20. 14.
34 위의 책, IV. 20. 16.

두고 있는 시민법 등을 통해 악행과 범법을 통제·예방하여 인류의 역사적 실존에 필수적인 사회적 요건을 마련해 주시고자 한다는 것이다.

사람들이 공동체를 이루어 살아가면서 사회적 생존을 위해 필요한 평화와 질서를 확보하고 또 유지하기 위해 공동체 구성원들이 존중하고 준수해야 할 윤리적 합의와 법적 제도적 체제가 있다. 그런데 이것을 어기고 무력화한다. 범법과 악행을 저지르는 이들이 존재하는 것이다. 그대로 내버려 두면 평화와 질서에 큰 타격을 줄 수 있고 공동체적 실존이 불가능한 혼란과 무질서에 빠질 수 있기 때문에, 이러한 범법과 악행을 '율법'을 통해 통제하고 제어해야 한다는 것이 칼뱅의 생각이다.[35]

셋째, 율법의 제3사용이다. 칼뱅에 따르면, 이것은 율법의 가장 중요한 기능으로서, 신자들이 하나님 뜻의 본질을 선명하게 이해할 수 있도록 하며 또 지속적으로 그 뜻을 행하도록 권고하고 자극한다. 복음 말씀을 수용하여 신자가 되고 또 하나님의 백성이 된 사람들이 어떻게 살아야 하는지에 대한 응답으로서 규범적 방향성과 기준을 제시하는 것이다.[36] 다시 말해, 여기서 율법은 신자들의 도덕적 판단과 선택 그리고 행동을 규율하고 안내하는 궁극적 규범으로서 작용한다.

35　위의 책, II. 7. 10.
36　위의 책, II. 7. 12-13.

3. 자연법과 율법 그리고 복음의 연속성

칼뱅에 따르면, 자연법과 모세의 율법 사이에 큰 차이는 없다. 새로운 내용이 후자에 첨가된 것이 아니라는 말이다. 무지와 교만으로 어두워져 이성과 양심을 통한 자연법 인식에 문제가 생겼기에, 하나님은 모세의 율법과 같은 성문법을 주셔서 자연법의 내용에 좀 더 충실히 접근할 수 있게 하신 것이다. 아울러 예수 그리스도가 주신 말씀보다 모세의 율법이 열등하다고 보아서는 안 된다고 칼뱅은 주장한다. 후자가 부족하기에 예수께서 무언가를 덧붙여 더 주신 것이 아니라는 말이다. 그리스도는 율법을 통해서도 율법 말씀의 수용자들에게 드러나셨으나 복음 안에서 더 분명하게 알려지신다는 것이 칼뱅의 이해인 것이다.

율법은 경건한 사람들이 그리스도의 재림을 기다리며 믿음을 견지하는 데 유익하지만, 그가 임하실 때 더 큰 빛을 보게 될 것을 소망해야만 한다. 이런 이유로 베드로는 "이 구원에 대하여는 너희에게 임할 은혜를 예언하던 선지자들이 연구하고 부지런히 살펴서"^{벧전 1:10}라고 말했다. 또한 "이 섬긴 바가 자기를 [혹은 이 세대를] 위한 것이 아니요" 복음을 통하여 "이제 너희에게 알린 것"이다^{벧전 1:12}. 이것들[이제 너희에게 알린 것]을 듣게 되는 것이 고대인들에게 무익하거나 심지어 선지자들에게 아무 가치가 없는 것이 아니라, 오히려 하나님이 그들을 통해 우리에게 전수해 준 보물을 그들이 소유하지 못했을 뿐이다! 그들이 증언한 그 은혜가 오늘 우리 눈앞에 놓여 있다. 그들은 그 은혜의 한 부분을 조금 맛보았을 뿐이지만 우리는 좀 더 넉넉하게 즐길 수 있게 되었다. 그러므로 그리스도께서 모세가 자기를 증언했다고 선언하시면서도요 5:46, 우리가 유대인들보다 더 많이 그 은혜를 받았기에, 그 은혜의 크기를 칭송하셨다.[37]

최윤배는 칼뱅 당시 사람들이 율법은 '행위를 통한 공로'의 관점에서 그리고 복음은 '은혜로 전가된 의'의 관점에서 이분법적으로 이해한 것에 대해 칼뱅이 비판한 점을 들어, 이 둘 사이에는 '내용적으로 상대적 차이'만 존재한다는 점을 밝힌다.[38] 하나님의 법을 전체로 볼 때, 복음이 갖고 있는 차별성은 '드러남의 선명성'이라는 것이다. 다시 말해, 율법과 복음의 차이는 '계시의 명료도'의 차이라는 것이다.[39] 요컨대, 복음은 구약의 율법을 능가하지 않는다. 그러나 모세의 율법이 자연법을 더 분명하게 해석하는 것처럼, 복음은 율법을 더욱 분명하게 이해할 수 있게 한다. '최상의 해석자'이신 예수 그리스도는 복음을 통해 율법의 내용을 선명하게 드러내신다는 것이 칼뱅의 생각이다.

---

37 위의 책, II.9.1.
38 최윤배, 『칼뱅신학 입문』, 149.
39 Jean Calvin, *Institutes of the Christian Religion*, II.9.4.; 최윤배, 『칼뱅신학 입문』, 149.

IV 칭의와 성화 그리고 기독교인의 윤리적 삶

1. '칭의와 성화'론

1) 신적 계시의 역할

인간 존재의 영적 한계들 때문에 하나님은 주도권을 가지시고 하나님과 인간 사이의 엄청난 간격을 채우고자 하신다. 하나님은 이 간격을 매우고 인간과의 관계를 형성하시기 위해 신적 계시를 주신다. 맥그래스 Alister E. McGrath는 개혁교회 신앙과 신학이 성경의 중요성을 견지함을 밝힌다. 성경은 기독교 신앙을 불러일으키고 또 성숙케 하는 데 있어 궁극적이고 가장 중요한 근거라는 것이다. 칼뱅의 『기독교강요』 저작 목적 중 하나는 독자들이 성경의 기초 위에 자신들의 삶을 굳건하게 세울 수 있도록 돕기 위함이라는 점을 밝히면서, 맥그래스는 '성경의 중요성' 논지를 뒷받침한다. "신학적으로 중요한 진술들을 한데 모으고 또 종합함을 통해서 성경의 신학적 통일성을 확인하게 되는 것이다. 그렇게 하여, 독자들로 하여금 자신들의 매일의 삶을 뒷받침하는 통일되고 또 일관적인 세계관을 수립하도록 돕는다."[40]

---

[40] Alister E. McGrath, *Spirituality in an Age of Change: Rediscovering the Spirit of the Reformers* (Grand Rapids: Zondervan Publishing House, 1994), 43.

하나님의 말씀은 기독교인의 삶의 토대이다. 그리스도에 의해 또 그리스도 안에서 주어진 말씀이다. 이 말씀은 모든 진리와 정의의 규범이자 척도이다.[41] 이 말씀 없이, 구원을 위한 하나님 지식은 있을 수 없다. 구원은 말씀이신 그리스도 안에서 하나님을 아는 것을 통해 주어지는 것이다. "이 칭호[보이지 않으시는 하나님의 형상]를 통해 우리가 알 수 있는 바는, 그리스도 안에서 우리가 하나님을 만나지 않는다면 우리는 우리가 구원받게 되는 지식에 이를 수 없다는 것이다."[42] 회개와 죄용서는 그리스도에 의해서 그리고 우리의 믿음을 통하여 주어지는 것이다.[43]

칼뱅은 자연적 하나님 인식과 구원적 하나님 인식을 구분한다. 칼뱅에 따르면, 자연적 하나님 인식은 "오직 우리로 변명하지 못하게 하는 목적으로 주어지는데, 은혜로 주어지는 구원하는 특별한 지식과 분명하게 구분된다."[44] 하나님은 자연 안에서 창조자로서 자신을 드러내시고, 그리스도 안에서 구원자로 자신을 드러내신다.[45] 이렇게 두 가지 하나님 인식의 길이 존재하지만, 구원에 이르는 길은 오직 하나 곧 예수 그리스도를 통한 길이다. 하나님은 성경 안에서 자신을 계시하신다. 성육하신 말씀인 그리스도는 하나님과 인간 사이의 깨어진 관계 속에 들어오신다. 그리스도 안에서 우리에 대한 하나님의 심판은 무력

---

41 Lucien Joseph Richard, *The Spirituality of John Calvin* (Atlanta: John Knox Press, 1974), 99.

42 Jean Calvin, *Institutes of the Christian Religion*, II.6.4.

43 위의 책, III.3.1.

44 Wilhelm Niesel, *The Theology of Calvin*, trans. Harold Knight (Philadelphia: The Westminster Press, 1956), 49.

45 Jean Calvin, *Institutes of the Christian Religion*, I.2.1.

화되는데, 그리스도가 우리를 대신하여 하나님의 저주를 대신 지셨기 때문이다. 그리하여 그리스도는 하나님께 이를 수 있는 새로운 길을 열어 주신 것이다.

2) 칭의와 성화

칼뱅의 '칭의와 성화'론은 하나님과의 관계성과 신자들의 변화의 주제를 논하는 데 있어 핵심적인 요소이다. 칭의에 대한 칼뱅의 설명을 들어보자. 칭의는 "죄로 고발당한 이가 무죄 선고를 받는 것에 다름 아닌데, 결백이 확정되는 것처럼 말이다. 그러므로 하나님이 그리스도의 중보를 통하여 우리를 의롭다고 하시기 때문에 우리 자신의 결백을 확정함으로써가 아니라 의의 전가를 통해 우리 죄를 면제하신다. 그리하여 우리는 우리 스스로 의롭게 되는 것이 아니라, 그리스도 안에서 그렇게 여겨지는 것이다."[46] 칭의는 믿음을 통하여 어떤 특질 혹은 속성이 주입되는 것을 의미하지 않는다. 오히려 법정적 의미에서 의롭다고 인정하시는 것을 의미한다. 성화는 궁극적인 영적 목적으로서의 거룩함을 완수하기 위한 점진적 과정이다. 다시 말해, 칭의는 의의 전가이고 성화는 성령 역사를 통한 지속적인 갱신의 과정이다.

칼뱅에게 칭의와 성화는 "기독교인 안에서 지속적으로 발생하는데, 이 둘은 변증법적 긴장 속에 공존한다. 칭의와 성화 사이의 종말론적 긴장은 계속되는 과정과 진보를 내포한다."[47] 칼뱅에게 칭의와

---

[46] 위의 책, III. 11. 3.

성화는 상호 연관되어 있지만, 그렇다고 인과관계 속에 있는 것은 아니다. 오히려 그리스도와 신자들 사이의 사귐연합에서 오는 구분된 결과들이다. 칼뱅은 오시안더 Osiander의 반대에 응답하면서, 이 점에 대해서 말한다. "오시안더는 여전히 실제로 사악한 이들을 하나님이 용서하는 것은 하나님의 본성에 어긋나는 것이며 하나님을 모욕하는 것이라고 주장한다. 그러나 우리가 기억해야 할 것은 … 칭의의 은혜는 갱생[성화]과 분리되어 있지 않다는 것이다. 물론 구분되는 것이기는 하지만 말이다."[48]

쿠엔호벤 Jesse Couenhoven에 따르면, 칼뱅은 칭의와 성화 사이의 균형을 맞추길 원하지만 후자에 좀 더 비중을 두고 있다고 하는데, "『기독교강요』에서 칭의 보다 성화를 먼저 또 더 길게 다룬 것이 하나의 이유가 될 것이다."[49] 칼뱅의 성화에 대한 강조는 율법의 제3사용에 대한 그의 강조와 연결된다. 앞에서 본 대로, 칼뱅에게 이것은 율법의 주된 용법인데 이는 신자들로 "매일 주의 뜻을 더 철저하게 배우도록" 한다.[50] 성경은 끊임없이 신자들로 하여금 그들의 삶을 하나님의 뜻에 맞추도록 도전하는데, 그 뜻이란 신자들이 그들의 삶에서 구현해야 할 그리스도의 본*인 것이다.[51]

성화에 대한 칼뱅의 강조는 적극적으로 의를 추구하는 것이 신

47   Lucien Joseph Richard, *The Spirituality of John Calvin*, 107.
48   Jean Calvin, *Institutes of the Christian Religion*, III. 11. 11.
49   Jesse Couenhoven, "Grace as Pardon and Power: Pictures of the Christian Life in Luther, Calvin, and Barth," *Journal of Religious Ethics* 28-1 (2000), 72.
50   Jean Calvin, *Institutes of the Christian Religion*, II. 7. 12.
51   위의 책, III. 6. 2-3.

자의 삶에서 마땅히 나타나야 할 양상이라는 그의 신념과도 연관되어 있다. 인간의 본성을 생각한다면 인간은 도덕적으로 완전한 삶을 살 수 없을 것이다. 그러나 칼뱅은 은혜의 변화시키는 힘을 신뢰해야 한다는 점을 역설한다. 이런 맥락에서 기독교인들의 삶의 변화에 관심을 두고, 그들에게 덕의 중요성을 강조하는 교부들의 글을 읽을 것을 권고하며 목적을 향한 순례로서의 기독교인의 삶의 이미지를 덕성 함양의 주제와 결부하여 강조한다.[52]

다만 칼뱅은 이러한 의의 추구를 인간의 역사로 이해하지 않는다. 오히려 이는 성령의 역사의 결과이다.[53] 칭의와 성화는 은혜 안에서 주어지는 믿음의 이중적 열매인데, 의의 전가와 삶의 갱생이 그것이다. 기독교인들은 의롭다함을 받으며 은혜 가운데서 선행의 열매를 맺는다. 그리하여 칼뱅은 '선행의 은혜' the grace of good works 를 말한다. "하나님의 모든 은사가 우리에게 주어질 때 … 그것들은 하나님의 얼굴의 광채와 같다. 그 광채가 우리를 조명하여 그 선함의 지고의 빛을 묵상하고 깨닫게 돕는다. 이것은 선행의 은혜에서도 마찬가지이다. 이 [선행의 은혜]는 양자의 영이 우리에게 주어짐을 증거한다."[54]

---

52 Jesse Couenhoven, "Grace as Pardon and Power: Pictures of the Christian Life in Luther, Calvin, and Barth," 74.

53 Jean Calvin, *Institutes of the Christian Religion*, III. 2. 11.

54 위의 책, III. 14. 18.

2. 기독교인의 윤리적 삶의 모습

율법 말씀의 기능의 관점과 칭의와 성화의 관점에서 기독교인의 윤리적 삶에 대한 칼뱅의 생각을 정리해 보고자 한다. 먼저 율법 말씀의 기능의 관점이다. 율법의 제3사용을 율법 말씀의 핵심 기능으로 보는 칼뱅의 이해를 주목할 필요가 있다. 루터에게 율법의 제3사용의 여지는 없다. 율법의 기능은 오직 죄를 적나라하게 드러내어 회개하게 하고 결국 복음으로 인도하는 것이라고 이해하는 것이다. 칼뱅은 율법의 이러한 기능을 수용하면서도, 동시에 제3사용에 좀 더 비중을 둠으로써 성화의 은총 가운데 하나님이 이루어 가시는 변화의 역사에 주목한다. 다시 말해, 그리스도의 형상을 향한 변화의 역사를 은혜로 이루어 가시는 하나님을 굳게 믿고 율법 말씀을 따라 충실하게 살아갈 때, 성화의 은총이 현실화될 수 있다는 점을 강조하고 있는 것이다.

죄에 대한 고발과 심판의 메시지를 통해 복음으로 이끌어가는 율법의 기능도 중시하지만, 그것만을 생각하지 않고 성화의 은총의 구체적 실현을 위해 필연적으로 요청되는 말씀에 충실한 삶과 그러한 삶을 통한 실제적 변화를 확고하게 견지한다는 점에서 율법은 거룩함에 이르기 위한 희망의 원천이라고 칼뱅은 생각한다. 이런 맥락에서 이신칭의의 은혜로 구원의 백성이 된 이들에게 여전히 율법은 필요한데, 이는 공로주의적 행위를 위한 것이 아니라 오직 은혜 안에서 이루어지는 성화·지향적 행위를 위한 것이며 이로써 율법과의 바른 관계라는 결실에 이르게 될 것이다.

다음으로, 칭의와 성화의 관점이다. 앞에서 살핀 대로, 칼뱅은 칭의와 성화를 지배와 종속의 관계나 인과적 관계의 틀에서 이해하기보다 동일한 구원의 원천적 사건 곧 그리스도와의 연합으로부터 흘러나오는 구분된 양상으로 이해하고자 한다. 그렇다고 이분법적으로 분리하는 것은 결코 아니다. 다만 균형을 말하지만, 성화에 좀 더 비중을 설정한다고 할 수 있다.

칼뱅은 죄를 줄이고 또 죽이고 선을 확장해 나가는 적극적 삶을 강조한다. 은혜는 주로 능력이며 믿음은 순종 혹은 헌신으로 이해한다. 인간은 도덕법을 완수할 수 없으며 또 인간 행위와 그 행위의 결과라는 것은 언제나 불완전하다. 그러나 은혜 안에서 분명한 희망을 본다. 곧 성화의 은혜 가운데 거룩한 변화를 이루어 가시는 하나님의 역사를 신뢰할 때, 신자의 윤리적 변화의 관점에서 비관은 낙관으로 변한다. 칼뱅은 신자들의 갱신과 성숙에 큰 관심이 있기에 적극적으로 의를 추구할 것을 권면하며 구체적으로 덕을 강조하는 교부들의 글을 읽도록 권고함을 보았다. 특별히 덕에 대한 칼뱅의 관심은 신자의 삶을 목적을 향한 순례로 본 것과 관계가 있다고 풀이할 수 있겠다. 요컨대, 칼뱅에게 기독교인의 삶은 "순례"인데 점점 더 거룩해지고 예수 그리스도를 더욱 닮아가야 한다는 의미에서 그렇다.[55]

---

[55] Jesse Couenhoven, "Grace as Pardon and Power: Pictures of the Christian Life in Luther, Calvin, and Barth," 73-75.

V 원죄, 자기사랑 그리고 순종에의 부르심

1. 칼뱅의 원죄론

칼뱅의 원죄론에 대해 창세기와 로마서에 근거해 그가 전개한 신학적 인간론을 중심으로 살펴보고자 한다. 첫 인간은 교만과 자유의 지의 행사를 통해 인간에 대한 하나님의 의도를 거부함으로써 죄와 죽음의 형벌을 받게 되고 이것이 원죄로 온 인류에게 영향을 미치게 되었다는 것이 원죄에 대한 칼뱅의 기본 이해이다.

죄는 어떻게 세상에 들어왔는가? 칼뱅의 응답의 핵심은 자유 선택으로 하나님의 계명을 어겼다는 것이다. 하나님에 대항하여 죄를 지으면서, 아담은 그가 무엇을 하고 있는지를 알고 있었으며 또 죄를 짓지 않을 수 있었다는 점도 알고 있었다는 것이다.[56] 아담이 죄를 짓지 않을 가능성^{혹은 기회}이 있었다면, 왜 죄악된 행동을 선택하게 되었는가? 칼뱅은 죄는 하나님으로부터 돌아서는 것이라고 정의한다. 아담의 선택의 궁극적 이유를 인간의 생각으로 온전히 파악할 수 없다고 전제하면서, 교만이 아담의 죄악된 선택과 행동의 핵심이라는 점을 칼뱅은 지적한다. 아담은 하나님이 필요하지 않다고 생각했기에 하나님으로부터 돌아섰다는 것이다.[57] "교만은 모든 악의 시작이라고 선언한

---

[56] Jean Calvin, *Institutes of the Christian Religion*, II. 1. 4.

어거스틴은 옳다. 야망이 인간이 지켜야 할 선 이상으로 자기 자신을 높이지 않도록 한다면, 첫 인간은 원초적 상태에 계속 머물러 있을 수 있었을 것이다."[58] 그리하여 칼뱅은 아담은 스스로 자기충족적인 존재라는 환상에 빠져 자신의 의지로 하나님의 의지를 대체하려 하였다는 점을 강조한다.

교만이 강하게 작동한 자유 선택에 의해 죄가 세상에 들어왔다면, 그 결과는 무엇인가? 칼뱅에 따르면, 원죄의 대표적인 결과는 정신의 부패와 정욕이다.[59] 하나님께 불순종함으로 참된 지식이 아닌 비진리를 선택한다. 하나님의 길이 아닌 인간의 길을 선택한다. 타락 이후 아담은 더 이상 선을 행할 수 없다. 왜냐하면 무엇이 선을 구성하는지에 대해 온전히 파악할 수 없을 뿐 아니라 만에 하나 그러한 지적 역량이 남아 있다고 하더라도 선을 선택하지 않을 것이기 때문이다. 특별히 하나님과 하나님의 목적의 관점에서 선을 인식하고 판단할 능력을 상실하였다. 물론 타락 이후에도 아담은 그가 생각하기에 선한 것을 선택하기를 원하지만, 그의 무지가 선과 악을 혼돈하게 만들고 선명한 식별에 이르지 못하게 하는 것이다. 죄가 인간의 육체적 본성에만 영향을 미치는 것이 아니라 인간 정신에 전체적으로 영향을 미치게 된 것이다.[60] "아담이 의의 원천을 저버린 후에, 영혼의 모든 부분이 죄의 지배를 받게 되었다. 저급한 욕망이 그를 유혹했을 뿐 아니라 말

---

57 위의 책.
58 위의 책.
59 위의 책, II. 1. 8.
60 위의 책, II. 1. 9.

로 표현할 수 없는 불경건이 그의 정신의 핵심부를 장악했고 교만이 그의 심장의 심층에까지 파고들어갔다."[61] 이렇듯 정신의 부패는 원죄의 결과이기도 하지만 계속적인 범죄와 실책의 원인이 되는 것이다. 다음으로, 정욕이라는 결과를 빼놓을 수 없다. 정욕은 인간의 욕망을 가리키는데, 이것이 보유하는 "힘과 에너지"라는 것은 참으로 강력한 것이어서 그 함의를 표현할 적당한 용어를 찾기가 쉽지 않다는 점을 밝히면서, 칼뱅은 인간의 본성은 선의 관점에서 결핍 그 자체이고 악의 관점에서는 그 동기와 실현에 있어서 차고 넘치는 현실을 적시한다. 그러면서 원죄를 어거스틴을 비롯하여 전통적으로 정욕이라고 일컬어왔는데 이는 적절한 개념화라는 점을 밝힌다. 정욕은 인간 존재 전체에 영향을 미치는데, "지성에서 의지까지, 영혼에서 육체에 이르기까지 영향을 미쳐, 정욕으로 가득 채워져 더럽혀진 채로" 존재하고 살아가게 되었다고 한탄한다. 칼뱅에 따르면, 인간은 "그 자체로 정욕에 다름 아니다."[62]

칼뱅은 이러한 결과는 아담의 죄가 온 인류에게 보편적으로 적용되는 이유를 설명한다고 생각한다. 인류가 아담으로부터 왔다면, 모든 인간은 아담의 죄의 결과를 이어받을 수밖에 없다는 것이다. 죄의 결과들로는 선의 선택에 관한 무능력, 욕망과 교만, 생리적 심리적 연약함 등을 대표적인 보기로 생각할 수 있다. 이런 맥락에서 칼뱅은 아담의 불순종의 계승을 원죄라고 규정한다. 어거스틴 전통을 충실히 따

---

61 위의 책.
62 위의 책, II.1.8.

르면서 칼뱅은 펠라기우스가 죄를 후천적 특성이라고 주장한 바를 반박하면서, 원죄는 인간이기에 공통으로 보유하게 된다는 점을 견지한다.[63]

온 인류가 원죄를 이어 받는다면, 어떤 의미에서 그렇게 되는 것인가? 칼뱅은 원죄로 인한 인류 전체에 대한 심판은 정당하다고 보는데, 모든 인간에게서 드러나는 하나님에 대한 저항과 반항에서 아담과의 원초적 연대성을 탐지하기 때문이다. 교만과 하나님께 대한 반역에서 온 인류는 아담의 원죄에 동참하고 있다고 보는 것이다. "우리는 우리 본성의 모든 부분에서 손상되고 비뚤어졌기에 하나님 앞에서 심판 받는 것이 마땅한데, 하나님께는 오직 의와 결백과 순결만이 받아들여질 수 있다."[64] 칼뱅은 모든 인간은 아담의 죄에 대한 죄책을 갖고 있다고 보는데, 한편으로 인간으로서 정욕을 이어받았기 때문이며 다른 한편으로 아담의 교만을 따라 하나님의 생각과 의지를 자기 자신의 것으로 바꾸려고 시도하기 때문이다. 모든 인간은 불충한 반역자가 된 것이다. 아담과 마찬가지로, 인간은 자기 자신을 사랑하기 위해 하나님을 도구화하기를 주저하지 않으며 하나님과 하나님의 길을 '교만하게' 거부하기를 서슴지 않는데, 이러한 치명적인 자기애와 교만은 원죄의 핵심이 된다는 것이 칼뱅의 생각이다.

---

63 위의 책, II. 1. 7-8.
64 위의 책, II. 1. 8.

2. 자기사랑의 문제

앞에서 본 대로, 인간 존재의 모든 부분이 죄의 영향력 아래 있다. 모든 인간은 원죄의 영향력 아래 본질상 죄인인데, 인간을 결박하는 가장 강력한 죄는 자기사랑이라고 칼뱅은 강조한다. 자기사랑은 일종의 기만적인 자기숭배로서, 인간은 자기 자신을 선하고 복된 삶의 원천으로 자부하게 되었다고 칼뱅은 한탄한다.[65]

하나님을 전심으로 사랑하기를 갈망하고 하나님의 주권에 대한 복종을 인간의 궁극적 책무로 역설하는 칼뱅은 모든 형태의 자기사랑을 부정하고 경멸한다. 역으로 생각하면, 이러한 자기사랑으로부터 자유하고 자기사랑을 극복하는 삶이야말로 구원을 이루고 누리는 삶이라고 보는 것이다. 자기사랑의 심층에 작용하는 본질적인 동인은 무엇인가? 무엇보다도 자유의지의 오작동을 생각해 볼 수 있다. 자기사랑의 주된 오류는 자신의 선함을 스스로 창조했다고 믿게 함으로써 인간의 삶에 대한 하나님의 지위와 역할을 과소평가하거나 부정하게 만드는 것이다. 이러한 오류 발생의 핵심 원인은 자유의지에 있다고 칼뱅은 강조한다. 자유의지가 인간으로 하여금 스스로를 "마음과 의지의 주인"으로 인식하게 만든다는 것이다.[66] 자유의지를 신뢰하고 적극적으로 발현하는 인간은 하나님의 개입이나 주권적 다스림을 벗어나 스스로 무언가를 의지적으로 선택하고 계획하고 실행할 수 있다는 확

65　위의 책, II. 1. 2.
66　위의 책, II. 2. 7.

신에 사로잡혀 있다. 이러한 확신은 삶의 결정적 주체로서의 자기 자신에 대한 신뢰와 무한한 긍정으로 이어진다. 그렇다면 어떻게 자유의지의 오작동을 막고 우상숭배적 자기사랑의 여지를 차단할 수 있는가? 답은 자명하다. 인생과 역사와 세계에 대한 하나님의 궁극적 주권을 인정하고 신적 주권의 신학적 규범적 원천으로서의 하나님의 진리를 수용하는 것이다. 이렇게 함으로써, 인간은 하나님의 주권을 거부하거나 부정하는 반신적反神的 자유의지 사용을 억제하고 자율적 의지와 능력에 대한 자기충족적 신념과 믿음에 매몰되는 위험을 극복하게될 것이다.[67]

또한 왜곡된 자기사랑의 심층에 교만이 자리 잡고 있다. 교만은 하나님이 아닌 자기 자신을 높이는 심각한 죄의 역동이다. 교만에 뿌리를 두고 현실화되는 자기사랑은 자기 자신을 칭송받을 만한 존재로 인식하게 만들며, 더 심각한 지경에 이르면 숭배할 만한 가치가 있는 존재로 스스로를 높이게 만드는 것이다. 이러한 형태의 자기사랑은 하나님 안에서가 아니라 자기 자신 안에서 무언가 탁월함이나 우월함을 탐색하도록 몰아간다.[68] 끊임없이, 집요하게 그리고 강렬하게 자기 자신 안에서 영광을 찾고자 하는 자기사랑의 역동과 실천은 인간됨의 참된 목적 곧 오직 하나님께 영광 돌리는 삶의 구현이라는 목적에 대한 칼뱅의 신학적 신념과 정면으로 배치된다. 이런 맥락에서 칼뱅은 하나님이 아닌 자기 자신을 자랑하고 우상화하는 자기사랑의 의도와

---

67 위의 책, II. 1. 1-4.
68 위의 책, II. 2. 10.

시도를 폐기하고 교만의 죄된 역동을 거슬러 스스로를 낮추는 겸손의 길에 견고하게 설 것을 권면한다. 참된 겸손을 추구할 것을 강력하게 권고하고 있는 것인데, 칼뱅은 겸손이 인간의 연약함과 비참함을 온전히 인식하게 하며 오직 하나님만이 받으셔야 할 존엄을 하나님께 돌리게 하는 원동력이라는 점을 역설한다.[69]

왜곡된 자기사랑의 대표적인 부정적 증후이기도 하고 또 그러한 자기사랑을 형성·강화하는 요인으로서 타자에 대한 정당한 가치인식과 이타적 사랑 실천의 결여도 소홀히 여겨서는 안 된다는 것이 칼뱅의 생각이다. 자기사랑에 비정상적으로 사로잡힌 사람은 자기 자신을 높이고 정서적으로 몰입하게 되는 반면, 타자를 거리낌 없이 무시할 뿐 아니라 구체적으로 타자를 경멸하고 도구화하는 행동을 서슴지 않는다.[70] 이러한 형태의 자기사랑은 타자와의 참된 관계성에 대한 관점과 실천을 왜곡하고 가로막는다. 자기 자신에게 사랑의 시각을 고정함으로써 타자에 대한 적절한 배려와 사랑의 실천을 원천적으로 불가능하게 만드는 것이다.

자기숭배나 타자경시에 이르게 되는 부정적 자기사랑을 극복하기 위해 무엇을 할 것인가? 답은 분명하다. 마땅히 돌려야 할 영광을 하나님께 돌리면서 하나님의 진리와 주권을 존중하는 자유의지의 행사 그리고 하나님의 형상을 공유하는 동료 인간에 대한 동등한 가치

---

69 위의 책, II. 2. 10-11. 여기서 겸허한 자기인식은 무엇보다도 중요하다. 이에 관한 칼뱅의 말을 들어보자. "하나님의 심판의 기준을 따라 스스로를 깊이 들여다보고 또 철저하게 점검한다면, 도무지 자기 자신을 신뢰할 수 없음을 알게 될 것이다. 자기 자신을 더 깊이 점검하면 할수록, 자신에 대한 그 어떤 신뢰도 찾을 수 없다는 사실 앞에 더 깊이 낙담하면 할수록, 스스로 삶을 바로 세울 수 있는 그 어떤 내적 자원을 갖지 못하고 있음을 절감하게 될 것이다"(위의 책, II. 1. 3).

70 위의 책, III. 7. 4.

인식과 구체적인 이타적 사랑의 실천이다. 특별히 후자의 관점에서 칼뱅은 이웃 사랑이 하나님 사랑을 강화하기 위해서도 의미 있는 역할을 할 수 있다고 강조한다. 칼뱅에 따르면, 하나님은 타자를 향한 자기 희생적 사랑을 기뻐하시고 또 그러한 사랑 가운데 역사하시는 분이시며 하나님이 바라시는 기독교인의 윤리적 삶의 방향성은 그러한 사랑의 삶을 확대·심화하는 것이다. 칼뱅은 이웃 사랑은 왜곡된 자기사랑을 극복하는 데 유익할 뿐 아니라 하나님 사랑에로 우리를 이끌어 가고 또 하나님을 더욱 사랑하는 삶을 강화하는 데 이바지한다는 점을 밝힌다.[71]

3. 신적 주권과 소명

칼뱅의 신학적 윤리에서 자유 혹은 의지의 자유는 핵심적 지위를 차지한다고 볼 수 없다. 크게 두 가지 이유를 생각할 수 있을 것인데, 타락 이후 인간의 의지 곧 자유로운 선택의 모판으로서의 의지는 부패하고 비뚤어져서 은혜를 절대적으로 필요로 하며 은혜 없이는 바른 작용이 이루어질 수 없기 때문이며 또 칼뱅의 하나님 주권에 대한 강조는 인간의 자유에 대한 제한과 본질적으로 연관되기 때문이다. 특히 후자의 관점에서 칼뱅에게 신앙의 중심은 자유의지의 보유와 그것의 행사를 통한 자유의 발현이 아니라 하나님과 하나님 주권에 대한

---

71 위의 책, II.8.55.

절대적 복종이라는 점을 유념할 필요가 있다.

구원에 있어 인간은 하나님의 동역자가 될 수 없다. 인간의 그 어떤 결정이나 행동도 하나님의 구원의 의지와 결정에 영향을 미칠 수 없는 것이다. 하나님 의지와 별개로 이루어지는 인간 의지의 자유의 가능성은 허용하지 않지만, 책임을 동반하는 의지의 자유의 실행에 대한 여지는 남겨두는 듯하다. 다시 말해, 구원에 영향을 미칠 수 있는 자유는 없지만 자기 자신의 행동에 대한 책임은 면제받을 수 없다는 것이다. 이신칭의의 은혜를 받은 이들은 이제 성화의 은혜 가운데 그리스도의 형상을 향한 변화의 여정을 걷게 되는 것이며, 그들은 구원받았기에 본질적으로 다른 존재가 되었다고 할 것이다.[72] 성화의 은혜를 받는 자리에 부름을 받는다는 것은 신자들에게 구원의 확신이 주어진다는 것을 의미하고 이 확신 가운데 기독교의 본질적인 윤리적 소명으로서 하나님 사랑과 이웃 사랑의 삶을 오직 은혜에 힘입어 충실하게 살아간다는 것을 의미한다.

하나님의 주권은 칼뱅의 신학뿐 아니라 그의 윤리의 핵심 주제이다. 이신칭의의 은혜를 받은 이들의 심장은 하나님의 더 큰 영광을 위해 거침없이 뛴다. 모든 인간은 하나님께 순종하기 위해 살아가는 것이 마땅하지만, 인간은 "불법적이고 사악한 욕망"의 노예가 되어 순종과는 턱없이 거리가 먼 삶을 살고 있다고 칼뱅은 한탄한다.[73] 인간의 타락과 불순종은 구원의 필요를 불러일으킨다고 말할 수 있는데, 하나

---

72 위의 책, III. 24. 1.
73 위의 책, II. 3. 1.

님의 관점에서 말한다면 타락과 불순종으로 인해 구원이 아닌 멸망을 향한 진로에 서 있는 인간에 대해 하나님은 구원의 뜻을 세우시고 주권적 역사로 그 진로를 역전하여 구원에 이르게 하시고자 한다는 것이다. 하나님의 주권적인 구원의 역사로 인간은 죄악의 길로부터 돌이켜 하나님께로 돌아오게 될 것이며, 그 돌이킴은 선도적인 신적 역사에 대한 인간의 순종을 통해 현실화된다고 할 수 있다. 이렇게 볼 때, 하나님의 주권은 인간의 순종을 내포하기에 인간의 자유는 칼뱅 윤리의 전체 구도에서 중심부에 위치한다고 할 수는 없을 것이다. 주권에 순종하며 영광을 돌리는 것, 이것이 칼뱅 윤리의 핵심인 것이다.

Ⅵ '두 정부'론과 세계 변혁적 영성[74]

1. '두 정부'론 해설

루터와 마찬가지로, 칼뱅은 영적 정부와 세속 정부 혹은 교회와 국가 사

---

[74] 다음의 문헌들에서 이 논제에 관해 다루었는데, 본 저작의 목적에 맞춰 다시 전개하였음을 밝힌다. 이창호, "교회의 공공성에 관한 신학적 윤리적 탐구: 고전적 '두 정부론'의 규범적 이해와 현대 신학적 전개 및 발전 탐색을 중심으로," 『기독교사회윤리』 29 (2014), 153-55; 이창호, "기독교의 공적 참여 모형과 신학적 '공동의 기반'의 모색," 『기독교사회윤리』 31 (2015), 97-100; 이창호, "고전적 기독교사회윤리와 한국 기독교의 공적 관계성에 관한 신학적 윤리적 탐구," 『교회와 신학』 85 (2021), 86-87.

이의 구분을 견지한다. 영적 정부는 영적^{혹은 신앙적} 삶을 관장하는 반면, 세속 정부는 시민적 도덕적 삶의 외적 요건들을 관장한다. 이 구분이 지켜져야 하기에, 칼뱅은 한편으로 정치적 정부는 영혼의 삶에 관한 일들에 대해서는 그야말로 낯선 사람이 되어야 하며, 다른 한편으로 교회는 세속 정부가 감당해야 할 정치적 과업과 권력 행사에 부적절하게 관여해서는 안 된다고 강조한다.[75]

다만 칼뱅은 둘 사이의 구분을 강조하는 것으로 끝나지 않는다. 구분을 말하는 칼뱅은 이제 공존과 협력의 가능성을 논한다. 특별히 세속 정부가 영적 정부 곧 신앙 공동체로서의 교회를 위한 사업에 참여할 수 있는 여지를 열어둔다. 칼뱅에 따르면, 정치적 정부는 "하나님 예배의 외적 측면을 보호하고 건전한 경건의 교리와 교회의 입지를 변호하는 등"의 영적인 과업을 수행할 수 있다.[76] 여기서 우리는 세속 정부의 역할과 권위가 영적^{혹은 내적} 삶에도 미칠 수 있다는 점을 추론할 수 있다. 이는 정치적 정부의 임무는 십계명의 두 번째 부분에만 관련되는 것이 아니라 첫 번째 부분에도 미칠 수 있음을 내포하는 것이다. 정치적 권위는 "사람들 가운데 우상숭배, 신성모독, 진리에 대한 비방 그리고 신앙에 대한 다른 공격이 없도록" 하는 데 이바지할 책무를 가진다고 하겠다.[77] 이런 맥락에서 칼뱅은 세속 정부는 사랑의 이중계명을 완수하도록 부름 받았다고 보는데, 곧 "진실한 믿음과 경건으로 하나님을 예배하는 것"과 "신실한 마음으로 사람들을 품는 것"을 목적

---

75 Jean Calvin, *Institutes of the Christian Religion*, IV. 11. 3.
76 위의 책, IV. 20. 2.
77 위의 책, IV. 20. 3.

으로 삼는다는 점에서 그렇다.[78] 요컨대, 여기서 칼뱅은 세속 정부가 교회의 입지 강화와 안정적인 신앙 실천의 토대 확보를 목적으로 하여 일정 부분 공적 역할을 감당할 수 있는 여지는 남겨 둔다고 볼 수 있다.

정치적 정부가 정당한 권력 사용의 한계를 위배하거나 불의하고 폭력적인 정권으로 부패할 때, 그러한 정치권력에 대해 어떻게 반응해야 하는가? 칼뱅은 기본적으로 세속 권력의 근원이 하나님이시기에 그 권력을 존중해야 한다고 주장한다. 그러나 동시에 무조건적 복종을 요구하지는 않는다. 저항해야 할 정당한 이유들이 있다면 그렇게 할 수 있다는 점을 밝힌다. 세속 권력에의 복종이 하나님께 대한 불순종의 결과로 이어지는 경우,[79] 하나님의 백성이 부당하게 억압받는 경우,[80] 권력의 여러 층위들 간의 관계에서 주어진 권한 범위를 부당하게 넘어서는 경우[81] 등에서 권력에 대한 저항은 정당화될 수 있다고 보는 것이다. 심지어 다니엘 6장 22절 주석에서 칼뱅은 하나님께 반항하는 정권은 자신에게 부여된 권력을 스스로 부정하는 것이라고 주장하면서, 그런 권력은 일반 백성들에게도 아무런 가치가 없는 것이라고 일갈한다. 그러므로 이런 권력에 대해서는 복종하기보다는 무시해 버리는 것이 낫다고 강조한다.[82]

---

78 위의 책, IV. 20. 4.
79 위의 책, IV. 20. 32.
80 위의 책, IV. 20. 30.
81 Quentin Skinner, *The Foundations of Modern Political Thought II: The Age of Reformation* (Cambridge: Cambridge University Press, 1978), 192.
82 Jean Calvin, CR XLI. 25. Jean Calvin, *Institutes of the Christian Religion* II, 1519에서 재인용.

이러한 저항론의 근본적인 정치신학적 토대는 성과 속, 영적 정부와 세속 정부 모두를 포괄하는 하나님의 주권에 대한 신념이다. 하나님이 궁극적 주권자이시기에 정치사회 공동체의 구성원들은 하나님의 주권적 의도와 계획을 존중하는 것이 마땅하다. 세속 권력은 그 자체로 존재 가치를 갖는 것이 아니라 그 권력의 기원이시며 궁극적 주권자가 되시는 하나님의 뜻을 순전하게 따르고 영적 정부혹은 교회와 함께 '거룩한 연방'을 이루어 가는 데 의미 있는 기여를 함으로써 공적 의미와 정당성을 확보하게 되는 것이다.[83] 따라서 칼뱅은 정치사회 영역의 규범적 법적 원리로서의 자연법의 지위를 일정 부분 인정하면서도 독립적 지위를 허용하지 않으며, 궁극적으로 자연법의 지위를 신법에 종속시킨다. 아울러 성과 속을 하나로 묶는 거룩한 연방의 사회적 이상과 연동하고 또 두 영역 모두 규범적으로 신법의 토대 위에 서 있어야 한다는 점을 견지하면서 칼뱅은 영적 정부와 세속 정부 사이의 통일성을 강조한다.

2. 세계 변혁적 영성

하나님에 대한 자연적 지식과 관련하여, 우리는 칼뱅의 세계 변혁적 영성을 생각해 볼 필요가 있다. 칼뱅의 영성은 하나님이 창조하신 온 세계와 세계 안의 모든 생명을 품고자 하는데, 이런 맥락에서 신

---

83 Ernst Troeltsch, *The Social Teaching of the Christian Churches* II, 604-607.

자들이 신앙 공동체뿐 아니라 세속의 영역에서도 적극적으로 신자로서의 삶을 살아낼 것을 권고한다. 칼뱅에 따르면, 믿음은 사적인 신앙의 목적들에 배타적으로 관심을 둔다는 뜻에서 순전히 '개인적인' 것이어서는 안 된다. 오히려 믿음은 "타락한 세상이 창조자와의 관계를 회복하는 것에" 관심을 두어야 한다고 강조한다.[84]

맥그래스에 따르면, 칼뱅의 세계 변혁적 영성은 "하나님과 세상이 완전히 분리되는 가능성을 부정하면서 둘 사이의 존재론적 차이"를 인정한다.[85] 창조자로서 하나님에 대한 지식은 하나님이 창조하신 피조세계에 대한 지식과 따로 떼어놓을 수 없다. 기독교인들은 세상을 부정하고 등져서는 안 되고 세상을 하나님의 뜻이 구현되어야 할 중요한 삶의 공간으로 인식해야 하는데, 그 공간을 창조하시고 다스리시는 이가 바로 창조자이자 주권자이신 하나님이고 하나님께 대한 충성과 헌신은 신자의 마땅히 할 바이기 때문이다. 여기서 세상은 공적 정치사회적 공동체뿐 아니라 자연도 포함한다는 점을 밝혀 두어야 하겠다.[86] 요컨대, 기독교인들이 세계 안에서 하나님을 인식하고 또 하나님을 창조자로 고백하고 그 신앙을 전체 창조의 지평에서 살아냄으로써 이 세계 안에서 변화와 회복을 이루어 가시는 하나님의 역사에 동참하게 되는 것이다.

---

84 Alister E. McGrath, *Spirituality in an Age of Change: Rediscovering the Spirit of the Reformers*, 129.
85 위의 책, 131.
86 위의 책. 하나님께 영광을 돌리기 위해 헌신하는 신자들은 하나님이 창조하신 자연을 존중할 수밖에 없다. 다만 자연을 존중함을 통해 하나님을 예배하는 것이지 자연을 예배하는 것이 아니라는 것이 칼뱅의 생각이다.

VII 성윤리[87]

1. 위계질서를 넘어 평등을 지향하는 남녀관계

　　남녀관계에 대해, 칼뱅은 하나님 나라 안에서의 평등과 역사의 과정에서의 위계질서, 이 두 가지를 다 말한다. 먼저 하나님 나라 곧 그리스도의 영적 정부 안에서 그 어떤 사회적 성적 차별은 있을 수 없고 또 있어서는 안 된다. 칼뱅은 하나님 앞에서 그 누구도 차별 받아서는 안 되고 모든 인간을 동등하게 가치인식하고 대우해야 한다는 의미에서 보편적 평등을 강조하고 있는 것이다. "남자이든 여자이든 그 어떤 차별 없이 예수 그리스도의 지체이며 하나님의 자녀가 될 수 있다."[88]

　　이렇듯 영적인 관점에서 남녀간의 평등을 주장하면서도, 칼뱅은 사회적 관계성의 관점에서 남성과 여성 사이의 위계질서에 대해 논한다. 여성은 사회적 관계들 속에서 남성에 복종해야 한다는 것이다. 고린도전서 11장 8-9절 주석에서 여성에 대한 남성의 지배와 남성의 권위에 대한 여성의 복종을 권고한다. 여기서 칼뱅은 창조신학적

---

87 이 부분은 다음의 문헌을 토대로 한 것임을 밝힌다. 이창호, "종교개혁의 '개혁적' 성윤리 탐색: 루터와 칼뱅의 남녀계성과 결혼 및 성적 결합에 대한 이해를 중심으로," 『기독교사회윤리』 39 (2017), 176-82.

88 Jean Calvin, *Sermons on the Epistle to the Corinthians, Ioannis Calvini Opera quae supersunt omnia*, 59 vols., 49, 727. Claude-Marie Baldwin, "John Calvin and the Ethics of Gender Relations," *Calvin Theological Journal* 26 (1991), 136에서 재인용.

관점과 사회적 관점을 해석적으로 결합한다. "바울은 두 가지 근거로 남성의 여성에 대한 우위를 주장한다. 첫째, 여성은 남성으로부터 왔기 때문에 여성은 남성보다 낮은 위치를 점해야 한다. 둘째, 여성은 남성을 위해 창조되었기 때문에, 여성은 남성에 복종해야 하는 것이다."[89] 이러한 위계질서에 관한 이해는 하나님의 계명에 따른 것이다. 칼뱅은 이 계명을 따르는 것은 사회질서를 유지하기 위해 필요한 것이라고 생각한다. "칼뱅의 저작 여러 곳에서 〈폴리스〉라는 말을 많이 발견하는데, '질서'를 뜻하는 것이다. 칼뱅에 따르면, 이 질서의 원칙은 기독교 자유와는 동전의 양면과 같은 관계로서 사회를 지배하는 원리이다. 하나님은 인류 공동체가 정상적으로 형성되고 작동되게 하기 위해서 남성과 남성 그리고 남성과 여성 사이에 이루어지는 일종의 관계질서를 기름 부어 세우셨다."[90]

2. 계약으로서의 결혼과 부부간 성적 의무

칼뱅은 결혼을 계약혹은 언약으로 본다. 결혼의 목적으로 출산과 자녀 양육, 성적 부도덕성으로부터의 배우자 보호 등을 말하는데, 이 점에서 칼뱅은 기본적으로 어거스틴 전통에 서 있으며 또 루터의 이해와 가깝다고 볼 수 있다. 그러나 어거스틴이나 루터보다는 진일보한

---

[89] Jean Calvin, *The First Epistle of Paul the Apostle to the Corinthians*, trans. John W. Fraser (Grand Rapids: Eerdmans, 1960), 232.

[90] Claude-Marie Baldwin, "John Calvin and the Ethics of Gender Relations," 139.

결혼관은 제시한다. 칼뱅은 남편과 아내 사이의 상호적 사랑과 협력의 중요성을 강조하면서, 동반자 관계 형성companionship을 결혼의 가장 중요한 목적으로 설정한다. 그러기에 결혼한 부부는 친밀한 동반자 관계를 이루려고 열망하며 노력해야 한다는 것이 칼뱅의 생각이다. 여기서 칼뱅은 결혼의 가장 중요한 목적을 출산으로 보는 고전적 이해를 뛰어넘는다. 이츠Wilson Yates가 지적한 대로, "칼뱅 이전에 결혼의 주된 목적은 출산이었다. 그러나 칼뱅에게서 출산은 동반자 관계에서 흘러나오는 축복으로 해석된다."[91]

　　칼뱅은 결혼을 계약으로 보는데, 그의 견해에서 계약의 개념은 성경에 깊이 뿌리를 내리고 있다. 이 계약은 가부장적 특징을 갖는데, 하나님은 아버지가 되고 이스라엘 백성은 하나님의 자녀가 된다는 의미에서 그렇다. 결혼을 계약이라 할 때, 칼뱅은 이러한 가부장적 특징을 남편과 아내 관계에 적용한다. 남편과 아내는 한 몸과 한 영으로 묶여 있다 해도, 각각 특수한 역할과 권위를 가진다. 남편은 아내의 머리가 되며 아내는 남편을 돕는 이가 된다. 하나의 사회적 기구로서 결혼의 관계 안에서 아내는 남편에게 복종한다. 에베소서 5장 22-26절 설교의 한 대목을 들어보자. "아내가 남편과 결합할 때, 그를 도울 존재로 주셨다. 아내는 남편의 몸의 한 부분이다."[92] 여기서 칼뱅은 권위와 역할의 차이를 말하면서, 남편과 아내의 관계를 위계의 관점에서 논하고 있는 것이다.

91　Wilson Yates, "The Protestant View of Marriage," *Journal of Ecumenical Study* 22-1 (1985), 43.

92　Jean Calvin, *Sermons on the Epistle to the Ephesians* (Carlisle, Penn.: The Banner of Truth Trust, 1975), 565.

그러나 결혼과 구약 성경의 계약 사이의 유비를 말하면서, 칼뱅은 하나님은 이 계약에서 계약의 상대인 이스라엘 백성을 주종의 관점에서 보지 않고 '파트너'로 본다는 점을 강조한다. 백성이 계약의 상대인 하나님에 대한 책임을 소홀히 할 수도 있고 심지어 계약을 깰 수도 있지만, 그렇다 해도 하나님의 파트너로서의 지위가 사라지는 것은 아니라는 점을 주목할 만하다. 여기서 계약 참여 주체의 정체성이나 관계성에 있어서 지속성을 중요하게 보고 있다는 점을 추론할 수 있다. 칼뱅은 이 '지속성' 논지를 결혼에 적용하여, 계약으로서의 결혼에 있어서도 계약의 주체인 남편과 아내가 결혼계약에 책임적이어야 하고 지속적으로 계약관계를 보존하고 성숙시키기 위해 협력해야 한다고 강조한다. 이런 맥락에서 칼뱅은 '질서'의 관점에서뿐 아니라 결혼계약에 대한 책임적 헌신과 상호협력의 지속적 추구의 관점에서도 접근하고 있다는 점을 밝혀 두어야 하겠다. "또한 여기에 특별한 질서가 있는데, 이 질서 안에서 남편은 권위에 있어서 우월하다 하더라도, 그점이 아내에 대한 의무 수행에 걸림돌이 되어서는 안 된다."[93] 이 인용에서 칼뱅은 질서와 상호협력을 모두 말하는데, 권위와 연관된 질서 논의로 끝내지 않고 그 질서가 서로에 대한 가치인정과 상호협력을 가로막아서는 안 된다고 권고하고 있다는 점을 눈여겨보아야 할 것이다.

계약으로서의 결혼의 불가변성과 결혼의 지속성을 담보하기 위한 헌신을 강조하는 칼뱅의 입장은 이혼에 대한 단호한 반대로 이어진다. 칼뱅은 이혼을 자기 몸의 일부를 찢어내는 것과도 같다고 비유

---

93   위의 책.

하는데, 결혼계약을 통해 한편으로 물리적 관점에서 남편과 아내가 한 몸을 이루었고 다른 한편으로 시간적 관점에서 남편과 아내가 함께 맺은 언약은 영속적이어야 하기 때문이다.[94] 다만 예수 그리스도의 가르침을 반영하여, 간음의 경우에는 이혼의 여지를 열어 둔다. 이 점에서 칼뱅은 이혼에 관한 한 루터보다 좀 더 엄격한 입장이라고 할 수 있다. 그러나 이러한 이론적 엄격함은 현실 생활에서는 좀 더 완화된 형태로 적용되었다는 점을 주목할 만하다. 예를 들어, 1561년 교회법에 따르면, 결혼생활 수행이 불가할 만큼 심각한 신체적 흠을 가진 경우 결혼은 무효가 되는가 하면, 이혼을 목적으로 간음을 수행한 경우는 '간음'임에도 이혼이 허용되지 않았다.[95]

칼뱅은 부모로서의 책무와 성적 의무의 관점에서 평등을 말한다. 자녀에 대한 부모의 책임의 관점에서 아내는 남편과 동등하다. 부모 역할에서의 동등됨을 말하면서, 칼뱅은 "우리는 여기서 권위가 아버지에게뿐 아니라 어머니에게도 주어지는 방식을 보게 될 것이[며] 하나님은 아버지에게만 자녀를 다스릴 권위를 주신 것이 아니라 어머니에게도 명예와 권위를 주셨다."고 강조한다.[96] 또한 성적 관계에서의 평등이라는 관점에서 칼뱅은 "남편과 아내는 선의를 가지고 서로 존중해야 한다."는 기본 원리를 밝히면서, "남편이든 아내이든 상대의 몸에 대해 완력으로 지배하려 해서는 안 된다."고 권면한다.[97] 이 점을

94 Jean Calvin, *A Harmony of the Gospels Matthew, Mark and Luke* II, trans. T. H. L. Parker (Grand Rapids: Eerdmans, 1972), 244-45.

95 A. Biéler, *L'Homme et la femme dans la morale calviniste*, 136-37. 이오갑, "칼뱅의 결혼관," 『신학논단』 63 (2011), 192에서 재인용.

96 Jean Calvin, *Sermons on Deuteronomy*, trans. Arthure Golding (Carlisle, Penn.: The Banner of Truth Trust, 1987), 755.

부부의 성적 결합에 적용하면서, 칼뱅은 성적 의무 수행에 있어서의 평등과 상호적 책무를 역설한다. "사도 바울이 왜 양자에게 동등한 지위를 허용했는지 또 아내의 순종과 복종을 요구하지 않았는지에 대해 의문을 제기할 수 있을 것이다. 나의 답은 이것이다. 성관계에 관련해서 서로 책임을 다해야 한다."[98] 부부간 상호적 성적 책무 수행의 중요성을 논하는 맥락에서, 칼뱅은 기독교인들은 때론 성적 문제에 대해 토론해서는 안 된다고 생각하는데 이는 적절치 않다고 밝힌 점도 주목할 필요가 있다.[99]

다만 어거스틴의 영향을 받아, 부부의 성적 결합을 죄론과 연계해서 논한다. 칼뱅은 성적 욕망의 통제 불가함을 죄가 가져다 준 결과라고 생각한다. 기본적으로 성적 욕구는 좋은 것이지만, 더 이상 본래의 상태를 유지하지 못하고 있다는 부정적 견해를 견지한다. 그러나 성적 욕구는 통제되고 해소되어야 할 것인데, 결혼 관계 안에서 그렇게 되어야 한다고 칼뱅은 강조한다. 그리하여 결혼은 성적 욕망의 치유 통로가 된다. 아울러 칼뱅은 부부간 성적 결합을 통해 남편뿐 아니라 아내도 즐거움과 만족을 얻어야 한다는 점을 지적하면서[100] 건강한 성생활을 강조하는데, 출산 가능 연령을 넘긴 후에도 지속되어야 한다고 권고한다.[101] 이로써 보건대, 칼뱅은 부부간 성적 결합은 단지 출산

---

97   Jean Calvin, *The First Epistle of Paul the Apostle to the Corinthians*, 137.

98   위의 책.

99   위의 책.

100   Claude-Marie Baldwin, "John Calvin and the Ethics of Gender Relations," 138.

101   John Witte, Jr., "Between Sacrament and Contract: Marriage as Covenant in John Calvin's Geneva," *Calvin Theological Journal* 33 (1998), 52.

만을 위한 것이 아니라 부부의 상호적 사랑이 교류되는 자리이자 동반자 관계 증진을 위한 중요한 통로가 된다고 주장하고 있는 것이다.

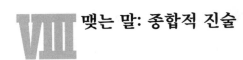

VIII 맺는 말: 종합적 진술

칼뱅의 신학적 윤리의 중요한 출발선은 인간론이다. 인간의 자기이해는 죄성과 연약함에 대한 인식과 다름 아니다. 인간됨의 본질을 죄악됨과 부패함 그리고 피조물로서의 한계와 유한함에서 찾는 것이다. 이것은 실존적 이해이기도 하지만 선명한 신학적 의도를 내포한 인식이라고 할 것인데, 인간의 온 존재가 죄의 영향을 받고 있고 피조물로서의 한계에 직면하여 고통할 수밖에 없기에 인간은 죄에서 해방되고 피조물의 한계를 넘어서 참된 인간성에 이르기 위해 인간 밖으로부터 창조자이자 구원자이신 하나님의 은혜의 손길을 필연적으로 추구하고 절대적으로 의지할 수밖에 없다는 신념을 칼뱅은 확고하게 증언하고 있다는 점에서 그렇다. 구원의 관점에서 인간의 죄성은 참으로 치명적임을 보았다. 왜냐하면 구원에 결정적인 지식 곧 하나님과 하나님 사랑에 대한 지식을 완전히 가로막기 때문이다. 죄의 장벽을 걷어내고 하나님에 대한 구원적 지식에 이를 수 있는 길은 오직 은혜 곧 예수 그리스도를 통해 주시는 구원의 은혜를 받는 것이다. 이 은혜의 역사는 하나님의 절대적 주권의 틀 안에서 이루어진다는 점 또한 칼뱅은 확고하게 견지한다.

하나님에 대한 구원적 지식에 관해서 인간은 전적으로 무능하지만, 자연적 인식의 가능성이 열려 있다는 점을 보았다. "눈을 뜨기만 하면 하나님을 볼 수 있다."는 칼뱅의 선언을 다시 생각해 보라. 또한 사회적 삶과 학문 수행 그리고 문명 창출과 전개를 위해 이성 혹은 인간의 지성적 능력은 여전히 살아 있고 유효하다. 앞에서 본 대로, 신학적으로 칼뱅은 이를 일반은총의 틀 안에서 이해하고 설명한다. 다만 인간에게 하나님이 보편적으로 허락하시는 이성적 문명적 역량을 활용하여 사회적 학문적 문명적 결실을 추구하고 맺어갈 때 그러한 과정과 결실을 평가하는 기준 혹은 방향성이 있음을 분명히 하는데, 그것은 인간 공동체의 공익과 하나님의 영광^{하나님 나라} 이다.

영적 정부와 세속 정부^{혹은 교회와 국가} 사이의 적절한 구분을 견지하지만 그렇다고 완전한 분리를 경계하는 칼뱅은 둘 사이의 협력과 연대의 필요성을 뚜렷하게 제안한다. 칼뱅의 사회적 이상에 따르면, 성과 속을 포괄하여 모든 사회의 구성원들은 하나님의 주권이 실현되는 거룩한 연방을 이 역사 속에서 구현하도록 부름 받는다. 이러한 신적 소명에 응답하기 위해 교회와 국가는 함께 뜻을 모으고 힘을 모아야 하는 것이다. 교회는 국가의 공적 임무 수행에 대해 성경에 드러난 하나님의 의도와 계획에 비추어 안내하고 지원하고 협력해야 하며 국가는 교회의 입지나 교리의 외적 측면을 위해 일정 정도 역할을 감당해야 한다는 칼뱅의 조언을 살폈다. 후자의 관점에서 칼뱅의 본래 취지와 달리, 국가가 정치적 권력으로 교회의 고유한 영적 영역에 부적절하게 개입할 수 있는 가능성이 생긴 점에 대해서는 비평적 성찰이 요구된다고 할 것이다. 다만 칼뱅이 기독교의 사회윤리적 지향과 실천적 방향성을 '변혁'에 두고 있다는 점을 고려할 때, 교회는 신앙 공동체는 물론이고 세속 영역 안에서도 동료 시민들과 함께 또 그들을 추동하면서 성경에 드러난 사회적 이상을 기준과 목적으로 삼아 사회를 변화시키는 공적 사명에 부름 받았다고 할 것이다. 특별히 세계 변혁적 영성의 관점에서 교회와 신자들의 사회적 책무 실현의 대상영역은 정치사회 공동체 뿐 아니라 하나님이 창조하신 전체 세계를 포괄한다는 점을 밝혀 두어야 하겠다.

어거스틴 전통에 서서 결혼과 가정의 목적을 출산, 성적 부도덕으로부터 배우자 보호, 후손 재생산과 양육 등으로 여기지만, 하나님과 하나님 백성 사이의 언약에 유비를 가지면서 계약으로서의 결혼의 의미를 칼뱅이 강조함을 보았다. 결혼이라는 언약 관계를 지속적으로 보존·성숙시켜 나가기 위해 남편과 아내의 상호 헌신과 사랑이 요구된다는 점, 결혼의 핵심은 부부간 동반자 관계 형성이며 출산은 동반자 관계의 자연스러운 결실이라는 점 등을 주목해야 할 것이다. 결혼의 우선적 목적이 출산이 아니기에, 출산이라는 결과에 귀결되지 않는 성적 결합에 대한 부정적 판단에 신중하며 사랑에 근거한 부부 관계가 가져다주는 행복과 기쁨을 긍정한다는 점 또한 전향적 이해라고 볼 수 있다.

제 5 장

❋

비교와 평가 및 윤리적 제안

제5장　비교와 평가 및 윤리적 제안

I 율법과 복음

1. 비교와 평가

어거스틴, 아퀴나스, 루터 그리고 칼뱅은 공히 율법과 복음의 통일성을 견지한다. 통일성의 핵심적인 토대는 율법과 복음을 포괄하는 성경 계시의 유일한 기원이 하나님이시라는 신학적 진실이다. 우리가 본 대로, 칼뱅은 율법과 복음의 통일성을 주장하면서, 이 둘을 관통하는 핵심적인 해석적 줄기로서 '영원한 사랑의 통치'를 강조한다. 이 점에서 어거스틴의 해석학적 입장은 칼뱅과 유사하다. 어거스틴 성경해석의 열쇠는 사랑의 이중계명 곧 하나님 사랑과 이웃 사랑의 계명을 주석적으로 또 실천적으로 더 강화하느냐 아니냐다. 다시 말해, 성경해석을 통해 산출된 의미와 그 의미에 충실한 실천이 하나님과 이웃을 더욱 사랑하는 결실에 이르게 하는 것이라면 정당하고 적절한 해석으로 판단할 수 있다는 것이다. 아퀴나스는 자연법과 성경의 의미론적 연관성을 강조하는 맥락에서 성경을 관통하는 핵심 메시지를 십계명과 사랑의 이중계명으로 집약하는데, 여기서 그는 신약과 구약 그리고 율법과 복음의 연속성을 견지한다고 볼 수 있다.

율법과 복음이 규범적으로 작용하는 영역의 관점에서 살피는 것도 필요하다. 이 관점에 대한 논의는 루터와 칼뱅에게서 두드러지게 드러난다. 루터와 칼뱅은 한편으로 율법은 도덕적 사회적 관점에서 행위와 삶을 규율하는 규범적 토대로 그리고 죄인으로서의 인간됨의 본질을 드러내어 회개하게 하고 그리스도께로 인도하는 말씀의 계시로 작용하고 다른 한편으로 복음은 구원이나 영적 내적 삶과 연관되어 주된 통치의 기능을 수행한다는 데 동의한다. 다만 칼뱅은 둘 사이의 구분도 인정하지만 루터보다는 연속성에 좀 더 비중을 두고 있다는 점을 밝혀 두어야 하겠다. 복음으로 인도하는 율법의 기능에 더하여 율법의 제3사용을 강조하며 신자들의 삶을 율법의 규범적 틀 안에서 총체적으로 이해하려고 하는 칼뱅은 율법을 도덕적 사회적 차원 뿐 아니라 영적인 차원 곧 신자의 거룩한 변화^{성화}의 차원에서도 주목한다. 율법은 인간 삶의 외적 영역을 그리고 복음은 영혼의 문제를 각각 관장한다는 '구분'론을 넘어서 칼뱅은 이 둘 사이의 연속성을 강조하면서 그 규범적 근거로서 성경의 심층에 흐르는 사랑의 정신^{영원한 사랑의 통치}을 중시함을 보았다. 이런 맥락에서 정치사회적 체제와 질서도 궁극적으로 하나님의 사랑의 통치를 지향하고 또 반영해야 한다는 칼뱅의 주장을 눈여겨보아야 할 것이다. 특별히 거룩한 연방을 향해 공동으로 전진해 가는 '성과 속'에 대한 통전적 이상을 견지하는 칼뱅의 사회윤리적 지향을 고려할 때 율법과 복음은 개별 신자의 변화를 견인할 뿐 아니라 전체 사회의 하나님 나라를 향한 변화를 불러일으키는 규범적 동인과 기준으로서 수용되어야 할 것이다.

　　루터와 칼뱅은 기독교회와 신자들의 삶은 율법과 복음의 총체적인 역사의 틀 안에 있다는 신념에 근거하여 영적 정부뿐 아니라 세속 정부의 체제와 질서를 존중해야 한다는 입장을 취한다. 다만 칼뱅은 기독교인의 정치사회적 실존을 설명하고 구성하는 데 있어서 율법과 복음 사이에 좀 더 긴밀한 연관을 설정한다. 율법이 복음으로 이끄는 '초등교사'로서 작용할 뿐 아니라 신자들이 신앙 공동체 안팎에서 거룩함과 하나님 나라를 향하여 변화의 발걸음으로 전진하도록 하는 희망의 계시로 작용해야 한다는 점을 견지하고 있다는 것이다.

　　어거스틴과 아퀴나스는 루터나 칼뱅과 마찬가지로 율법과 복음의 통일성을 세속 정부와 영적 정부의 관계성 인식과 연계하는데, 율법과 복음의 구분보다는 일치에 좀 더 비중을 두면서 기록된 말씀으로서의 성경 혹은 신법이 두 정부의 연속성^{혹은 통일성}을 규범적으로 정당화하는 핵심 근거이며 신법으로서의 성경이 세속 정부의 통치를 위한 지도 원리로서 작용해야 한다는 생각을 기본적으로 공유한다. 다만 둘 사이에 차이도 존재한다. 무엇보다도 세속 정부에 대한 근본적인 인식의 차이를 주목할 필요가 있다. 어거스틴에게 국가는 죄의 결과이자 치유책인 반면, 아퀴나스에게 국가는 창조의 질서이며 근본적으로 선하다. 국가의 작용과 정치지도자의 통치의 이론적 규범적 기초로서의 이성과 자연법의 지위와 가치를 인정하지만, 신뢰의 강도는 사뭇 다르다. 어거스틴은 이성과 자연법을 토대적 작용원리로 삼은 정치적 행위가 인간의 죄성으로 인해 부패하거나 퇴락할 가능성이 높기에, 이러한 부정적 작용과 결과를 방지하거나 치유하기 위한 성경과 성경에 근거한 교회의 지도의 중요성을 한껏 강조한다. 아퀴나스도 특별계시로서의 성경과 성경의 가르침을 통해 세속적 정치 행위의 약점을 보완할 수 있고 또 그렇게 해야 한다는 인식을 가지고 있지만, 어거스틴 보다는 창조의 질서로서의 세속 정부에 대한 신뢰가 높기에 세속 정부의 오작동이나 직무유기 혹은 충분치 못한 작용을 교정하거나 보완하기 위한 성경의 개입의 여지는 어거스틴에 비해 상대적으로 적게 허용한다. 오히려 아퀴나스에게 신법이 세속 정부의 통치를 위해 중요한 이유는 정치지도자가 공적 공동체를 신학적 차원의 공공선 곧 천상의 지복을 향해 이끌어갈 책무를 가지고 있다는 그의 신념에서 찾아야 할 것이다. 이러한 세속적 통치의 궁극적 목적을 고려할 때 신법과 신법을 통한 교회의 지도가 필수적이라는 아퀴나스의 주장에 유의할 필요가 있다는 것이다.

2. 윤리적 제안

율법과 복음의 관계성에 대한 인식에 있어 네 신학자 사이에 차이가 존재하지만 기본적으로 율법과 복음을 통전적으로 보고자 하는 신학적 경향을 공통적으로 찾을 수 있었다. 율법과 복음을 통해 인생과 역사를 주관하시는 하나님의 주권을 분명하게 인정하는 것은 기독교인의 영적 사회적 삶을 구성하는 데 있어 매우 중요한 의미가 있다고 할 것이다. 하나님은 인간 실존의 영적 영역에서만 섭리적 애정과 주권적 뜻으로 역사하시는 것이 아니라 정치사회적 실존을 위해서도 깊은 애정과 섭리적 뜻으로 궁극적 주권을 드러내신다. 특별히 이러한 하나님의 포괄적 주권과 그 구현은 '말씀'의 본질과 작용의 관점에서 율법과 복음의 통일성에 심층적인 근거를 두기에 율법과 복음의 엄격한 분리를 경계하는 입장은 성과 속을 포괄하여 기독교인의 정체성과 실존을 통전적으로 규정하고 구성하는 데 의미 있는 기여를 할 것으로 판단한다.

　　다만 율법과 복음 사이의 일치나 연속성에 대한 지나친 강조로 인해 생길 수 있는 부정적 결과에도 유의해야 할 것이다. 한편으로 복음에 대한 율법·우위적 해석과 적용이 일방향적으로 추구된다면 기독교인의 삶을 율법주의적으로 구성할 가능성을 높이며 다른 한편으로 영적 영역과 정치사회적 영역을 포괄하는 기독교인의 전체적인 삶을 형성하고 전개함에 있어 율법 말씀의 규범적 토대로서의 지위와 역할을 전적으로 부정한다면 무규범주의의 경향을 강화하여 적절한 규범적 방향 제시가 약화될 가능성이 있다는 점을 고려할 필요가 있을 것이다.

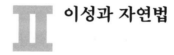

II 이성과 자연법

1. 비교와 평가

　　칼뱅은 죄성을 인간의 본질적 특성으로 이해하고 죄가 인간 존재에 전체적으로 영향을 미치고 있다는 점을 강조한다. 인간의 죄성은 하나님 인식에 치명적인 악영향을 끼치게 되는데, 우리가 본 대로, 죄가 구원에 이를 수 있게 하는 영적 통찰 곧 하나님과 하나님의 사랑에 대한 통찰을 결정적으로 가로막는다. 다만 이러한 죄성에 대한 이해가 이성의 인식론적 문명·창출적 역량을 전적으로 부정하는 것은 아니라는 점을 밝혀 두어야 하겠다. 이성은 인간이 사회를 구성하고 인간 문명을 창출·전개해 가는 데 있어 유용하다는 것이 칼뱅의 생각임을 보았다. 칼뱅은 이성에 대한 이러한 긍정을 일반은총의 틀 안에서 신학적으로 정당화한다. 이성은 신자의 전유물이 아니다. 하나님이 창조하신 모든 인간에게 부여하신 인간론적 요소라는 점에서 보편적이다. 보편적으로 주어진 인간론적 본성과 역량을 가지고 피조세계 안에서 하나님의 '흔적'을 인식·경험할 수 있으며 신학 뿐 아니라 인문학, 사회과학, 자연과학 등 다양한 영역에 속하는 학문 활동을 통하여 인간과 역사와 세계에 대한 이해를 확장하고 발전적 전개를 위한 방향성을 제시·적용할 수 있다. 특별히 과학기술은 인간 문명의 창출과 전개를 위해 의미 있는 기여를 할 수 있고 또 그렇게 해야 한다는 점을 칼뱅은 제안한다.

루터 역시 구원의 관점에서 인간론적 역량 곧 이성이나 의지를 포함하여 구원에 기여할 수 있을 것이라고 주장되기도 하는 역량에 대해 단호한 부정의 입장을 견지한다. 구원에 관해서 인간은 철저하게 무능하며 그기에 구원을 위해 하나님의 은혜에 절대적으로 의존해야 한다. 칼뱅과 마찬가지로, 사회 구성과 문명 창출을 위한 인간 이성의 역할을 긍정한다. 루터는 이성을 정치사회 공동체의 제도적 체제적 질서와 뼈대를 형성하기 위한 가장 중요한 토대로 이해하며, 인간 공동체의 정치사회적 보존과 전개를 위해서 이성이 지속적으로 유효하다는 점 또한 강조한다. 이성의 정치사회적 기능에 대한 루터의 신념

신학적 윤리 _ 어거스틴, 아퀴나스, 루터, 칼뱅을 중심으로

은 '창조의 질서'에 대한 신학적 이해와 긴밀하게 연결되어 있다는 점을 보았다. 창조의 질서라는 개념은 하나님이 창조의 맥락에서 인간이 공동체로서 생존·공존하고 성장해 가기 위한 기반 곧 '사회적 기능들'을 세워 두셨다는 생각을 내포한다. 루터에 따르면, 하나님이 창조의 질서로서 마련해 두신 인간 공동체의 존재 기반을 인식론적으로 또 실제적으로 구현하는 통로는 기본적으로 이성이다.

아퀴나스의 윤리는 자연법 윤리라고 칭할 수 있다. 자연은 인간 본성과 자연세계 모두를 포함한다. 인간 본성과 자연 안에 어떤 질서 혹은 법칙이 있고 그 질서나 법칙을 따르는 것이 인간과 세계에 옳고 또 좋다는 규범적 인식을 뚜렷하게 내포하고 있는 것이다. 신학적으로 말하면, 그러한 질서와 법칙을 부여하신 분은 하나님이시라는 신론적 진실에서 자연법 윤리에 대한 신학적 정당화의 주된 근거를 찾을 수 있다. 우리가 본 대로, 자연법은 정치사회 공동체의 다양한 법적 체제와 질서와 제도의 기초가 된다. 자연법을 기초로 해서 시민사회와 정치적 체제를 규율하는 법들이 생산되는 것이다. 아퀴나스의 윤리와 법 체계에서 자연법의 뿌리가 되는 심층의 요소가 있는데, 그것은 이성이다. 법은 '이성의 규율'이며, 이성의 규율을 따라 법은 본성적으로 공공선을 지향한다. 그러므로 정치적 통치행위의 척도가 되는 법은 궁극적으로 또 실제적으로 공공선을 지향하며 그러한 법의 존재와 작용은 이성에 의해 정당화되는 것이다.

아퀴나스는 계시 인식에 있어서도 이성과 자연법의 지위와 작용을 한껏 긍정한다. 앞에서 살핀 대로, 이성의 산물로서의 자연법과 특별계시로서의 성경을 통해서 드러나는 하나님의 뜻의 핵심적 내용은 동일하다. 자연법의 요약이 십계명이며 사랑의 이중계명이라는 아퀴나스의 주장이 이를 뒷받침한다. 다시 말해, 특별계시를 통해 접근할 수 있는 신학적 진리를 이성의 작용에 의해 자연법을 통해서도 보편적으로 접근할 수 있는 여지를 아퀴나스는 허용하고 있다고 볼 수 있다. 다만 특별계시로서의 성경이 자연법을 보완하는 역할을 할 수 있고 또 그렇게 해야 한다는 아퀴나스의 주장도 주목해야 할 것이다. 이성의 충분치 못한 작용이나 오작동으로 인해 자연법에 대한 온전한 인식에 이르지 못할 가능성을 제기하며, 이를 해소하고 교정할 수 있는 역할을 성경이 감당해야 한다는 점을 아퀴나스는 제안하고 있는 것이다.

2. 윤리적 제안

이성의 작용과 그 결과에 대해 규범적으로 평가할 수 있는가? 만일 이성의 무오류성을 주장한다면, 규범적 진단과 평가를 면제받을 수 있는가? 규범적으로 평가받아야 한다면, 평가를 위한 기준 혹은 척도로서 받아들일 수 있는 것은 무엇인가? 이러한 질문들에 대해 여기서 다루고 있는 신학자들은 어떻게 응답할 것인지에 대해 탐색하면서, 이성과 자연법에 대한 규범적 평가와 방향성 제시라는 관점에서 윤리적 제안을 하고자 한다. 칼뱅은 인간 공동체의 생존과 사회적 삶 그리고 문명 창출과 전개를 위한 이성의 작용을 일반은총의 틀 안에서 신학적으로 정당화하면서, 이성의 작용과 그 작용을 통한 사회적 문명적 결실에 대해 평가할 수 있는 기준을 제시한다. 앞에서 본 대로, '하나님 경외'와 '공익'과 '하늘의 일'이다. 첫 번째는 일반적이고 두 번째와 세 번째는 신학적이다. 공적 정치사회적 공동체에 유익을 주느냐 그렇지 못하느냐가 일반적으로 적용할 수 있는 척도가 된다는 뜻이며, 하나님을 경외하며 하나님께 영광을 돌리고자 하는 근본적 지향을 견지하면서 하나님 나라 확장에 이바지하느냐 그렇지 못하느냐가 궁극적으로 또 신학적으로 검토해야 할 척도가 된다는 뜻이다. 아울러 사회생활에 있어서 이성이나 자연법이 특별계시로서의 성경으로부터 독립적으로 작용할 수 있는 여지를 남겨두기는 하지만, 칼뱅은 성경의 요약으로서의 사랑의 이중계명에 근거한 '영원한 사랑의 통치'라는 개념을 자연법의 규범적 원천이자 지향점으로 강조한다.

루터가 이성이 유의미하게 작용하는 영역으로서의 '세속 정부' 혹은 공적 공동체 안에서 신자의 삶의 동기로서 '이웃 사랑'을 강조한다는 점을 주목할 필요가 있다. 이성의 작용을 통해 사회를 구성하고 사회적 산물들을 산출해 갈 때, 그 방향성은 공동체의 구성원들을 유익하게 하고 공적 공동체를 더욱 건강하게 세워 나가는 것으로 삼아야 한다는 신념을 반영한다고 할 수 있다. 루터는 타자와 공동체의 유익을 중요한 기준으로 제안하고 있는 것이다.

앞에서 살핀 대로, 아퀴나스는 명확하게 기준을 제시한다. 그것은 공공선이다. 정치권력의 공적 행위는 공공선을 지향해야 하는데, 통치의 주된 수단으로서의 법이 본성적으로 공공선을 지향하기 때문이며 자연법은 이성의 규율을 따라 공공선을 규범적 핵심으로 삼고 있기 때문이다. 아퀴나스는 신학적으로 이를 심화함을 보았다. 정치지도자의 사명은 공적 공동체와 그 구성원들을 신학적 종말론적 공공선 곧 하나님 나라의 지복으로 이끌어가는 것이다. 종말론적 차원에서 공공선을 해석·적용하면서, 이성과 자연법을 기반으로 하는 정치사회적 추구의 지평을 신학적 관점에서 심화·확장하고 있다고 볼 수 있다.

이로써 보건대, 이성과 자연법의 작용에 대한 규범적 평가와 방향성 제시에 있어 주목할 만한 신학적 윤리적 개념들로서, 이웃 사랑의 동기, 하나님 나라 지향성, 공익과 공공선의 추구, 하나님의 영광과 주권에 대한 중시 등을 생각할 수 있을 것이다. 이성과 특별계시로서의 성경 사이의 관계성에 대해서는 다양한 시각이 존재한다는 점을 감안하고서라도, 기본적으로 둘 사이의 관계성을 전적으로 부정해서는 안 될 것이며 기독교회와 신자들은 성서적 신학적 관점에서 이성과 자연법의 인식론적 정치사회적 문명적 작용에 대해 규범적 판단의 기준과 방향성을 제안할 수 있어야 할 것이다.

 **자유와 책임**

1. 비교와 평가

어거스틴에 따르면, 하나님은 선하시며 선하신 하나님이 창조하신 세계와 모든 존재들도 선하다. 문제는 현실에서 악을 경험한다는 사실이다. 우리가 본 대로, 어거스틴은 크게 두 가지로 응답한다. 악은 선의 결핍이라는 응답과 첫 인간의 자발적 선택과 행동에 의해 죄악이 세상에 들어왔다는 응답이 그것이다. 여기서 자유의 문제를 생각한다. 타락 이후 '자유'libertas, 리베르타스는 상당 부분 손상을 입었지만, '자유의지' liberum arbitrium, 리베룸 알비트리움는 그대로 남아 있다고 어거스틴은 주장한다. 선을 선택하게 하는 존재론적 능력으로서의 자유의 손상으로 인해 인간이 선 보다는 악을 선택할 가능성이 높아지게 된 것이다. 자유가 손상되어 악을 선택할 가능성이 높아졌다면 행위자에게 책임을 물을 수 있냐는 비평적 물음 앞에, 어거스틴은 자유가 전체적으로 사라진 것이 아니고 자유의지로 선택하는 주체도 행위자 자신이라는 점을 고려할 때 책임은 행위자에게 있다는 점을 강조한다. 악으로부터 선으로의 선택·전환을 위해 하나님의 은혜가 절실하다는 점 또한 어거스틴은 분명히 한다. 요컨대, 하나님은 인간으로 하여금 자유롭게 선택할 수 있도록 허용하시는데, 그러한 신적 허용 안에서 인간은 자발적으로 선택하고 행동하되 그 책임은 행위자인 인간이 져야 한다는 점을 밝히고 있는 것이다.

아퀴나스는 자유 혹은 자유 선택의 가능성을 목적이 아닌 목적을 이루는 수단에 대한 선택으로 제한함을 보았다. 물론 목적에 대한 온전한 인식을 할 수 없을 수도 있고 목적에 대한 자연스러운 정서적 지향이 있다 하더라도 목적을 성취하기 위해 행동하지 않을 가능성이 있다는 사실로부터 목적에 대한 선택의 여지도 탐색할 수 있다는 점을 밝힌 바 있다. 목적에 대한 자유 선택의 가능성에 대해서는 논쟁의 여지가 있다는 점은 감안하더라도, 아퀴나스는 인간됨의 본질은 의지에 따라 자유롭게 혹은 자발적으로 선택하고 행동하는 것이라고 강조한다. 다만 그것은 하나님의 창조와 섭리 안에서 그렇게 되는 것이다. 하나님은 자발적 존재로서의 인간이 창조자이신 하나님이 창조하신 대로 자발적 본성에 부합되게 행동함으로써 자유를 행사하며 살게 하신다는 것이다.

　　루터와 칼뱅 역시 인간 행위자의 자유의 가능성을 전적으로 부정하지는 않는 것으로 보인다. 다만 분명한 구분은 존재한다. 구원에 관한 결정에 있어서 인간에게 자유는 없다. 오직 하나님의 자유로운 결정이 있을 뿐이다. 그러나 일상의 삶에서 있을 수 있는 선택의 과정과 경우들에 있어서는 의지의 자유에 따른 결정과 행동을 허용한다. 행위자의 자유로운 선택에 의한 행동이고 행동의 결과이기에 그 행동과 결과에 대한 책임은 행위자에게 있다는 것이 루터와 칼뱅의 생각이며, 이 점에서 어거스틴과 분명한 연속성이 있다고 할 것이다. 다만 하나님의 주권을 자신의 신학의 핵심으로 삼는 칼뱅에게 있어 주권 신앙은 인간의 순종을 내포하며 그러기에 인간의 자유나 자유의지의 논제는 주변부에 위치하는 주제가 됨을 다시금 밝혀 두어야 하겠다.

2. 윤리적 제안

　　인간의 행동을 도덕적으로 책임적인 행동이 되게 하는 요소는 행위자가 자신의 행동을 분명하게 인식하는 것과 자발적으로 혹은 자유롭게 선택하여 행동하는 것이다. 그러기에 강제에 의해 그렇게 행동할 수밖에 없었다면, 행위자에게 그 책임을 물을 수는 없다. 어거스틴을 비롯하여 우리가 살핀 신학자들은 공히 자유와 의지에 따른 자유로운 선택·수행을 인간됨의 본질로 보고 있으며, 자신의 자유로운 선택과 행동에 대해 책임적인 태도를 가져야 함을 분명히 한다. 스스로의 자유로운 선택에 의해 결정하고 행동했음에도, 외부의 누군가나 원죄의 탓으로 돌리거나 혹은 하나님의 주권에 대한 신념을 오용하여 하나님께 책임을 전가해서는 결코 안 될 것이다.

　자유의 본질은 선택이며, 선택할 수 없다면 자유가 아니라고 할 것이다. 요한복음 8장에 나오는 예수 그리스도의 말씀이 이 점을 밝히 드러낸다. 진리가 자유롭게 할 것이다요 8:32. 중요한 윤리적 함의가 있다. 자유롭게 선택하며 행동하고 또 살 수 있다. 자유롭게 선택하되, 진리 안에서 선택하는 것이다. 진리 안에서 선택해야 참다운 자유의 삶을 살 수 있다는 것이다. 하나님의 주권칼뱅 혹은 하나님의 선하신 창조와 섭리 어거스틴과 아퀴나스 안에서의 자유이며 자유로운 선택인 것이다. 여기서 우리는 자유에 책임적인 삶에 대한 소명을 찾을 수 있어야 하고 또 '책임적으로' 그 소명에 응답해야 할 것이다.

Ⅳ 칭의와 성화

1. 비교와 평가

　　루터의 칭의론의 요점은 법정적이라는 것이다. 신자들은 믿음으로 그리스도의 의의 전가를 통해 의롭다함을 받는다. 예수 그리스도 안에서 죄인인 인간을 의롭다고 여기시는 것이다. 루터는 성화는 칭의로부터 이어져 자동적으로 일어나는 결과라고 이해한다. 여기서 성화가 칭의에 종속될 가능성을 탐지할 수 있다. 앞에서 본 대로, 칼뱅에 따르면 칭의와 성화는 상호 연관되어 있지만 인과관계에 있는 것이 아니며 구원의 원천적 사건으로서의 그리스도와의 사귐^{연합}에서 오는 구원의 구별된 양상이다.

　　어거스틴의 경우, 의지에 대한 논의를 주목할 필요가 있다. 우리가 본 대로, 어거스틴에 따르면 의지는 중간선^{中間善}이다. 중간선으로서의 의지는 중간선 아래에 위치한 선들이 중간선 위의 선들과 지고선 곧 하나님을 향할 수 있도록 기능할 수 있고 또 그렇게 해야 한다는 것이 어거스틴의 생각이다. 이러한 기능을 고려할 때 의지에 대해 긍정적 판단을 내리고 있다고 평가할 수 있는데, 의지가 인간 행위자가 궁극적으로 하나님을 지향하게 하며 윤리적으로 성숙할 수 있도록 하는 데 의미 있는 기여를 한다는 점에서 그렇다. 다만 펠라기우스와의 논쟁을 거치면서, 어거스틴은 의지에 대한 부정적 인식과 평가를 강화하게 된다는 점을 밝혀 두어야 하겠다. 의지는 선이든 악이든 선택할 수 있는 가능성이 있는 것은 물론이고 선한 의지가 될 수도 있고 악한 의지가 될 수도 있다. 인간이 죄의 영향을 본질적으로 받고 있다는 점을 생각할 때, 의지는 악으로 경도되어 작용할 가능성이 농후하다는 것이다. 의지의 현실이 이러하기에, 은혜가 절대적으로 요청된다. 은혜의 역사만이 의지를 근본적으로 바꾸고 의지의 선성善性을 회복할 수 있게 되는 것이다. 앞에서 살핀 대로, 하나님의 은혜 가운데 자유libertas를 회복하고 죄로부터 돌이켜 지고선이신 하나님께로 나아가게 되는 것이며 선한 선택과 행위들을 통해 선하고 덕스러운 사람됨으로 변화하게 되는 것이다. 의지의 선한 작용을 전제하면서 선한 행동들을 자발적으로 수행함으로 윤리적 변화를 일으킬 수 있다는 여지를 전적으로 닫아두는 것은 아니지만, 어거스틴은 인간이 의지적으로 선택하고 결단하고 행동하는 과정과 결과가 악으로 기울 가능성이 높기에 오직 하나님의 은혜만이 교정하고 또 성화의 방향으로 전환·전개하도록 할 수 있다고 강조한다. 신학적으로 어거스틴과 긴밀한 역사적 연속성을 갖고 있는 루터와 칼뱅은 구원과 구원 이후의 삶의 변화라는 관점에서도 어거스틴의 주된 신학적 기조를 반영한다고 할 것이다. 이신칭의를 통한 구원은 말할 것도 없고 의지의 선성의 회복과 그리스도의 형상을 향한 거룩한 변화를 위해서도 은혜가 절대적으로 필요하다는 신념을 어거스틴과 더불어 충실하게 견지한다. 다만 루터와 칼뱅이 어거스틴과 형성하는 연속성에 있어 차이가 존재한다는 점도 지적해 두어야 하겠는데, 한편으로 루터는 은혜 가운데 이루어지는 바로서 중간선인 의지를 통한 하나님과의 관계 회복에 초점을 두며 다른 한편으로 칼뱅은 의지의 선성의 회복과 지속적인 변화의 여정에 좀 더 비중을 둔다고 평가할 수 있겠다.

앞에서 살핀 대로, 아퀴나스의 '칭의와 성화'론은 성화하는 은혜 sanctifying grace, 그리스도의 수난, 덕윤리 등의 논점을 중심으로 살피는 것이 적절하고 유효하다. 성화하는 은혜는 원천적인 은혜의 역사라고 할 것인데, 이 역사는 하나님과의 연합이라는 구원론적 사건을 불러일으킨다. 이 은혜를 받으면서 혹은 이 은혜에 참여하면서 신자는 의를 보유하여 의롭다 인정받고 또 실체적으로 보유한 의로부터 그리스도의 형상을 향한 변화의 과정을 겪게 된다는 의미에서 아퀴나스의 '칭의와 성화'론의 중요한 내용을 살필 수 있는 지점이라고 밝힌 바 있다. 여기서 칼뱅과의 연속성을 탐지할 수 있을 것인데, 칼뱅이 하나님과의 연합을 구원의 원천적 사건으로 본다는 점에서 그렇다. 다만 의롭다함 받고 의로 변화되는 은혜의 과정을 아퀴나스는 실체론적으로 보는 반면 칼뱅은 관계론적으로 이해한다는 점에서 본질적인 차이가 있다고 평가할 수 있다. 칭의와 성화에 대한 아퀴나스의 이해를 탐색하는 데 있어 그리스도의 수난에 대한 그의 신념을 살피는 것이 필요한 이유는 수난의 중요한 효력을 죄용서로 보기 때문이다. 그리스도께서 십자가로 대표되는 수난을 감당하심으로 속죄를 위한 결정적인 길을 마련해 주셨기에, 인간은 그 길에 설 수 있는 기회 곧 죄용서의 은총을 받고 죄로부터 자유할 수 있는 기회를 얻게 된 것이다. 이 은총을 받는 방식에 있어 아퀴나스는 세례나 고해성사와 같은 성례에 주목한다는 점을 고려할 때, 은혜 안에서의 믿음을 통한 복음 수용에 방점을 두는 어거스틴, 루터, 칼뱅과는 구분된다는 점을 밝혀 두어야 하겠다. 성화의 은혜는 신자의 인격적 도덕적 변화를 필연적으로 내포한다는 점에서 선한 목적을 향한 행위의 축적을 통해 형성된 '선한 습관'으로서의 덕에 대한 아퀴나스의 이론은 성화 논의를 위해 적합한 지점이라고 할 것이다. 덕에 이르는 행위의 반복을 중시한다는 점에서 '선행의 은혜'로서 성화를 이해하는 칼뱅과 연속성이 있다고 평가할 수 있을 것이지만, 한편으로 아퀴나스는 덕의 형성과 성숙에 있어서 일반은총의 틀 안에서 자연적인 도덕적 역량을 중시하고 다른 한편으로 칼뱅은 선한 '행위들'을 말하지만 이는 전적으로 은혜라고 강조한다는 점을 고려할 때 둘 사이에 중요한 차이를 탐지한다. 칭의의 은혜로 새롭게 된 '존재'로 사는 것을 신자로서의 덕스러운 삶으로 보는 루터는 반복된 행위와 습관화를 본질로 강조하는 아퀴나스의 덕윤리에 대해서 하나님의 은혜를 약화시키는 반면 인간의 몫과 역량을 한껏 높이고 강화하는 방향으로 흐를 수 있다는 우려를 나타낼 것으로 보인다.

2. 윤리적 제안

칭의와 성화의 균형을 견지할 것을 제안하고자 한다. 칭의를 강조하여 성화가 칭의에 섞여 들어가면 인간으로부터 멀리 떨어져 일하시는 하나님 관념, 값싼 은혜, 정적주의, 율법폐기론 등에 기울 수 있으며, 반대로 성화를 강조하여 칭의가 성화에 섞여 들어가면 하나님으로부터 멀리 떨어져 일하는 인간 관념, 공로주의, 잘못된 행동주의, 율법주의 등에 기울 수 있다는 점을 지적해 두고자 한다. 따라서 칭의와 성화 모두 구원의 은혜라는 점을 확고히 하면서, 거룩함을 향한 적극적인 추구를 장려하되 그 모든 추구와 결과는 오직 은혜라는 신념을 견지해야 할 것이다. 성화의 강조가 하나님의 주권적인 구원론적 은혜의 역사를 약화시킬 수 있다는 우려를 가지고 있는 이들에 대해 '그리스도의 장성한 분량'을 향한 각고의 경주를 요청하는 성화도 오직 은혜라는 점을 분명하게 알려야 할 것이며, 칭의·중심적인 구원론이 신자들의 인격적 실천적 변화에 대한 동기와 실제적 결실을 저해하거나 약화시킬 수 있다는 신중한 입장을 취하는 이들에 대해서는 그러한 변화를 향한 열정과 노력이 공로주의적 율법주의적 경향으로 흐를 수 있다는 점을 늘 기억할 것을 권고해야 할 것이다.

V 덕윤리

1. 비교와 평가

아퀴나스의 덕윤리는 목적론적인데, 덕은 행위자를 목적으로서의 참된 행복에 이르게 하는 선한 습관이라는 점에서 그렇다. 덕은 선한 목적을 향한 반복된 행동들이 축적되어 습관이 된 것이다. 반대로, 악한 목적을 향한 반복된 행동의 축적은 악덕을 갖추는 결과에 이르

신학적 윤리 _ 어거스틴, 아퀴나스, 루터, 칼뱅을 중심으로

게 될 것이다. 덕의 사람은 자신의 행동을 통해 행복을 얻고 누리게 될 것이며, 이러한 덕 있는 삶은 도덕적으로 탁월한 삶으로 평가받게 될 것이다.

어거스틴의 덕윤리도 목적론적 성격을 내포한다고 볼 수 있는데, 어거스틴도 덕에 관한 논의를 행복과 연계하기 때문이다. 다만 행복에 이르게 하는 행동은 선한 목적을 향한 행동의 반복과 축적을 통한 습관 형성 보다는 하나님을 사랑하는 것으로부터 온다고 어거스틴이 주장한 점에서 아퀴나스와의 중요한 차이를 찾을 수 있다. 덕의 형성을 습관화에서 찾기 보다는 하나님 사랑에서 찾고 있다는 말이다. 우리가 본 대로, 어거스틴은 네 가지 주덕을 하나님 사랑과 연관하여 재정의하는데, 절제는 다른 사랑의 대상에 대한 욕구를 억제하고 지고선이신 하나님을 사랑하는 것이고 용기는 하나님만을 사랑하기 위해 모든 것을 참아내는 것이며 정의는 하나님만을 섬기면서 하나님과의 사랑의 관계 안에서 바르게 지배하는 것이다. 그리고 실천적 지혜는 하나님을 사랑하는 길을 바로 분별하고 분별한 대로 하나님을 참되게 사랑하는 것이다. 이로써 보건대, 어거스틴의 덕윤리는 행위의 축적을 통한 탁월한 인격의 형성에 방점을 두는 아퀴나스의 이론과는 달리, 믿음 안에서 하나님의 사랑을 받고 하나님을 사랑함을 통해 형성되는 것으로 보는 사랑의 이론이라고 할 것이다. 루터의 덕윤리는 어거스틴과 좀 더 가까이 있다고 평가할 수 있다. 루터의 덕 이해는 성화의 맥락에서 탐색할 수 있는데, 칭의의 은혜를 받은 존재는 덕스러운 존재가 된다는 루터의 생각이 두드러지게 이를 뒷받침한다. 이 점에서 루터는 선한 나무가 선한 열매를 맺을 수 있다는 예수 그리스도의 비유를 중요하게 인용하면서 의롭다함을 받아야 선한 나무 곧 선한 인격존재이 될 수 있고 이러한 인격으로부터 선한 열매 곧 선한 행동이 흘러 나온다고 강조함을 보았다. 선한 행동의 반복과 축적을 통한 덕 형성을 강조하는 아퀴나스의 이론은 도덕적 탁월성을 지향하게 하는 일종의 공로주의를 강화할 위험이 있다는 이유를 들어 루터는 경계할 것이라는 점을 밝혀 두어야 하겠다.

칼뱅의 경우도 성화의 맥락에서 덕윤리를 모색한다고 평가할 수 있다. 앞에서 살핀 대로, 칼뱅은 성화를 이루기 위해 적극적으로 의를 추구할 것을 권고하며 구체적으로 덕을 강조하는 고대 교부들의 가르침에 경청할 것을 조언했다는 점을 주목할 만하다. 여기서 칼뱅은 성화를 인격의 형성·성숙과 연계하고 있다고 풀이할 수 있을 것인데, 이러한 풀이는 선한 인격에 이르기 위해서는 지속적인 실천이 있어야 한다는 인식을 내포한다. 칼뱅에 따르면, 성화는 '선행의 은혜'이다. 지속적인 행동들과 그 행동들의 축적을 통한 성화의 추구나 인격 형성의 강조가 자칫 율법주의나 공로주의로 흐를 수 있지 않느냐는 우려 섞인 평가에 이를 수 있다. 그러나 이러한 평가는 적절치 않다고 본다. 왜냐하면 칼뱅은 선한 행동들을 통한 성화를 향한 여정은 전적으로 은혜에 의한 것이라는 신념을 견지하기 때문이다.

2. 윤리적 제안

기독교 신학적 윤리의 역사에서 덕의 강조가 율법주의적으로 행위의 공과를 따지고 구원론을 공로주의적으로 논하는 방향으로 흐를 수 있다는 우려가 있어온 것이 사실이다. 기우로 치부할 수만은 없을 것이다. 그러나 과도한 우려는 기독교 덕윤리에 대한 정당한 평가와 기독교의 윤리적 성숙에 부정적 영향을 끼칠 수 있다는 점을 밝혀두어야 하겠다. 기독교회와 신자들의 윤리적 삶은 규범에 따른 '옳고 좋은' 실천과 행동으로 구성되지만 예수 그리스도를 닮은 인격의 형성과 성숙도 중요하게 지향해야 한다는 점을 유념해야 할 것이다. 인격의 형성과 성숙을 논하고 추구할 수 있는 최선의 또 우선적인 윤리적 지평은 바로 덕윤리이다. 덕의 목적, 덕의 형성, 덕의 성숙 등의 관점에서 네 신학자들 사이에 연속성이나 유사성도 있지만 동시에 차이도 있음을 보았다. 다만 이론적 다양성에도 불구하고, 기독교인의 삶의 성숙에 있어서 '인격'은 핵심적인 영역이라는 신념은 네 신학자가 공유한다는 점을 지적해 두어야 하겠다. 인격의 형성은 규범과 목적을 따른 실천과 행동들을 내포한다는 점을 부정할 수는 없지만, 그러한 실천과 행동들 그리고 그 결실로서의 덕 혹은 인격은 모두 '은혜'임을 칼뱅과 더불어 분명하게 확인해야 할 것이다.

VI 사랑의 윤리

1. 비교와 평가

어거스틴의 사랑론의 핵심 명제는 바른 대상을 사랑하되 바른 질서 가운데 사랑해야 한다는 것이다. 무슨 뜻인가? 앞에서 본 대로, 하나님을 그 무엇보다도 또 그 누구보다도 더 사랑하고, 하나님과의 사랑의 틀 안에서 타자를 또 자기 자신을 사랑해야 한다는 것이다. 하나님 보다 다른 대상을 더 사랑한다면 명백하게 우상숭배가 되는 것이며, 존재 자체이신 하나님을 떠나 자기 자신을 사랑한다면 부패한 자기사랑이 되는 것이다.

어거스틴이 사랑의 윤리를 '두 도성'론^{혹은 '두 정부'론}의 관점에서 논한 것을 주목할 만하다. 모든 인간은 두 도성 곧 신의 도성과 세속 도성 중 하나에 속하게 된다. 그 소속은 종말론적으로 드러날 것이며 원칙적으로 하나님이 아신다. 다만 인간 편에서 알 수 있는 여지는 남겨두는데, 사랑의 역동을 살펴보는 것이다. 앞에서 본 대로, 신의 도성에 속한 이들은 하나님과 타자를 사랑하기 위해서라면 자기 자신을 기꺼이 희생할 줄 아는 사랑의 마음^{역동}으로 사는 사람들인데 반해, 세속 도성에 속한 이들은 자기 자신을 극진히 사랑하기 위해 타자를 얼마든지 도구화하고 하나님마저도 경멸할 수 있는 이들이다. 루터는 어거스틴의 신의 도성에 상응하는 것으로서 그리스도 왕국을 말하면서, 이

왕국에 속하는 이들은 완전히 성령의 통치 아래 사는 존재들이며 이들은 자발적으로 예수 그리스도의 사랑의 가르침 곧 순전한 이타적 자기희생의 사랑을 실천할 수 있다고 설명한다. 이 점에서 루터와 어거스틴 사이에 강한 연속성이 있다. 사회적 관점에서 각각의 사랑의 역동을 가진 사람들을 신의 도성과 세속 도성으로 범주화해서 공동체적으로 묶을 수도 있지만, 두 도성의 역동이 한 개인 안에 모두 존재하며 끊임없이 갈등·충돌한다는 개인주의적 해석도 상당한 흐름을 형성하고 있다는 점을 밝혀 두어야 하겠다. 여기서 어거스틴은 '두 도성'론을 논하면서 사랑의 역동과 실천이라는 윤리적 관점을 구원론적으로 혹은 종말론적으로 연계하고 있다고 평가할 수 있다.

또한 어거스틴은 '두 정부'론과 연계하여 사랑의 윤리를 정치사회적으로 확장한다. 신의 도성의 마음으로 사는 참된 신자들이 공적 정치사회적 공동체 안에서 그 마음으로 타자를 위해 또 공동체를 위해 충실하게 살아간다면, 그것처럼 공적 공동체와 공공선 증진을 위해 유익한 것이 없을 것이라고 역설함을 보았다. 사랑의 윤리의 공적 적용이자 확장이라고 할 것이다. 루터는 신자들의 사회적 삶을 역설적 공존 곧 세속 정부 안에 살아가지만 거기에 속하지 않는 정체성을 가지고 살아가는 실존으로 이해하면서, 신자들의 공적 삶의 동기는 이웃 사랑이어야 하며 공적 공동체 안에서 다른 구성원들과 공동체를 위해 이타적으로 헌신하는 것은 공적으로 의미 있는 기여를 할 것이라는 점을 역설한다. 칼뱅은 정치사회적 체제와 제도와 질서의 규범적 토대로서의 '사랑'을 확고하게 제시한다. 앞에서 살핀 대로, 칼뱅에 따르면 공적 공동체를 정치사회적으로 형성하고 작동하게 하는 인간론적 역량은 이성이며 이성을 통해 자연법의 원리와 규칙들을 산출하게 된다. 이성과 자연법이 정치사회적 삶에서 필수불가결한 규범적 요소가 되는 것이다. 다만 이성과 자연법의 지위와 기능을 긍정하고 또 독립적 작용의 여지를 상당 부분 인정하면서도 완전한 독립을 허용하지는 않는데, 그 심층에는 '영원한 사랑의 통치' 곧 사랑의 이중계명의 규율이 있다. 정치사회 공동체의 구성과 전개에 있어서 궁극적 목적과 지향은 사랑의 구현이라는 점을 칼뱅은 강조하고 있는 것이다. 다시 말해, 정치사회 공동체는 궁극적으로 하나님 사랑과 이웃 사랑을 지향하고 또 강화하는 규범적 방향성을 존중해야 한다는 것이다.

어거스틴의 사랑의 윤리의 정치사회적 전개를 논할 때, 전쟁에서의 군사력 행사와 같은 강제력 사용에 대한 사랑의 관점에서의 논의를 살필 필요가 있다. 이른바 정당전쟁의 상황 곧 불의한 군사적 폭력 앞에서 스스로를 보호할 수 있는 능력을 갖추지 못한 무고한 이웃이 생명의 위기를 겪고 있는 상황에서 사랑의 계명을 충실하게 따라야 하는 신자들은 어떻게 사랑을 실천할 것인가? 예수 그리스도께서 가르치시고 또 그대로 살아내신 자기희생적 무저항·비폭력의 사랑을 궁극적 기준으로 삼아 전쟁에서의 폭력 곧 살상의 결과를 낼 수도 있는 폭력의 사용을 엄금하는 것이 계명에 충실한 삶이지만 정당전쟁의 상황에서는 예외적으로 또 참으로 비통한 심정으로 그 이웃을 보호하기 위해 대응폭력을 사용할 수 있고 또 그렇게 하는 것이 사랑의 일이라고 어거스틴은 응답함을 보았다. 루터와 칼뱅은 기본적으로 어거스틴의 논지를 따라 기독교 정당전쟁론을 사랑의 윤리의 관점에서 전개한다. 불의한 군사적 폭력에 대한 대응폭력의 사용을 예외적으로 정당화할 수 있는 사랑의 행위 곧 무고한 이웃을 위한 이타적 행위로 본다는 뜻이다.[1] 아울러 칼뱅은 사랑의 윤리를 '전쟁 중의 정의'jus in bello, 유스 인 벨로의 관점에서도 심화하는데 적군이 침략전쟁으로 명백하게 악을 행한다고 하더라도 인간으로서 기본적으로 존중해야 할 바를 인도적으로 존중할 것을 조언한다.[2]

아퀴나스의 경우, 그의 '사랑의 질서'론을 주목할 필요가 있다. 어거스틴과 마찬가지로 하나님 사랑에 최우선순위를 설정하면서, 하나님 외의 사랑의 대상에 대해서는 사랑의 질서혹은 체계를 구성하는 것이다. 특별히 자기사랑을 전적으로 부정하지 않지만 그럼에도 자기사랑의 부패가능성을 적시하는 어거스틴이나 자기사랑을 이웃 사랑의 모범으로 보는 입장을 철저하게 거부하면서 자기사랑에 대한 윤리적 정당화의 여지를 허용하지 않는 루터와는 달리, 아퀴나스는 하나님 다음으로 사랑할 대상으로 자기 자신을 위치시킨다. 타자에 대한 사랑에 있어서도 다양한 관점에서 순서를 권고한다는 점을 고려할 때, 아퀴나스는 특정 대상에 대한 선호나 자연스러운 정서적 지향을 사랑의 핵심적 요소로 본다고 할 수 있다.

---

1   "기독교인들도 칼의 힘(무력)을 사용할 수 있을 것인데, 그리하여 이웃을 섬기며 악한 이들을 제어할 수 있을 것이다. … 그러나 악에 저항하지 말라는 주님의 계명은 여전히 유효하기에, 기독교인이 칼을 들어 강제력을 사용할 수 있다 할지라도, 자신을 보호하기 위해서나 복수를 위해서 사용해서는 안 되고, 타인들을 위해서 해야 할 것이다. 그러므로 칼을 들어 온 공동체를 방어하고 보호하며 또 백성이 유린당하지 않도록 하는 것은 기독교 사랑의 일이다." 여기서 루터는 '온 공동체를 방어하고 보호하기' 위한 정당한 군사적 강제력의 사용을 사랑의 실천으로 보고 있는 것이다. Martin Luther, *Sermons on the First Epistle of St. Peter, in Luther's Works* 30, ed. Jaroslav Pelikan (Saint Louis: Concordia, 1955), 76.
2   이에 관한 칼뱅의 생각을 두드러지게 드러내는 문장을 옮긴다. "사랑의 법에 따라서, 적군이라 하더라도 투항하여 자비를 구하면 살 길을 열어 주어야 한다." Jean Calvin, *Harmony*, vol. 3, 53. David F. Wright, "War in a Church-Historical Perspective," *Evangelical Quarterly* 57-2 (1985), 160에서 재인용.

2. 윤리적 제안

먼저, '자기사랑'에 관한 것이다. 기독교 사랑은 자기사랑에 대해 단일한 입장을 취해 온 것은 아니라는 점은 분명하지만, 자아를 사랑의 대상에서 원천적으로 배제하는 것도 경계한다는 점을 밝혀 두고자 한다. 원죄의 심층적 동기에는 강력한 자기애적 역동이 자리 잡고 있다고 강조하지만, 우리가 본 대로, 어거스틴은 존재 자체이신 하나님 안에서 자기 자신을 사랑함으로 현실화되는 참된 자기사랑의 가능성을 열어두고 있다는 점을 주목해야 할 것이다. 원죄의 뿌리에 자기애적인 본능적 지향이 강하게 작용하고 있다는 점을 전적으로 부정할 수는 없다 하더라도, 이를 극단적으로 밀어붙여 최소한의 혹은 적절한 자기사랑자기배려에 대해서도 신학적으로 또 윤리적으로 옳지도 않고 선하지도 않은 것으로 단정해서는 안 될 것이다.

다음으로, 사랑의 정치사회적 의미와 효용에 관한 것이다. 사랑의 실천은 개인적 관계나 교회공동체와 같은 신앙 공동체에서만 제한적으로 이루어져야 하는 것이 아니다. 삶의 모든 영역이 사랑이 구현되어야 할 자리인 것이다. 특별히 사랑은 정치사회 영역 안에서도 가장 중요한 윤리적 규범들 중 하나이어야 하는데, 이 점은 우리가 살핀 고전 신학자들을 통해 확인할 수 있는 바이다. 어거스틴이 강조한 대로, 타자와 공동체를 위한 사랑의 헌신은 정치사회적으로 의미 있는 기여를 하게 될 것인데, 공공선 증진, 사회적 평화의 진전 등을 대표적인 결실의 보기로 들 수 있다. 따라서 공적 정치사회적 삶에서 사랑은 긍정적인 사회적 변화의 동인으로 작용한다고 할 수 있다.

마지막으로, 하나님 사랑과 이웃 사랑 사이의 연속성과 불연속성에 관한 것이다. 하나님 사랑은 이웃 사랑의 모범이 된다는 점, 하나님을 사랑하는 중요한 길이 하나님이 사랑하시는 대상 곧 이웃을 사랑하는 것이라는 점 등을 고려할 때, 두 사랑 사이에 연속성이 있다고 할 것이다. 다만 불연속성 혹은 차이에 대한 적절한 고려도 필요하다. 이웃을 사랑함으로써 하나님을 사랑할 수 있지만, 하나님을 사랑하는 길이 오직 그것만은 아니다. 인간 이웃을 극진히 사랑한다고 해서, 사랑의 방식으로 예배를 채택할 수는 없다. 그렇게 해서는 안 된다. 왜냐하면 그렇게 사랑하는 것은 명백하게 우상숭배이기 때문이다. 예배를 통해 사랑할 대상은 오직 하나님뿐이시다. 이렇듯 하나님 사랑과 이웃 사랑 사이에 지켜져야 할 불연속성^{차이}이 있다는 점을 기억해야 할 것이다.

Ⅶ '두 정부'론

1. 비교와 평가

크게 두 가지 논점에서 비교·평가하고자 한다. 먼저 두 정부 곧 영적 정부와 세속 정부 사이의 관계성에 관한 것이다. 앞에서 본 대로,

어거스틴, 아퀴나스, 루터 그리고 칼뱅은 정도와 방식의 차이가 있다 하더라도, 두 정부 사이의 분리를 옹호하거나 권고하지 않는다. 적절한 구분을 견지하면서도, 두 정부 사이의 상호작용의 불가피성을 인정하고 있는 것이다. 특히 두 정부의 기원과 궁극적 주권을 공히 하나님께 돌린다는 점을 주목해야 할 것이다. 어거스틴과 루터는 두 정부 사이의 공존과 협력의 여지를 열어 두지만, '구분'의 필요성 또한 강조함을 보았다. 특별히 루터는 영적 정부의 세속 권력 추구와 세속 정부의 영적 영역에 대한 부적절한 침해를 분명하게 경계하는데, 기독교사회윤리는 두 정부의 구분에 관한 루터의 강조를 존중해야 할 것이다.

다음으로, 신앙 공동체의 공적 영향^{변혁}의 가능성이라는 논점이다. 어거스틴, 아퀴나스, 루터 그리고 칼뱅은 교회공동체와 신자들이 정치사회 공동체 안에서 공적으로 긍정적인 영향을 끼쳐야 한다는 점에 대해 동의한다고 볼 수 있다. 어거스틴은 신자들이 공적 영역 안에서 타자와 공동체를 위해 참된 사랑으로 헌신할 것을 권고함을 보았다. 루터 역시 공적 공동체와 동료 구성원들을 위해 이웃 사랑의 동기로 공적 실천에 힘쓸 것을 조언한다. 이 둘에 견준다면, 아퀴나스와 칼뱅은 공적 영향^{변혁}의 가능성을 더 높이 보며 또 적극적으로 추구할 것을 권고한다. 앞에서 본 대로, 아퀴나스는 정치지도자의 궁극적 사명은 전체 국가공동체를 하나님 나라의 지복이라는 신학적 공공선으로 이끌어가는 것이며 이 사명 수행을 위해 교회의 안내와 지도를 받아야 한다고 주장하는데, 여기서 우리는 공적 영역 안에서 기독교사회윤리적 신념과 기획이 적극적으로 모색·적용되어야 한다는 아퀴나스의 인식을 탐지할 수 있다. 칼뱅도 교회의 변혁적 태도와 실천을 중요하게 여기는데, 특별히 성과 속을 포괄하여 하나님의 주권이 온전히 구현되는 사회적 이상을 지향하며 공적으로 참여할 것을 역설하는 칼뱅의 사회윤리적 조언을 주목해야 할 것이다.

2. 윤리적 제안

고전 신학자들의 공적 관계성 이론을 살피면서, 교회는 공적 영역에 대한 책임이 있으며 공적 책임을 적절하게 또 성실하게 감당해야 하는 사회적 소명을 부여받았다는 진실을 다시 확인할 수 있었다. 이러한 소명은 분명한 신학적 근거를 갖는다. 무엇보다도 창조하신 인간과 세계에 대한 하나님의 주권적 섭리를 생각할 수 있을 것인데, 독생자를 주시기까지 사랑하시는 '세상'을 그 사랑으로 지금도 돌보시고 보존하시며 궁극적 완성을 향해 이끌어 가시는 하나님의 섭리의 역사에 상응하여 기독교회와 신자들이 공적 공동체와 동료 구성원들에 대한 책임을 사랑으로 감당함은 마땅히 할 바라고 할 것이다. 아울러 교회의 공적 책임성에 대한 신학적 근거로서 신학적 인간론을 생각할 수 있을 것이다. 특별히 하나님이 창조하신 모든 인간은 동등하게 천부의 존엄성을 보유하고 있는 존재라는 신학적 신념에 내포된 사회윤리적 진실에 주목해야 할 것인데, 교회는 교회가 속한 공적 공동체 안에서 동료 인간들에게 부여된 존엄성을 지키고 증진하기 위해 사회적 책임을 성실하게 감당해야 할 것이다.

다음으로, 영적 정부와 세속 정부_{교회와 국가} 사이의 적절한 구분에 관한 제안이다. 앞에서 살핀 대로, 기독교사회윤리는 둘 사이의 엄격한 분리를 일방향적으로 견지하면서 세계를 철저하게 등지고 공적 책임이나 관계성을 소홀히 여기는 분리주의적 입장에 대해 우호적이지 않다. 공적 참여와 관계성의 관점에서 정도나 방식에 차이가 있을 수 있지만, 정치사회 공동체와 서로 공적 영향을 주고받을 수 있으며 또 공적으로 참여해야 한다는 것이 교회공동체가 일반적으로 공유하는 사회적 인식이자 책무의식이라고 할 것이다. 다만 지켜야 할 구분은 있다. 루터와 칼뱅의 '두 정부'론에서 두드러지게 탐지할 수 있는데, 교회와 국가 사이에 넘어서는 안 되는 선線이 있음을 분명히 해야 할 것이다. 그 선이란 무엇인가? 한편으로 교회공동체는 정치적 권력을 추구하고 그 힘을 가지고 공적 영역을 정치적으로 좌우하려 해서는 안 될 것이며 다른 한편으로 국가권력은 성과 속을 포괄하여 통치의 전 영역을 홀로 또 완전하게 통제하고자 하는 의도를 가지고 신앙 공동체의 고유한 영적 영역을 침해하려 해서는 안 될 것이다.

# VIII 성윤리

1. 비교와 평가

루터와 칼뱅의 성윤리는 크게 보아 어거스틴 전통에 서 있으면서도 몇 가지 중요한 지점에서 개혁적인 지향과 실천을 분명하게 드러냈다고 평가할 수 있다. 무엇보다도 남녀관계성 인식에 있어서 전향적인 측면을 찾을 수 있다. 루터는 후손 생산의 맥락에서 남편과 아내의 '협력적 역할'론을 제안하고 기독교인의 결혼의 가치를 논하면서 부부가 서로를 하나님의 작품으로 동등하게 존중할 것을 역설함을 보았다. 또한 칼뱅은 남녀간 위계와 평등을 동시에 제안하는 것처럼 보인다는 점에서 양면성의 여지를 탐지할 수 있지만 하나님과 하나님 백성 사이의 언약관계에 유비하면서 계약으로서의 결혼에 참여하는 아내와 남편이 계약의 주체로서 동등하게 협력하고 동반자적 관계 증진에 힘써야 한다고 강조함을 보았다. 특별히 결혼의 우선적인 목적이 출산이 아니라 동반자적 관계 형성이라는 점을 분명히 하면서, 칼뱅이 출산은 그러한 관계 형성의 결실이라고 주장한 점에 주목해야 할 것이다.

앞에서 언급한 대로, 어거스틴은 결혼의 주된 목적을 출산으로 보았기에 부부간 성적 결합은 기본적으로 이 목적을 지향하는 것이어야 한다고 주장한다. 루터와 칼뱅도 어거스틴 전통에 서서 출산을 결혼과 성적 결합의 목적으로 여기지만, 그것만을 말한 것은 아님을 알수 있다. 루터와 칼뱅은 어거스틴과 마찬가지로 부부간 성적 결합을 성적 욕구의 해소의 장치로 혹은 죄의 결과로서의 성욕에 대한 치유의 통로로 이해한다. 다만 좀 더 확장된 이해를 찾을 수 있다. 루터는 성적 결합을 통한 상호간 즐거움의 추구를 정당화하는 데 주저하지 않았고 칼뱅은 성적 결합을 동반자 관계의 강화를 위한 성적 의무로서 강조하고 또 여성도 성적 만족을 충분히 향유할 수 있어야 한다고 역설함을 보았다. 특별히 칼뱅이 출산 가능 연령이 지나서도 부부가 성적 결합을 멀리해서는 안 된다고 권고한 점에서 결혼과 성적 결합의 목적을 출산으로만 제한하지 않았다는 점을 추론할 수 있다.

　　루터와 칼뱅은 원칙적으로 이혼을 금지한다. 다만 이혼에 대한 전통적인 이해에 대해 신중하게 검토·성찰하고 실천적 대안을 제시하고자 한다. 앞에서 본 대로, 어거스틴은 결혼을 일곱 성사 중 하나로 보았다. 그러나 루터는 결혼의 성사성聖事性을 단호하게 부정하였는데, 이러한 부정은 결혼이 영속적이지 않을 수 있다는 생각을 내포한다. 이를 통해 루터는 결혼이 영속적으로 유지되지 않을 수 있다는 곧 이혼을 통해 혼인관계가 중단될 수 있다는 가능성을 좀 더 열어 두는 기초를 닦았다고 볼 수 있다. 이혼의 정당화 사유를 세분화하고 정당화의 여지를 넓힌 것은 사실이지만, 그렇다고 권장한 것은 아니다. 우리가 살핀 대로, 참된 신자라면 예수 그리스도의 철저한 사랑을 본받아 배우자를 사랑하고 또 부부 관계를 지키기 위해 힘써야 한다고 루터는 조언한다. 다만 다시 말하지만, 결혼에 대한 성례전적 해석을 거부함으로써 이혼에 대한 신학적 정당화의 여지를 넓힌 점은 기독교 성윤리 역사에서 주목할 만한 지점이라고 할 것이다. 칼뱅은 이혼에 대해 루터보다 좀 더 원칙적이다. 루터는 이혼의 사유를 세 가지로 제시하는 반면, 칼뱅은 마태복음에 나오는 이혼에 대한 예수 그리스도의 가르침에 충실하게 응답하여 정당한 사유를 간음으로 제한한다. 원칙의 관점에서는 루터보다 엄격하다고 하겠지만, 적용에 있어서는 좀 더 유연한 입장을 칼뱅이 갖고 있음을 보았다. 이혼의 관점에서 루터와 칼뱅의 성윤리의 개혁적 의미를 정리하자면, 전자는 결혼의 성사성에 대한 신학적 재해석을 통해 그리고 후자는 원칙에 대한 유연한 적용을 통해 전통에 대한 변화를 꾀했다고 평가할 수 있겠다.

2. 윤리적 제안

현대 성윤리 담론과 실천에 견주어 본다면, 루터와 칼뱅의 성윤리는 전통적이라는 평가를 받을 수도 있을 것이다. 다만 비평적 논의의 지평을 한국 기독교로 제한한다면, 그들의 윤리가 건설적으로 활용될 여지는 충분한 것으로 보인다. 결혼과 성적 결합의 목적을 출산으로만 제한하지 않고 상호만족의 추구와 친밀함의 증진이라는 의미를 덧붙인 점루터와 칼뱅, 결혼의 주된 목적을 아내와 남편 사이의 동반자적 관계 형성으로 본 점칼뱅, 계약으로서의 결혼을 아름답게 일구어가기 위해 부부가 서로를 위해 사랑으로 헌신해야 함을 강조하면서 동시에 결혼의 영속성에 관한 원칙과 적용의 차원에서 신중한 재고와 재해석을 시도한 점루터와 칼뱅 등을 고려할 때, 한국 기독교의 성윤리 담론에서 루터와 칼뱅의 이러한 개혁적 시도와 함의들은 논의의 지평을 확장하는 데 일정 부분 이바지할 수 있을 것이라고 생각한다. 성윤리 규범의 중요한 원천으로서의 성경에 대한 해석에 있어서 루터와 칼뱅이 보여 준 해석적 변화 시도는 문자주의에 갇혀 사회적 문화적 역사적 특수성에 충분하고 적절한 해석적 비중을 설정하지 않는 경향에 대해 성찰의 기회를 제공한다는 점 또한 밝혀 두어야 하겠다.

참고문헌

박준철. "종교개혁과 섹슈얼리티: 부부의 性에 대한 루터와 부처의 담론을 중심으로." 『역사학보』 197 (2008), 131-159.

이창호. "정치적 사랑에 대한 기독교 윤리적 모색." 『신앙과 학문』 15-3 (2010), 195-227.

_____. "사랑이 행복이다!: 현대 기독교윤리학계의 '사랑의 윤리' 담론 탐색." 『기독교사회윤리』 23 (2012), 83-121.

_____. "교회의 공공성에 관한 신학적 윤리적 탐구: 고전적 '두 정부'론의 규범적 이해와 현대신학적 전개 및 발전 탐색을 중심으로." 『기독교사회윤리』 29 (2014), 141-189.

_____. "인간 행동과 자유에 관한 간문화적 탐구: 유교와 토미즘의 행위론 탐색과 둘 사이의 비교를 중심으로." 『교회와 신학』 79 (2015), 272-98.

_____. "기독교의 공적 참여 모형과 신학적 '공동의 기반'의 모색." 『기독교사회윤리』 31 (2015), 65-117.

_____. "'율법과 복음'론과 '두 정부'론의 상관성과 사회윤리적 함의 탐색: 루터와 바르트를 중심으로." 『기독교사회윤리』 34 (2016), 139-174.

_____. "종교개혁의 '개혁적' 성윤리 탐색: 루터와 칼뱅의 남녀계성과 결혼 및 성적 결합에 대한 이해를 중심으로." 『기독교사회윤리』 39 (2017), 161-92.

_____. "일상의 긍정을 위한 신학적 윤리적 기반 모색: 루터와 테일러를 중심으로." 『기독교사회윤리』 40 (2018), 211-253.

_____. 『사랑의 윤리: 사랑에 관한 신학적 윤리적 탐구』. 서울: 장로회신학대학교 출판부, 2020.

_____. "고전적 기독교사회윤리와 한국 기독교의 공적 관계성에 관한 신학적 윤리적 탐구." 『교회와 신학』 85 (2021), 69-97.

정홍렬. "루터의 만인제사장직." 『ACTS 신학과 선교』 9 (2005), 178-93.

최윤배. 『깔뱅신학 입문』. 서울: 장로회신학대학교 출판부, 2012.

최현종. "세속화." 김성건 외. 『21세기 종교사회학』. 서울: 다산출판사, 2013.

Augustine. *On Free Choice of the Will*. Translated by Anna S. Benjamin and L. H. Hackstaff. Englewood Cliffs: Prentice Hall, 1964.

_____. *Confessions*. Translated by Henry Chadwick. New York: Oxford University Press, 1991.

_____. "Letter 138, to Marcellinus." In *Augustine: Political Writings*. Translated by Michael W. Tkacz and Douglas Kries. Indianapolis and Cambridge: Hackett Publishing Company, Inc., 1994.

_____. "Letter 189, to Boniface." In *Augustine: Political Writings*. Translated by Michael W. Tkacz and Douglas Kries. Indianapolis and Cambridge: Hackett Publishing Company, Inc., 1994.

_____. *Against Faustus the Manichaean XXII. 73-79*. In *Augustine: Political Writings*. Translated by Tkacz W. Michael and Douglas Kries. Indianapolis and Cambridge: Hackett Publishing Company, Inc., 1994.

_____. *Enchiridion on Faith, Hope and Love*. Washington, D.C.: Regnery Publishing, 1996.

_____. *Of the Morals of the Catholic Church*. New York: Magisterium Press, 2015.

_____. *On the Happy Life*. Translated by Michael P. Foley. New Haven: Yale University Press, 2019.

_____. *On the Spirit and the Letter*. Pickerington: Beloved Publishing LLC, 2014.

Aquinas, Thomas. *On Kingship*. In *St. Thomas Aquinas on Politics and Ethic*. Translated and Edited by Paul E. Sigmund. New York: W. W. Norton & Company, Inc., 1988

_____. *Summa Theologiae*. http://www.newadvent.org/summa/

Baldwin, Claude-Marie. "John Calvin and the Ethics of Gender Relations." *Calvin Theological Journal* 26 (1991), 133-43.

Berger, Peter. *The Sacred Canopy: Elements of a Sociological Theory of Religion*. 이양구 역. 『종교와 사회』 서울: 종로서적, 1975.

Bouwsma, William J. "The Spirituality of John Calvin." In *Christian Spirituality: High Middle Ages and Reformation*. Edited by Jill Raitt. New York: The Crossroad Publishing Company, 1987.

Bowlin, John R. "Augustine on Justifying Coercion." *The Annual of the Society of Christian Ethics* 17 (1997), 49-70.

Brown, Peter. *Augustine of Hippo: A Biography.* Berkeley and Los Angeles: University of California Press, 1967.

Burrell, David B. *Aquinas: God and Action.* Notre Dame: University of Notre Dame Press, 1979.

Cahill, Lisa Sowle. "Nonresistance, Defense, Violence, and the Kingdom in Christian Tradition." *Interpretation* 38 (1984), 380-97.

Calvin, Jean. *The First Epistle of Paul the Apostle to the Corinthians.* Translated by John W. Fraser. Grand Rapids: Eerdmans, 1960.

_____. *Institutes of the Christian Religion.* Edited by John T. McNeill and Translated by Ford Lewis Battles. Philadelphia: The Westminster Press, 1960.

_____. *A Harmony of the Gospels Matthew, Mark and Luke.* Translated by T. H. L. Parker. Grand Rapids: Eerdmans, 1972.

_____. *Sermons on the Epistle to the Ephesians.* Carlisle, Penn.: The Banner of Truth Trust, 1975.

_____. *Sermons on Deuteronomy.* Translated by Arthur Golding. Carlisle, Penn.: The Banner of Truth Trust, 1987.

Couenhoven, Jesse. "Grace as Pardon and Power: Pictures of the Christian Life in Luther, Calvin, and Barth." *The Journal of Religious Ethics* 28-1 (2000), 63-88.

Curran. Charles E. "Absolute Norms in Moral Theology." In *Norm and Context in Christian Ethics.* Edited by Gene Outka and Paul Ramsey. New York: Scribners, 1968.

David, Hollenbach. *The Common Good and Christian Ethics.* Cambridge: Cambridge University Press, 2002.

Farley, Margaret. "Fragments for an Ethic of Commitment in Thomas Aquinas." *Journal of Religion* 58 (1978), 135-55.

_____. "Response to James Hanigan and Charles Curran." In *Sexual Orientation and Human Rights in American Religious Discourse.* Edited by Saul M. Olyan and Martha C. Nussbaum. Oxford University Press, 1998.

Forell, George W. "Luther's Conception of 'Natural Orders.'" *Lutheran Church Quarterly* 18 (1945), 160-77.

Hendrix, Scott. "Luther on Marriage." *Lutheran Quarterly* 14-3 (2000), 335-50.

Hinlicky, Paul R. "Luther Against the Contempt of Women." *Lutheran Quarterly* 2 (1988), 515-30.

Karent-Nunn, Susan C. and Merry E. Wiesner-Hanks (trans. and eds.). *Luther on Women.* Cambridge: Cambridge University Press, 2003.

Little, David. "Calvin and the Prospects for a Christian Theory of Natural Law." In *Norm and Context in Christian Ethics*. Edited by Gene Outka and Paul Ramsey. New York: Scribner, 1968.

Lonergan, Bernard J. F. *Grace and Freedom: Operative Grace in the Thought of St. Thomas Aquinas*. New York: Herder and Herder, 1971.

Luther, Martin. *D. Martin Luthers Werke: Kritische Gesamtausgabe* (Weimarer Ausgabe) 24. Weimar: H. Böhlaus Nachfolger, 1900.

_____. *Luther's Works* 1. Edited by Jaroslav Pelikan. Saint Louis: Concordia, 1958.

_____. *Luther's Works* 13. Edited by Jaroslav Jan Pelikan. Saint Louis: Concordia, 1956.

_____. *Luther's Works* 45. Edited by Walther I. Brandt. Philadelphia: Muhelenberg, 1962.

_____. *Luther's Works* 46. Edited by Jaroslav Jan Pelikan. Saint Louis: Concordia, 1968.

_____. *Sermons on the First Epistle of St. Peter. In Luther's Works* 30. Edited by Jaroslav Pelikan. Saint Louis: Concordia, 1955.

_____. "Secular Authority: To What Extent It Should Be Obeyed." In *Martin Luther: Selections from His Writings*. Edited by John Dillenberger. New York: Anchor Books, 1962.

_____. "Commentary on Galatians." In *Martin Luther: Selections from His Writings*. Edited by John Dillenberger. New York: Anchor Books, 1962.

_____. "Freedom of a Christian." In *Martin Luther: Selections from His Writings*. Edited by John Dillenberger. New York: Anchor Books, 1962.

_____. "Two Kinds of Righteousness." In *Martin Luther: Selections from His Writings*. Edited by John Dillenberger. New York: Anchor Books, 1962.

_____. 『말틴 루터의 종교개혁 3대 논문: 독일 크리스챤 귀족에게 보내는 글, 교회의 바벨론 감금, 크리스챤의 자유』, 지원용 역. 서울: 컨콜디아사, 1993.

Markus. R. A. *Saeculum: History and Society in the Theology of St Augustine*. Cambridge: Cambridge University Press, 1988.

McGrath, Alister E. *Spirituality in an Age of Change: Rediscovering the Spirit of the Reformers*. Grand Rapids: Zondervan Publishing House, 1994.

Niesel, Wilhelm. *The Theology of Calvin*. Translated by Harold Knight. Philadelphia: The Westminster Press, 1956.

Outka, Gene. *Agape: An Ethical Analysis*. New Haven: Yale University Press, 1972.

_____. "Theocentric Love and the Augustinian Legacy: Honoring Differences and Likenesses between God and Ourselves." *Journal of the Society of Christian Ethics* 22 (2002), 97-114.

O'Donovan, Oliver. *Problem of Self-love in St. Augustine.* New Haven: Yale University Press, 1980.

Pool, Jeff B. "No Entrance into Truth except through Love: Contributions from Augustine of Hippo to a Contemporary Christian Hermeneutic of Love." *Review and Expositor* 101 (2004), 629-66.

Pope, Stephen. "The Moral Centrality of Natural Priorities: A Thomistic Alternative to 'Equal Regard'." *The Annual of the Society of Christian Ethics* 10 (1990), 109-29.

Ramsey, Paul. *War and the Christian Conscience: How Shall Modern War Be Conducted Justly?* Durham: Duke University Press, 1961.

Skinner, Quentin. *The Foundations of Modern Political Thought II: The Age of Reformation.* Cambridge: Cambridge University Press, 1978.

Stassen, Glen H. and David P. Gushee. *Kingdom Ethics: Following Jesus in Contemporary Context.* Doweners Grove: IVP Academic, 2003.

Stevenson, William R. *Christian Love and Just War: Moral Paradox and Political Life in St. Augustine and His Modern Interpreters.* Macon: Mercer University Press, 1987.

Troeltsch, Ernst. *The Social Teaching of the Christian Churches* I. Translated by Olive Wyon. Louisville: Westminster/John Knox Press, 1992.

_____. *The Social Teaching of the Christian Churches* II. Translated by Olive Wyon. Louisville: Westminster/John Knox Press, 1992.

Vacek, Edward C. *Love, Human and Divine: The Heart of Christian Ethics.* Washington, D.C.: Georgetown University Press, 1994.

Williams, Thomas. "Biblical Interpretation." In *The Cambridge Companion to Augustine.* Edited by Eleonore Stump and Norman Kretzmann. Cambridge: Cambridge University Press, 2001.

Witte, John. "Between Sacrament and Contract: Marriage as Covenant in John Calvin's Geneva." *Calvin Theological Journal* 33 (1998), 9-75.

Wuellner, Bernard J. *Dictionary of Scholastic Philosophy.* Milwaukee: Bruce Pub. Co., 1956.

Yates, Wilson. "The Protestant View of Marriage." *Journal of Ecumenical Study* 22-1 (1985), 41-54.